듣는 독서로 완성하는
아이의 공부 내공

한 그루의 나무가 모여 푸른 숲을 이루듯이
청림의 책들은 삶을 풍요롭게 합니다.

듣는 독서로 완성하는 아이의 공부 내공

초등 교사가 엄선한
듣는 독서
추천목록 84

• 김수현 지음 •

프롤로그

듣는 독서는 힘이 있습니다

『한 권으로 끝내는 초등학교 입학 준비』(청림Life)라는 책이 세상에 나온 뒤, 저는 많은 강연장에서 학부모님들을 만날 수 있었습니다. 제가 만나는 학부모님들은 대개 아이의 초등학교 입학을 앞둔 분들이라, 이른바 '예비 학부모'라는 타이틀을 가지고 있지요. 많은 예비 학부모와 강연장에서 이야기를 나누다 보니, 예비 학부모님들이 가지고 있는 묘한 긴장감과 불안감을 마주할 수 있었습니다. 특히 "우리 아이만 뒤처지고 있는 건 아닐까?"라는, 우리 아이의 출발선 자체가 저 멀리 놓인 것 같은 느낌은 더욱더 조바심을 일으키기에 충분합니다. 학교에 입학해서 '예비 학부모'에서 '학부모'의 위치에 놓이면 그 조바심은 더욱 증폭이 될 뿐이지요.

"수학 문제 자체를 풀기 싫어해요."

"독해력 문제집을 풀어야 할까요?"

"어휘력은 어떻게 키울 수 있나요?"

"조리 있게 말 잘 하려면 스피치학원이 도움이 될까요?"

"독서논술은 언제부터 시작해야 할까요?

"할 게 많아도 너무 많아요."

저는 그런 고민들에 대한 대답으로 거두절미하고 '꾸준한 독서'를 한결같이 강조해왔습니다. 그리고 "책을 많이 읽어주어야 한다."는 첨언도 아끼지 않았습니다. 하지만 독서의 중요성은 제 주장만이 아닌, 이제 거의 진리에 가까운 것이라, 대답을 하면서도 '이건 너무 뻔한 답변 아닌가?'라는 생각이 들었습니다. 그래서 강연장에서는 미처 전달하지 못했던 '듣는 독서'의 힘을 책에 담아 깊게 이야기하고 싶었습니다.

듣는 독서는 분명 힘이 있습니다.

책이 싫은 아이의 마음을 돌리는 힘.

누군가의 목소리로 들었을 때와 나 스스로 읽을 때의 차이를 느끼게 하는 힘.

이야기를 들으며 동시에 나의 생각을 풍성하게 만드는 힘.

생각의 빈곤에서 벗어나게 하는 힘.

내가 원하는 꿈과 목표를 세우고 그것에 근접하도록 노력해야겠다는 의지를 불러일으키는 힘.

무엇보다 교과서 지문이든 문제집 속 서술형 문제든 신문칼럼이든 읽어보려고 마음먹는 힘.

그것이 바로 듣는 독서가 만들어주는 '공부 내공'입니다.

밑 빠진 독에 물 붓기 같은 무모한 일이 어쩌면 '듣는 독서'입니다. 임하는 자세에 따라 아이에게 듣는 독서를 시켜주는 것은 어쩌면 효율적이지도 않고 눈에 보이지도 않는 지루한 노동이 될 수도 있습니다. 그래서 우리에게는 집요한 버팀이 필요합니다. 무모한 책 읽기도 실천하지 않는 것보다야 백 번 천 번 좋지만, 저는 이 책을 통해 더 깊이 있고 전문적인 '듣는 독서'로 가는 길을 소개하려고 합니다. 이 책이 여러분의 '듣는 독서'라는 집요한 버팀을 가능하게 할 것입니다.

어린이들에게 책을 읽어주는 일이 얼마나 의미 있는 일인지 제 주관만을 내세우기보다, 좀 더 객관적인 지표들을 예로 들어 정확히 설명해드리고 싶었습니다. 또 현장의 학부모님들, 블로그로 찾아와주시는 랜선 학부모님들, 강의장에 오셔서 제 이야기를 들어주시는 학부모님들께서 '독서'와 관련해서 궁금해 하시는 중복된 질문들을 정리하여 알려드리고 싶었습니다. 이 책은 1학년 교실에서 함께 지내는 우리 반 아이들과 어린 제 두 딸에게 읽어준 책의 목록도 함께 실었습니다. 꽁꽁 숨겨놓고 우리 반 아이들과 딸들에게만 읽어주기에는 너무 아쉬워 모든 아이들이 함께 읽었으면 좋겠다고 생각한 책들입니다. 우리 아이들이 엄마, 아빠, 선생님의 목소리로 꼭 한 번씩 읽어보았으면 좋겠다고 생각한 그림책들입니다.

바라건대 이 책을 읽고, 많은 1학년 부모님들이 아이에게 수학 문제집 대신 '그림책'을 사주면 좋겠습니다. 기념하고 싶은 날에 아이에게 전자음이 흘러나오는 장난감이 아닌 '그림책'을 한 권 사주면 좋겠습니다. 책 표지 안쪽에 엄마의 손 글씨로 적힌 날짜와 쫑알쫑알 몇 자가 더해진다면 금상첨화일겁니다. 또 "책 읽어라."라는 명령 대신, "책 읽어줄게. 같이 읽을까?"라는 사랑스런 요청이 흘러나오면 좋겠습니다. 그렇다면 이 책은 아주 큰 성공을 거둔 셈입니다.

나의 지식과 견해를 모두 모아 책 한 권으로 엮는 일은 개인적으로는 영광스러운 일에는 틀림없으나, 동시에 아름다운 지구상에 있는 소중한 나무 몇 그루가 혹시 나의 책으로 인해 낭비되는 건 아닌지 깊이 고민이 되는 일이기도 했습니다. 아내에게 늘 굳건한 힘을 실어주는 남편, 엄마처럼 나도 언젠가 꼭 예쁜 책을 만들 것이라고 말하는 대견한 첫째 지윤이, 나날이 더욱 진한 애교로 엄마 최고를 외쳐주는 둘째 지우, 그리고 언제나 그 자리에서 같은 자리를 지켜주시며 늘 사랑으로 도와주시는 양가 부모님께 감사드립니다.

초등 교사 김수현

Contents

Part 04 듣는 독서로 향하는 지름길

Part 01

‘읽는 독서’가 아닌 ‘듣는 독서’가 필요한 아이들

듣는 독서가 가진 힘을 절대 무시하지 마세요

교실에서 아이들에게 책을 읽어준다고 하면 어떤 분들은 이렇게 묻더군요.

"똑같은 책을 아이 모두가 가지고 있고, 선생님이 그 책을 읽어주는 것인가요?"

그건 아닙니다. 책은 저 혼자만 가지고 있고 우리 반 아이들의 책상 위에는 아무것도 없습니다. 간혹 책을 듣는 순간을 편안하게 느끼도록 분위기를 조성하기 위해 아이들 입안에 사탕 한 알을 쏙 넣어준 적은 있지만, 책을 읽는 시간에 아이들이 따로 준비해야 할 것은 하나도 없습니다. 그럼 또 이런 질문을 할지 모르겠습니다.

"어떻게 작은 책 한 권을 스무 명이 넘는 아이와 함께 나눠볼 수 있나요?"

제가 아이들에게 책을 읽어주는 방법은 크게 두 가지입니다.

하나는 제가 의자에 앉아 아이들을 향하게 책장을 펼쳐 보이며 읽어주는 방법입니다. 아이들은 제 주위에 옹기종기 자유로이 모여 앉아 이야기를 듣지요. 책장이 아이들을 향해 펼쳐져 있는 만큼, 읽어주는 사람은 책의 내용을 거의 통달하듯 알고 있어야 합니다. 그래야 아이들에게 실감 나게 책을 읽어줄 수 있으니까요.

다른 하나는 실물 화상기를 통해 책장을 비춰 교실 내 텔레비전에 나오게 한 뒤 책을 읽어주는 방법입니다. 아이들은 자기 자리에 앉아 눈으로는 텔레비전 화면에 비친 책을 보고, 귀로는 제 목소리를 듣습니다. 읽어주는 사람이 책을 훤히 내려다볼 수 있으니 이 방법이 더 편리하긴 합니다. 그렇지만 책과 아이들과의 물리적인 거리가 조금 멀어지는 단점이 있습니다.

이 두 가지 방법에는 공통점이 하나 있습니다. 바로 아이들이 책 속 글자를 자세히 보기 어렵다는 점입니다. 여럿이서 책 하나를 나누어 봐야 하니 아이들은 작은 글자보다는 전체적인 그림과 분위기에 집중해야 합니다. 책의 내용은 선생님의 목소리로만 들어야 하고, 눈으로는 이미지를 보고 느껴야 합니다. 저는 이것을 '듣는 독서'라고 부릅니다.

똑같은 책을 집에서 제 아이들에게 읽어줄 때도 저는 말합니다.

"글자는 엄마가 읽어줄 테니 너희는 그림을 천천히 살펴보렴."

아이들에게 책을 읽어주는 행위는 '듣는 독서'를 체험하게 하는 소중한 기회이기 때문입니다.

책에 집중하는 시간

교실 속 듣는 독서 시간에 대해 제가 설명하면 학부모들은 이렇게 묻곤 합니다.

"아이 모두가 교사가 읽어주는 책에 집중할 수 있나요?"

대답부터 하자면 그렇지는 않습니다. 안타깝게도 모든 아이가 교사의 목소리에 집중하며 성공적인 '듣는 독서'를 하지는 않습니다. 교실에서 아이들에게 자유롭게 책을 읽으라고 자율독서 기회를 주면, 모두가 책에 집중하지는 않는 것과 비슷합니다. 책에 흠뻑 빠져있는 모습이 아닌, 완전히 다른 생각에 잠긴 듯한 표정의 아이도 있고, 의무감으로 그 시간을 보내는(버티는) 아이도 있습니다.

이뿐일까요? 한 장을 겨우 읽은 듯하더니, 이내 옆자리 친구의 책에 관심을 보이거나 급기야는 제 자리에서 뒤를 돌아보며 뒷자리의 친구를 방해하는 아이도 있습니다. 이런 시간이 매일 쌓이다 보면 급기야는 자율독서 시간에 독서라는 자신의 임무를 아예 잊어버리는 아이도 생겨납니다.

그렇다고 이 아이들이 정말 책을 '읽지 못하는 것'은 아닙니다. 의외로 아주 유창하게 소리 내어 글자를 '읽을 수' 있습니다. 하지만 글자를 읽을 수 있는 능력이 진정으로 책을 읽어 그 내용을 내면화하는 능력과 같다고는 말할 수 없습니다. 글자를 읽지 못하는 건 아니지만, 그렇다고 바른 독서를 할 줄 아는 아이들이라고 말할 수도 없습니다.

듣는 독서와 읽는 독서

다른 사람이 대신 책을 읽어주는 '듣는 독서'는 '읽는 독서'보다 아이에게 좀 더 쉬울까요? 꼭 그렇지도 않습니다. 오히려 '듣는 독서'가 더 어려울 수 있습니다.

제가 책을 소리 내어 읽어주면 그 내용에 집중해 하던 일을 멈추고 자신의 귀를 쫑긋 세우는 아이가 있는 반면, 선생님의 눈을 피해 손장난을 치고 몸을 베베 꼬며 집중하지 못하는 아이도 상당수 있습니다. 어느새 눈이 동그래지고 입이 절로 벌어지는 아이가 있는가 하면, 이야기를 이해하지 못해서 고개를 푹 숙이는 아이도 있지요.

하지만 대부분의 아이들은 글자를 스스로 읽어 이해하기보다 누군가가 읽어주는 것을 더 쉽게 이해합니다. 많은 아이들이 "책 읽어주세요."라고 요구하는 것도 이 때문입니다. 혼자 읽는 것보다 더욱 잘 이해되고 더 쉽게 느껴지니까요.

그런데 교실에서 이루어지는 '듣는 독서'는 책의 글자를 볼 수 없다는 점에서 집에서 이루어지는 '듣는 독서'와는 조금 차이가 있습니다. 눈으로 보이는 글자가 없으니 귀를 더욱 쫑긋 세우고 몰입하며 들어야 하지요. 바로 이 점을 아이들이 어려워합니다. 게다가 한글을 빨리 익혀 일찍부터 혼자 책을 읽을 수 있는 아이 몇몇은 눈앞에 글자가 없고 듣기만 해야 하는 상황에 적응하기 어려워하기도 합니다. '듣는 독서'는 결코 쉽지 않습니다. 그만큼 잘 '들을 수 있는 능력'은 '잘 읽고 잘 이해하는 능력'의 초석이 됩니다. 그런 점에서 더욱 강조할 수밖에 없습니다.

충분히 들을 기회를 주는 것

우리는 일상생활에서 온종일 읽기, 쓰기, 듣기, 말하기와 같은 언어적 상황에 끊임없이 놓입니다. 개인의 성향과 삶의 모습에 따라 조금씩은 다르겠지만, 우리는 '말하기'에 생각보다 많은 시간을 할애합니다. 그렇지만 말하기는 '듣기'가 선행되어야 가능하다는 점에서 그 의미가 더 깊습니다.

실제로 사람들은 자신이 사용하는 시간의 40%를 듣기에 사용한다고 합니다. 특히 요즘과 같은 다매체 시대에 사는 우리는 들을거리와 들을 수 있는 매체가 많습니다. 이런 상황 속에서 다양한 내용을 두루 들을 수 있고, 들어본 경험이 많은 아이는 그만큼 폭넓은 정보를 습득하는 데 유리합니다.

이야기를 들으며 그 내용을 이해할 수 있는 능력을 우리는 '청해력聽解力, Listening Comprehension'이라고 부릅니다. 많이 들어본 경험은 청해력과 결코 무관하지 않습니다. 같은 내용의 이야기가 청해력의 깊이에 따라 누군가에게는 뻔한 소음으로 느껴지지만, 누군가에게는 '배경지식'이라는 이름의 든든한 자양분으로 쌓일 수 있습니다.

듣기 능력은 이해하는 능력뿐 아니라 말하기 능력까지도 향상하는 '전이 효과'를 가져다줍니다. 귀를 기울이면 다양한 정보를 수용할 수 있고, 이 정보를 자양분 삼아 생각이나 의견을 구성하여 언어로 표현하려는 의지가 생겨납니다. 그리고 이것은 공부 내공을 쌓는 첫걸음이 됩니다. 따라서 말하기를 두려워하는 아이에게 무조건 소리를 내어 크게 말하기를 강요하기보다는 충분히 들을 기회를 제공하고, 들은 내용을 바탕으로 조금씩 스스로 이야기할 수 있도록 도와주는 편이 훨씬 효과적입니다.*

---

* "정상적인 언어 발달 수준에 미치지 못하는 언어 발달지체 어린이들에게는 자발적 발화를 이끌기 위한 언어치료 방법으로 '그림책 읽어주기'가 활용되고 있다." (이정해·이성복, "그림책 활용 개별 시도 교수가 언어 발달 지체 유아의 자발적 발화에 미치는 영향", 2016.)

듣기의 중요성은 계속 강조해도 지나치지 않습니다. 인간의 오감 중 가장 먼저 발달하는 감각이 청각입니다. 언어는 기본적으로 소리이며, 우리는 귀를 통해 처음으로 소리인 언어를 체험합니다. 즉, 소리를 통해 처음 언어를 획득하는 셈입니다.

엄마의 배 속에 있는 아기에게 태담을 들려주는 행동이 전혀 쓸모없는 일이 아님을 우리는 이미 알고 있습니다. 뱃속에서 익히 들었던 엄마 아빠의 책 읽어주는 목소리는 아기가 태어난 후 엄마 아빠의 목소리를 들을 때마다 안정감을 가져다줍니다. 나아가 유아기와 아동기 때 귀로 들었던 다양한 체험은 여러 가지 소리 자극을 더욱 개방적으로 받아들이게 합니다.

이해력과 집중력을 발달시키는 듣는 독서

우리는 하루 중 아이들과 몇 번이나 얼굴을 마주하며 얼마나 다양한 대화를 하고 있을까요? 일상에서 아이와 나누는 대화를 떠올려보세요. 지시, 명령, 청유에 국한된, 생각보다 꽤 단조로운 패턴에 불과함을 발견할 수 있습니다.

아마 이 책을 읽고 있는 사람이 워킹맘이라면, 아이와 마주 앉아 있을 절대적인 시간이 부족할 테지요. 그런 분들일수록 틈틈이 아이들에게 그림책을 읽어주세요. 아이에게 더 많은 언어체험, 그중에서 듣는 경험을 선물할 수 있습니다. 그림책을 읽어주는 것은 귀를 통해 아름다운 언어를 들으며 머릿속으로 이야기를 구체적으로 그려보는 일을 가능하게 합니다. 그림책에 있는 언어의 리듬과 운율, 아름다운 어휘, 뱃속에서부터 들어왔던 엄마 아빠의 익숙한 목소리는 아이에게는 더 없는 다정함으로 다가옵니다. 언어에 대한 예민한 감성은 덤으로 얻어갈 수 있습니다.

청해력이 부족한 아이도 '듣는 독서'로 해결할 수 있습니다. 다양한 분야의 글을 들어본 경험은 듣고 이해하는 능력도 향상시킵니다. 학기 초 '듣는 독서' 시간마다 몸을 베베 꼬던 아이들이 학기가 지날수록 점차 귀를 열고 눈으로 집중하는 모습을 교사인 제가 직접 목격합니다. 그러니 우리 아이에게 어휘력, 청해력이 부족하다 느껴진다면 소리 내어 그림책을 많이 읽어주세요.

어린 시절 올바른 공부 습관으로 이끌 수 있는 가장 좋은 방법은 '많이 읽어주기'입니다. 7~8세 아이들을 스피치 학원이나 논술 학원으로 보내는 것보다 그림책을 읽어주는 것이 훨씬 효과적이라는 사실을 명심하세요.

치과 의사 드소토 선생님

윌리엄 스타이그 글과 그림 | 비룡소 | 1995.11.01.

일본 아동도서출판의 명문 '후쿠인칸쇼텐 출판사'의 창업자이자 세계적인 아동도서 전문가 마쓰이 다다시는 그림책을 만들 때 편집부 직원들에게 "귀로 들어라!"라고 강조한다고 합니다. 그림책의 좋고 나쁨을 판별하는 첫 번째 기준은 작가의 원고를 소리 내어 읽었을 때 이미지가 풍부하게 떠오르는지의 여부라고 합니다.

지금 소개할 이 책도 소리 내어 읽었을 때, 그 장면이 머릿속에서 구체적으로 펼쳐지는 훌륭한 그림책 중 하나입니다. 아이가 엄마 아빠의 목소리를 듣고 어떻게 머릿속으로 영상을 그려내는지 책을 읽어주는 틈틈이 아이의 표정을 살펴보세요. 아이에게서 설렘, 기대, 즐거움 등이 한데 섞인 표정을 엿볼 수 있게 되길 바랍니다.

치과 의사 드소토 선생님

•뉴베리 영예상
JOHN NEWBERY HONOR

윌리엄 스타이그 글·그림/조은수 옮김

비룡소

그림책 작가로 유명한 윌리엄 스타이그의 많은 작품 중 하나인 『치과의사 드소토 선생님』입니다. 윌리엄 스타이그의 그림책을 읽어주다 보면 저는 신명 난 이야기꾼이 되는 듯한 느낌을 받습니다. 그의 책이 어릴 적 할머니께서 들려주는 이야기처럼 느껴지는 이유는, 그가 자신의 손주를 염두에 두고 그림책을 만들었기 때문일 것입니다.

『당나귀 실베스터와 요술 조약돌』이 그랬듯 아이들은 윌리엄 스타이그의 책을 좋아합니다. 그 이유는 성공, 승리, 행복, 기쁨 등 이 세상 온갖 좋은 기분을 느낄 수 있기 때문이지요.

치과 의사 드소토 선생님은 생쥐입니다. 작은 생쥐가 의사 가운을 입고 환자 의자에 팔을 올려 기댄 장면을 표현한 표지부터 마음을 신선하게 하는데요. 문장이 길어 아이들이 집중하기 어려울 듯하지만 그렇지 않습니다. 아이들은 읽어주는 사람의 목소리를 들으며 눈으로는 그림을 보고, 머릿속으로는 자신만의 새로운 영상을 만들어냅니다. 만들어낸 머릿속 영상이 구체적일수록 실감 나는 '듣는 독서'를 할 수 있습니다.

드소토 선생님네 치과에 문제가 생겼습니다. 생쥐의 천적인 여우가 찾아와 제발 자신을 치료해달라며 사정합니다. 턱에 붕대를 친친 감고 치과를 향해 고개를 들고 있는 여우의 모습이 무척 처량합니다. 급기야는 무릎까지 꿇고 울며 사정하는 여우를 외면하지 못했던 드소토 선생님은 위험을 감수하고 치료를 결심합니다. 그런데 드소토 선생님과는 달리, 치통을 해결한 여우는 치료가 다 끝나면 생쥐 부부를 잡아먹을 결심을 하고 있습니다. 이 부분을 읽어주자 아이들이 잔뜩 긴장합니다.

여우의 속마음을 알아버린 드소토 선생님은 묘책을 떠올립니다. 여우가 당분간은 입을 열지 못하게 접착제를 여우의 입속에 골고루 발라놓은 거지요. 참을 수 없는 치통에서 자신을 구해준 은인을 잡아먹으려다 도리어 호되게 당한 여우의 마지막 한 마디가 나오는 장면! 그 장면에 우리 반 아이들 모두 웃느라 데굴데굴 굴렀답니다. 이 부분을 읽어줄 때는 엄마 아빠도 이를 꽉 깨물고 읽어주어야 실감 나니 참고하세요.

이 책도 아이들에게 읽어주길 추천합니다

『하늘을 나는 마법 약』

윌리엄 스타이그 글과 그림 | 비룡소 | 2017.02.24.

'개구리'가 주인공인 그림책입니다. 수백 번의 실패 끝에 하늘을 나는 마법 약을 만드는 데 성공한 개구리 골키는 마법 약을 들고 들판을 지나고 강을 건너 알 수 없는 머나먼 마을까지 갑니다. 아이들의 상상력을 자극하기에 안성맞춤인 그림책입니다.

『부루퉁한 스핑키』

윌리엄 스타이그 글과 그림 | 비룡소 | 1995.10.01.

무슨 일 때문인지, 스핑키는 다른 가족이 자신을 사랑하지 않는다고 생각합니다. 자신은 외톨이라고 느끼며 심술이 단단히 나버린 스핑키를 위해 온 가족이 나섭니다. 아이의 마음을 풀어주려 노력하는 가족의 모습이 담긴 이 그림책을 읽다 보면, 아이의 부정적인 감정을 건강한 방법으로 함께 치유하려는 가족의 힘이 느껴져 함께 행복해진답니다.

혼자 읽을 줄 아는데 왜 책을 읽어주어야 하나요?

초등학교 3학년부터는 1~2학년과는 달리 통합과목이 사라지고 교과목이 세세하게 나누어지기 시작합니다. 늘어난 과목만큼 한 주간 이수해야 하는 주당 수업시수도 늘어나고요. 갑작스레 늘어나는 교과서의 권수도 꽤 당황스러운 와중에, 아이들은 배워야 하는 내용의 '깊이'도 점차 깊어짐을 체감하기 시작합니다. 양적으로는 물론 질적으로도 확연히 달라진 학교생활이 시작된 셈이지요.

학부모들도 이 시기가 되면 아이의 학습, 특히 '학습량'에 대해 고민하기 시작합니다. 1~2학년 부모들이야 이렇게 입버릇처럼 말합니다.

"아이가 질릴 만큼 실컷 놀게 하려고요."

그런데 이제 초등학교 고학년의 길목에 들어선 아이에게는 막상 무엇을, 어떻게, 얼마만큼 적용해야 하는지 부모들조차도 그 기준이 명확하게 바로 서 있지 않더라고요. 그래서인지 초등학교 3학년부터 사교육을 시작하는 아이가 급증하는가 봅니다.

서술형 문제를 두려워하다

흔히 주지교과*라고 불리는 '국어·영어·수학·사회·과학' 중 학부모들이 불안함을 제일 많이 토로하는 과목은 무엇일까요? 바로 '수학'입니다.

중간·기말고사와 같은 일제고사형 필기시험이 폐지가 되었다고 하더라도 아직 중간·기말고사를 치르는 초등학교가 꽤 있습니다. 게다가 여러 과목 중 수학은 학생들의 성취도를 빈번히 확인할 필요가 충분히 있는 과목이지요. 그래서 다른 과목과 비교했을 때 시험이 잦은 편이랍니다.

---

* 主知教科. 모든 사람이 기본으로 배워야 하는 과목 묶음.

많이 알려진 것처럼 수학은 기초가 부실하면 학년이 올라갈수록 진도를 따라가기 어렵습니다. 실제로 교실 내에서는 쪽지시험과 학습지, 수행 평가, 단원 평가와 같은 다양한 형태로 수학 평가가 이루어집니다. 특히 한 단원의 내용을 모두 아우르는 '단원 평가'는 학부모들의 관심도가 가장 높은데, 이는 동시에 아이들의 부담감 또한 가장 크다는 것을 의미합니다.

단원 평가를 보는 날, 시험지를 배부하기 전 아이들에게서 들려오는 여러 질문에는 거의 정해진 패턴이 있습니다.

"선생님! 오늘 문제 몇 개 나와요?"

이 질문 못지않게 아이들이 궁금해하는 것이 있습니다.

"선생님! 오늘 시험은 서술형이 몇 문제예요?"

"오늘은 두 문제!"라고 알려주면 "에이~ 그럼 오늘은 저 두 개 틀리겠네요."라는 진담 섞인 우스갯소리도 교실 속에 만연합니다.

생각보다 많은 아이가 '서술형 문제'를 두려워합니다. 그러니 서술형 문제로 단원 평가의 난이도와 변별력이 결정된다고 해도 과언이 아니지요. 결국 서술형 문제의 정답률이 높다는 것은 학습자의 수준이 높음을 의미합니다. 따라서 많은 학부모가 서술형 문제만을 모아놓은 문제집을 아이에게 여러 권 반복해서 풀게 합니다.

"이런 문제집을 푸는 공부 방법이 서술형 문제의 정답률을 높여줄 수 있을까요?"

이 질문에 대한 답을 하자면, 저의 대답은 "네."입니다. 내가 풀어본 문제가 단원 평가로 출제되었다면, 이미 해본 경험으로 훨씬 수월하게 접근해 답을 적어 내려갈 수 있기 때문이지요.

하지만 새로운 유형의 문제가 출제된다면 어떨까요? 아이들은 여전히 당황합니다. 문제를 끝까지 읽어보기도 전에 지레 겁을 먹지요. 모르는 문제라고 생각해 어렵다고 말합니다. 긴 지문을 읽어볼 생각이나 이를 해석 또는 이해해보려는 의지도 약합니다. 애석하게도, 그런 아이가 교실에는 생각보다 많이 있습니다.

수학 단원 평가에서 좋은 결과를 얻는 열쇠는 문제를 많이 풀어본 경험에 있지 않습니다. 오히려 이는 독이 될 수도 있습니다. 절대적인 학습량이 많은 것은 종종 자만을 불러와 실수를 만들어내기도 하거든요.

좋은 결과를 얻는 데는 수학 문제를 읽어내려는 아이의 마음과 문제의 뜻을 이해해보려는 본인의 '의지'가 결정적입니다. 그래서 많은 학습 전문가가 수학 과목에서도 '독서의 중요성'을 강조합니다.

독서를 통해 독서력이 다져진 아이들은 시험지 속 활자가 눈에 익숙합니다. 긴 문장으로 된 문제를 읽는 일이 그리 어렵고 생경한 경험이 아닙니다. 책을 읽듯이 읽고 이해하면 되는, 아주 평범하면서도 쉬운 일일 뿐입니다. 문장이 꼬여 문제가 이해가 되지 않아도 괜찮습니다. 다시 읽어봐야겠다는 '의지' 또한 충만해져 있기 때문이지요. 다시 한 번 강조하건대, 서술형 문제의 대비는 첫째가 독서,

둘째도 독서입니다.

반면 독서의 중요성을 알고 있기에 보다 적극적인 독서를 시켜 보고자 했더니, 아이들의 반항이 거세다고 난감해하는 학부모님을 강연장에서 많이 만났습니다.

"책을 싫어하는 아이들에게는 대체 어떤 처방을 내려야 하나요?"

생각해봅시다. 아이들은 대체 언제부터 책이 싫었을까요? 언제부터 독서를 멀리하게 된 것일까요? 가지고 태어난 성향 자체가 그저 책을 싫어하는 성향이었던 것일까요?

아이들에게 책은 분명 즐거움이었다

아이들이 서너 살 즈음이던 시절을 함께 떠올려봅시다. 우리 아이들은 책을 분명 좋아했습니다. 그래서 엄마 아빠가 책을 읽어주는 시간에 집중하고, 책장이 닳도록 반복해서 책을 읽어달라며 졸랐던 적이 있습니다(그렇지 않았다고요? 잘 생각해보세요. 책을 집어 가져오는 아이의 모습을 애써 모른 척하신 건 아닐까요?). 아이들이 책을 읽고 싶은 욕구가 제일 높았던 그 시절, 엄마(주양육자)는 아이에게 한껏 낭랑한 목소리로 책을 읽어주었습니다. 엄마의 목소리로 들었던 책의 아름다운 문장과 그림들은 아이들에게 엄마에 대한 더없이 단단한 신뢰감을 가져다주었을 것입니다.

아이의 요구를 즉각 들어주는 것 자체로, 그 행동은 100% 의미가 있었습니다. 『달님 안녕』(한림출판사) 『누가 내 머리에 똥 쌌어?』(사계절) 『사과가 쿵!』(보림) 이런 그림책들을 모르는 부모님은 많지 않으실 거예요.

태어날 때부터 그림책을 읽어주는 엄마 아빠 목소리를 싫어하는 아이는 없습니다. 그 시절 그림책은 '부모'와 의미가 같습니다. 나를 힘껏 사랑해주는 사람의 목소리가 담겨 있으니까요.

아이는 조금 더 자라 초등학교에 갈 나이가 되었습니다. 이제 아이는 문자의 존재를 알고 배울 수 있게 되었습니다. 어느 정도 아는 글자가 많아지고 있을 그 무렵, 엄마는 아이가 스스로 책을 읽도록 그 방법을 알려줍니다. 곧 폭발적으로 성장한 언어 감각으로 '읽기 독립다른 사람의 도움 없이 스스로 책을 읽고 이해함'의 순간이 찾아옵니다. 하지만 아이의 초등학교 입학이 다가올수록 부모님의 마음은 조급해집니다. 아이의 어눌한 책 읽는 모습에 가끔 답답하고 걱정스럽기도 합니다. 그래서 아이가 더욱 유창하게 책을 읽을 수 있도록 지도하며 글을 쓰는 방법도 가르칩니다. 그렇게 초등학교에 입학하면 글밥이 많은 문고를 본격적으로 아이에게 안겨주며 스스로 읽도록 합니다.

이제 아이들은 부모의 도움 없이 책을 읽을 수 있게 되었습니다. 스스로 읽을 수는 있지만, 읽는 것을 즐기는 아이는 생각보다 많지 않습니다. 이는 「초등학생의 독서습관과 독서환경 실태조사」*라는 국내 교육학 학위 논문 속 설문 조사에서도 엿볼 수 있습니다.

초등학생 360명에게 "책을 읽고 싶어도 마음대로 책을 읽지 못하는 이유"에 대해 물어보았던 거죠. 이에 대해 초등학생들은 "학원 수강 때문에(35.3%)" "학교 공부 때문에(32.4%)" "책 읽기가 싫고 습관이 되지 않아서(16.2%)"라고 대답했습니다. 특히 "책 읽기가 싫고 습관이 되지 않아서"라고 답한 아이가 고학년에서는 20%에 육박했습니다.

교실 현장에서 교사로서 체감하건대, 책 읽기를 싫어하는 아이들은 이 설문 조사의 결과보다 훨씬 많습니다. 다시 말하지만 책 읽기를 누구보다 좋아하던 아이들이었습니다. 책 읽는 법을 꾸준히 배웠고, 이제는 능히 스스로 책을 읽을 수 있는데 왜 아이들은 책을 읽으려 하지 않는 것일까요?

애석하게도 우리가 '책을 읽고 싶어 하도록' 가르치지 않았기 때문입니다. 책을 읽는 방법은 너무나 열심히 가르쳤지만, 아이가 원래 가지고 있었던 '책을 읽고 싶어 하는 마음'을 유지하고 키워주지는 못했기 때문입니다. 책을 읽는 방법에만 집중하며 지도한 것이 오히려 아이의 마음을 꺾었던 것일지 모릅니다.

---

* 김순자, 경남대학교 교육대학원, 2007.

책 읽기가 싫어진 아이들

저는 매년, 아이들과 함께 아침독서를 합니다. 등교한 직후부터 1교시 시작 전까지 약 15분 정도의 시간을 아침독서 시간으로 지정하고 함께 책을 읽는 것입니다.

"선생님! 선생님 책 읽는 시간인데 도훈이는 문제집을 가지고 왔어요!"

아침독서가 어떤 의미를 가지는지 잘 모르는 갓 입학한 초등 1학년 아이들에게 "내일 읽을 책 한 권을 가져오라."고 주문했습니다. 그런데 한 아이가 '독해력 문제집'을 들고 온 것입니다.

다른 문제집에 비해 읽을거리가 많은 것은 분명하지요. 하지만 풍성한 이야기가 다양한 삽화로 표현된 그림책을 그 시간에 읽었으면 하는 바람을 아이에게 전달했습니다. 굳이 문제를 풀기 위해 연필을 들 필요가 없다고 말이지요.

아이들은 본래, 어릴 적부터 책으로 엄마 아빠와 대화하고 마음을 나누며 자랐습니다. 그러던 것이 초등학교에 입학하고 학년이 올라갈수록 책으로 엄마 아빠와 대화하던 경험은 점차 줄어들고, 결국 혼자 읽어야'만' 하는 숙제로 전락해 버렸습니다. 숙제가 되어버린 책 읽기는 예전처럼 즐겁지 않습니다. 즐겁지 않으니 손에서 멀어질 수밖에 없습니다.

종이책 독서량이 초등학생에서 중학생, 고등학생으로 갈수록 그 권수가 67.1권에서 18.5권, 8.8권으로 떨어진다고 발표한 〈2017년 국민 독서실태 조사〉만 봐도 그렇습니다. "독서를 방해하는 요인은 무엇입니까?"라는 질문에 성인의 32.2%는 "일 때문에 바빠서"라고 이야기했지만, 무려 12%는 "책 읽는 것이 싫어서"라고 대답했습니다. 어린 시절, 엄마 아빠에게 책을 가져다주며 "한 번 더! 한 권만 더!"를 외쳤던 아이가 자라서는 왜 책이 싫어졌을까요?

수학 시험에서 정답률을 높이기 위해 부모는 아이에게 더 많은 수학 문제집 속 긴 문장제 문제를 풀게 하고, 논술교재와 독해력 문제집도 가져다줍니다. 이렇게만 보면 요즘에는 책이란 존재가 아이들의 성적을 유지하고 향상하게 하는 수단, 그 이상의 의미는 지니지 못한 듯합니다. 책이 즐거움의 도구였던 어린 시절과는 사뭇 다른 오늘의 현실이 너무나 안타깝습니다.

여기 꽤 흥미로운 통계가 있습니다. 〈초·중등학생의 독서 실태 진단 및 활성화 방안 연구〉*라는 제목의 연구보고서가 바로 그것입니다. 이 연구는 전국의 초·중등학교 학생과 학부모, 교사를 아우르는 총체적인 연구라 주목할 만합니다.

초등학생에게 자신의 '독서 흥미도'가 어느 정도인지를 5점 척

---

* 2011년 한국교육개발원에서 우리나라 정책연구 개발 사업으로 시행.

도로 응답하게 했습니다. 동시에 부모님에게는 자녀의 독서 흥미도가 어느 정도라고 생각하는지 역시 5점 척도로 응답하게 했습니다. 그 결과, 아이들은 5점 만점에 3.6점 정도로 독서에 흥미를 보인다고 대답했습니다. 그런데 부모님들의 결과는 사뭇 달랐습니다. 부모님들은 자녀의 독서 흥미도를 5점 만점에 무려 4.3점이라고 대답한 것입니다.

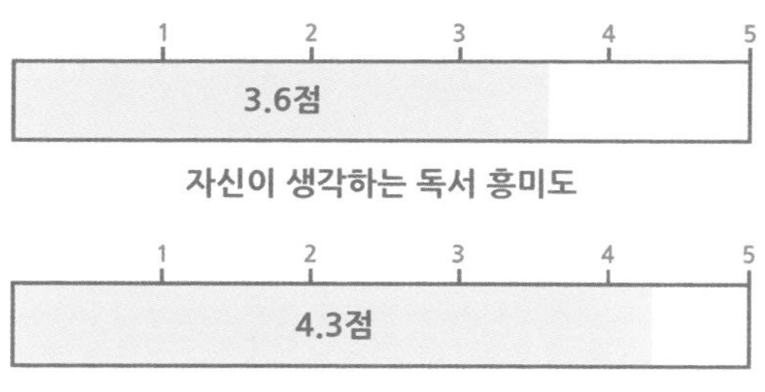

아이들이 스스로 인식하고 있는 독서 흥미도와 비교했을 때 부모님들이 인식하고 있는 아이의 독서 흥미도가 훨씬 높았습니다. '0.7'이라는 수치의 차이는 무엇을 의미하는 것일까요? 혹시 우리가 아이들에게 책은 즐거운 것이라고 무작정 강요하는 무게의 정도를 나타내는 건 아닐까요? 책을 즐거운 마음으로 체감하는 아이들이 어른들의 짐작보다 적은 것이 참 안타깝습니다.

조사 결과에서 나타난 것처럼, 책으로 즐거움을 느끼는 아이는 어른들의 생각보다 많지 않습니다. 책은 무조건 즐거워야 합니다.

일단 즐겁다는 생각이 들면, 누가 시키지 않아도 알아서 하는 존재가 바로 우리입니다. 그러니 아이들에게 독서가 즐거운 것이라는 생각부터 들게 해야 합니다. 말로만 '즐거운 책 읽기'라고 강요할 것이 아니라, 아이 스스로 즐겁다고 느끼게 해주어야 합니다. 그렇다면 어떻게 해야 책의 즐거움을 회복시킬 수 있을까요?

책 읽는 즐거움을 되찾아주는 가장 확실한 방법

생각보다 방법은 간단합니다. 그렇지만 효과는 확실하지요. 아이가 책을 좋아했던 과거로 돌아가기 위해서는 부모의 노력이 조금 필요할 뿐입니다. 바로 예전처럼 아이들에게 책을 읽어주면 됩니다. 나이도 상관없고 성별과도 무관합니다. 이는 읽기 독립을 한참 전에 이룬 아이에게도 당연히 적용됩니다. 이미 읽기 독립을 한 아이에게 책을 읽어주는 일이 무슨 효과가 있겠느냐고 생각하는 부모님이 계실지 모르겠군요. 그럼 저는 이렇게 대답할 것입니다.

"아이에게 책을 읽어주는 것은 독서의 즐거움을 되찾기 위한 소박하지만 힘찬 출발이랍니다."

함께 책을 읽는 일이 즐거운 일임을 아이가 자연스럽게 느끼도록 해주는 것, 그 자체만으로도 유의미하다는 점을 절대 잊지 말아 주세요.

아직 읽기 독립을 하기 전인 아이에게 부모가 책을 소리 내어 읽어주면 혹시나 읽기 독립의 시기가 늦어질까 걱정하는 부모님도 있습니다. 하지만 이에 대한 객관적인 보고는 아직 없습니다. 오히려 그 반대의 사례는 있습니다.

읽기 독립의 시기와 읽기 능력 사이에는 큰 상관관계가 없음을 우리는 교육 강국으로 불리는 핀란드를 보고 알 수 있습니다. 핀란드의 어린이들은 취학 연령인 7세(한국 나이로는 8세) 이전에는 전혀 문자 교육을 받지 않습니다. 아예 법적으로도 금지되어 있습니다. 문자 교육을 하더라도 아이에게 '화장실' '노크' 등 생활하는 데 꼭 필요한 단어들만 가르칩니다. 머릿속에 지식을 넣는 일보다 감수성을 길러주는 일이 더 중요하다고 생각하기 때문이라고 합니다.*

하지만 취학 이후 핀란드 학생들의 읽기 능력은 오히려 세계 최고를 휩씁니다. OECD경제협력개발기구가 72개국 만 15세 학생 약 54만 명을 대상으로 평가한 후 발표하는 〈국제 학업 성취도 평가PISA 2015〉의 결과를 보면, 읽기 부문 1위에 오른 나라가 핀란드임을 확인할 수 있습니다. 그러니 책을 읽어주었다가 아이의 읽기 독립 시기가

---

* 김기중, "김기중 기자의 교육 talk(5) 조기교육, 경쟁 그리고 적기교육", 서울신문, 2015. 12.22.

늦어질까 노파심을 가질 필요는 전혀 없습니다. 오히려 아이에게 책을 읽어주는 것을 게을리해서는 안 될 일이랍니다.

저는 교실에서, 그리고 집에서 아이들에게 책을 읽어줍니다. 비록 30분 남짓이지만 책을 읽어주는 그 짧은 시간을 우리 반 아이들과 우리 집 아이들은 참 좋아합니다. 아이들 특유의 반짝이는 눈과 몰입하는 표정을 볼 수 있어 저도 좋습니다. 이 책을 읽는 부모님도 아이들에게 책을 읽어주며 문학적 감수성을 마음 다해 힘껏 나눠보세요. 아이들은 책 읽는 일이 즐거웠다는 예전의 기억을 금방 소환해내어 곧 책에 대한 재미를 회복할 것입니다.

공부도 마찬가지입니다. '즐겁다' '재미있다'라는 생각이 '지루하다' '재미없다'라는 마음을 이겨내야 합니다. 교과서 속 수많은 글자를 보고 드는 감정이 즐거움이 될 수 있도록 도와주는 것이 공부 내공을 쌓는 방법입니다. '듣는 독서'는 그런 면에서 꼭 큰 힘을 발휘할 것입니다.

로쿠베, 조금만 기다려

하이타니 겐지로 글 | 초 신타 그림 | 양철북 | 2006.03.23.

아이들과 함께 읽었을 때 마음이 참 따뜻해졌던 책을 소개해봅니다. 글밥이 많지는 않지만, 엄마 아빠의 따뜻한 목소리로 읽어주면 더욱 마음이 말랑해지고 아이처럼 배시시 웃음이 지는 그림책, 『로쿠베, 조금만 기다려』입니다.

표지를 보여주자마자 아이들의 눈이 반짝였습니다. 강아지 한 마리가 그려져 있거든요. 아이들에게 인기 있는 책에는 어김없이 '동물'이 등장합니다. 인기 있는 광고의 3요소 중 첫 번째가 '동물'이라고 할 만큼, 사람들에게 미치는 동물의 힘은 나이를 불문하는데요. 표지를 본 아이들 역시 "아, 엄청 귀여워!" 하고 바로 반응합니다.

표지에 그려진 강아지 '로쿠베'는 사진처럼 정밀하게 묘사되지 않았습니

로쿠베,
조금만 기다려
하이타니 겐지로 글 | 초 신타 그림 | 햇살과 나무꾼 옮김
양철북

다. 흔히 떠올리는 '귀여운' 강아지의 모습도 아니고요. 오히려 두꺼운 붓으로 어쩌면 대충 그린 듯 투박하기만 한 그림인데요. 그래도 아이들은 본능적으로 강아지 로쿠베에게 끌립니다.

"얘들아, 로쿠베의 눈을 좀 봐."

제 말에 아이들은 표지 속 로쿠베의 눈을 바라봅니다. 로쿠베의 검은 눈동자는 위를 향하고 있습니다. 그러고 보니 고개도 살짝 들고 있군요. 덕분에 흰자위가 넓어 보이는데, 그런 모습을 보고 아이들은 '곧 울 것 같은 표정'이라고 말했습니다. 왠지 이 강아지는 정말 도움이 필요한 느낌이라는 걸 아이들은 표지만 보고도 짐작해냅니다.

로쿠베는 깊은 구덩이에 빠진 동네 강아지입니다. 아이들은 처음에 구덩이에 빠진 로쿠베를 "바보."라고 손가락질하며 놀립니다. 그러나 아이들은 결코 로쿠베의 위기를 외면하지 못합니다. 어떤 아이는 손전등을 가져오고, 어떤 아이는 로쿠베가 빠진 구덩이를 향해 "힘내!"라고 크게 소리칩니다. '한 명의 영웅이 전체를 구한다.'라고 하지요. 한두 명의 따뜻한 행동은 금방 확산되어, 어느덧 모든 아이가 입을 모아 소리칩니다.

"로쿠베, 힘내!"

아이들은 힘내라고 응원만 하지 않고 로쿠베에게 실질적인 도움을 주고 싶어 합니다. 엄마를 부르고, 산책하던 아저씨를 불러 도움을 요청합니다. 하지만 매몰차기만 한 어른들의 모습에 아이들은 할 말을 잃고 말지요. 특히나 산책하던 아저씨의 말이 압권입니다. "개라서 망정이지, 사람이었으면 큰일 날 뻔했네." 매정하고 냉정한 아저씨의 모습은 바삐 사느라 많은 귀한 것을 놓치고 사는 우리 어른의 모습과 닮았습니다.

아이들은 로쿠베가 평소 좋아하던 비눗방울을 구덩이에 열심히 불어보지만, 지쳐가는 로쿠베는 이렇다 할 반응이 없습니다. 이때 누군가의 머릿속을 스쳐 지나간 생각 하나가 있었지요.

"얘들아, 우리 오늘은 여기까지만 읽자. 나머지는 내일 읽자!"

여기까지 책을 읽어주다가, 장난스럽게 갑자기 책장을 덮어보았습니다. 그랬더니 여기저기서 아이들의 아우성이 들립니다. 책장을 덮으면 로쿠베가 곧 죽는다고 생각하는 모양인지, 제발 책을 덮지 말아 달라며 사정하는 아이들까지 있습니다.

"아~ 선생님, 안 돼요! 로쿠베를 구해줘야 한단 말이에요!"
"그럼 너희들이라면 어떻게 로쿠베를 구해줄래?"

"어떡하지? 어떡하지?" 되뇌며 마음 다해 발 동동 구르며 걱정하는 아이도 있고 사다리를 가져다 놓으면 되지 않겠느냐는 아이, 119에 전화를 걸겠다는 아이도 있습니다. 책 속 친구들은 어떤 아이디어로 로쿠베를 구할지 우리 반 아이들의 궁금증이 커집니다.
그림책의 매력은 이런 곳에 있습니다. 이야기에 집중하면 다음 페이지가 너무 궁금해져 멈추지 못하거든요.

책의 마지막 장에는 로쿠베를 안고 환하게 웃는 아이들의 모습이 담긴 그림이 그려져 있습니다. 그 어떤 글귀도 없지만, 그림만으로도 미소가 지어집니다. 아이들이 어떻게 로쿠베를 구했는지는 책으로 확인해보세요.

이 책도 아이들에게 읽어주길 추천합니다

『너처럼 나도』

장바티스트 델 아모 글 | 폴린 마르탱 그림 | 문학동네 | 2018.04.27.

반려견을 비롯한 많은 동물이 등장하는 이야기책입니다. '비인간 동물'과 '인간'의 공존을 이야기하며 공감의 힘을 배울 수 있어요. 조금 더 강한 존재가 그보다 약한 존재를 돌봐주고 도와주는 일이 얼마나 의미 있는지, 여러 말보다 한 권의 그림책으로 느낄 수 있답니다.

『넌 누구니?』

루트씨 글 | 김효원 그림 | 아이들판 | 2017.03.25.

에버랜드 리조트에서 근무하는 저자가 쓴 그림책입니다. 겁쟁이지만 호기심이 많은 판다 바오바오가 어느 날 살고 있던 대나무 숲에서 나와 여행을 떠나요. 여행길에서 바오바오는 뱀, 코알라, 너구리, 곰, 스컹크, 두더지, 검은머리물떼새를 만나는데요. 너와 나의 다름을 자연스럽게 이해할 수 있고, 무엇보다 새 학년 새 학기를 앞둔 아이들에게 읽어주면 좋답니다.

듣는 독서가 책에 대한 흥미를 유발한다고요?

인간이 살아가면서 하는 여러 가지 '자발적인' 행동은 개인적인 흥미에 의해 시작됩니다. 어떤 일에 대한 유쾌하고 긍정적인 느낌은 만족감, 성취감 등을 불러일으키니 당연히 내 마음에 끌릴 수밖에 없습니다. 남녀노소 지위를 막론하고 누구든지 마음에 끌리는 일을 할 때 능동적인 참여가 이루어져요. 그때의 효율성은 말할 것도 없이 배가 됩니다.

반대로 하기 싫은 일을 하는 것은 내가 애써 억지로 해내더라도 그 효과가 미미합니다. 오히려 역효과를 일으킬 수도 있음을 우리는 이미 여러 경험을 통해 알고 있습니다.

'독서'라는 행위 또한 주체적이고 자발적인 행동이 될 수 있습니다. 독서 역시 아이 스스로 의욕을 가지고 능동적으로 책을 찾아 읽을 때, 그 효과는 배가 됩니다. 즉, 아이의 바른 독서 습관 형성을 위해서는 '흥미'라는 감정이 그 출발점에서 함께 합니다.

동기를 유발하는 요인

흥미를 불러일으킨다는 의미는 책을 읽고 싶게 하는 '동기'를 유발하는 것과 비슷합니다. 동기는 두 가지 종류가 있는데, 바로 '내재적 동기'와 '외재적 동기'입니다.

내재적 동기Intrinsic Motivation는 학습자 자신의 흥미나 호기심과 같은 요인들에서 유래된 동기를 말하는데요. 사람들이 내재적으로 동기화되었을 때는 활동 그 자체가 자신에게 보상으로 작용하기 때문에 그 활동을 하도록 이끌기 위해 어떤 유인물(당근)과 처벌(채찍)도 필요로 하지 않습니다. 그저 내 마음이 저절로 움직일 뿐입니다.

반면 외재적 동기Extrinsic motivation는 칭찬이나 상, 벌과 같이 주어진 과제 자체와는 관련이 없는 요소들로 흥미가 유발된 상태를 말합니다. 따라서 외재적 동기는 학습자의 내적인 면에 긍정적인 영향을 줄 수도 있지만, 대부분은 학습자 내부의 동기를 도리어 감소시킬 수도 있다는 결정적인 단점이 있어 '편협한 동기 유발'이라는 치명적인 비판을 받기도 합니다.

아이에게 독서 습관이 잘 형성되려면 먼저 독서에 대한 흥미를 유발해야 합니다. 그중에서도 '내재적 동기'가 충족되어야 하지요. 그래야 더욱더 올바른 방향으로 아이의 독서 습관을 형성하게 할 수 있습니다.

그런데 우리는 과연 아이에게 독서를 향한 내재적 동기를 잘 이끌어주고 있을까요? 독서를 장려하기 위해 '외적'인 보상을 더 많이 사용하고 있는 건 아닐까요? 아이에게 독서를 권할 때 사용하는 나의 동기 유발 방법이 무엇인지 한번 살펴볼 필요가 있습니다.

칭찬 스티커의 장단점

학교에서는 연말이 되면 전교 직원이 모여 '교육과정 회의'라는 것을 합니다. 올해 꾸려나갔던 우리 학교 교육과정 중 좋았던 점은 무엇이고, 수정·보완할 필요가 있는 점은 무엇인지를 토론하는 회의입니다. 그 회의에서 이런 주제로 의견을 나눈 적이 있습니다.

'다독상, 이대로 괜찮은가요?'

각 학교에 있는 도서관 시스템은 기간별로 최대 대출자를 순위로 매기는 작업이 가능합니다. 그런데 매년 학교에서 주는 다독상을 도서관 최대 대출자 순위대로 수여하는 것이 과연 적당한 수상 기준이 될 수 있느냐는 의견이 회의에서 나왔던 것이지요. 다독상을 탔던 아이 중 일부는 정말 매일 책을 빌렸다 반납하기만을 성실하게 했을 뿐, 독서력이 부족한 아이도 꽤 많았기 때문입니다.

독서에 대한 외적인 보상 중 학교에서 많이 사용하는 방법이 '다독상 수여'라면 가정에서 가장 흔하게 사용하는 방법은 '칭찬 스티커'입니다. 책을 한 권씩 읽을 때마다 칭찬 스티커를 주어 더 많은 책을 읽을 수 있게 자극을 주는 보상 방법이지요. 독서에 노력을 기울이면 바로 보상으로 이어지니, 적절하게 사용하면 아이에게 성취감과 뿌듯함을 가져다줄 수 있습니다. 하지만 이를 너무 남용하면 문제가 됩니다.

"칭찬 스티커 모으려면 책 읽어야지~"

아이를 타이르며 독서를 권유하는 분이 많으리라 생각합니다. 이렇게 되면, 어떤 아이들에게 책은 빠져들 수 있는 즐거움이 아닌 그저 칭찬 스티커를 얻게 하는 얄팍한 수단에 불과하게 됩니다.

"이렇게라도 해야 손에 책을 쥐니 그나마 다행이다."

이렇게 말하는 부모님도 많이 만납니다. 하지만 이 역시 손에 책을 쥐게 할 수는 있겠으나, 책 읽기에 재미를 느끼게 하는 본질적인 방법은 절대 될 수 없음을 명심해야 합니다.

게다가 읽은 권수가 많아야 칭찬 스티커도 많이 모을 수 있으니 자칫 아이들 사이에 경쟁 구도가 형성될 수도 있습니다. 즉, 자기 자신을 과시하는 용도로 독서를 사용하는 셈이지요. 따라서 자연스레 얇은 책을 선호하게 됩니다. 칭찬 스티커를 빨리 모으는 방법이니까요. 책이 두꺼우면 손에 잡는 것조차 멀리하게 만들어 버리는 부작용을 불러옵니다.

이처럼 칭찬 스티커를 모으기 위한 과제로 전락해버린 독서가 아이들에게 즐거울 리 없습니다. 단언하건대, 마음이 즐겁지 않은 일은 제일 비효율적인 숙제가 될 뿐입니다.

스티븐 크라센은 자신의 책 『크라센의 읽기 혁명』(르네상스)에서 '맥로이드McLoyd의 연구'를 소개했습니다. 그는 초등학교 2~3학년 아이들을 세 그룹으로 나눈 후, 어떤 책을 아주 재미있는 내용이라고 말하며 읽게 했습니다.

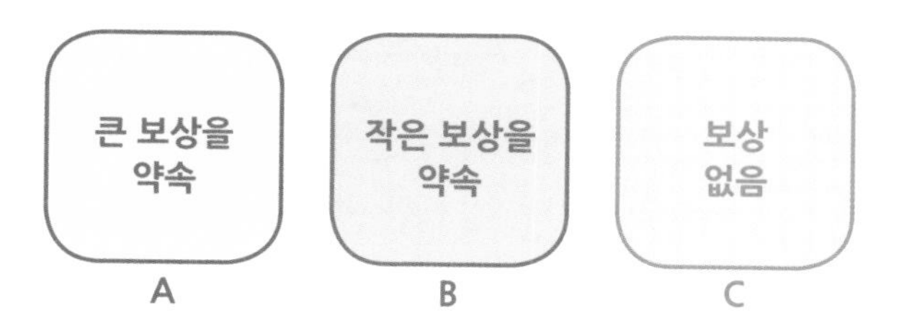

일정 부분까지 책을 읽으면 A그룹에는 큰 보상을 주기로 약속

했고, B그룹에는 작은 보상을 약속했으며, C그룹에는 책을 다 읽어도 보상은커녕 어떠한 언급조차 하지 않고 그냥 책을 읽도록 했습니다. 과연 A, B, C그룹 중 어떤 그룹의 아이들이 더 많은 페이지를 읽었을까요?

놀랍게도 보상에 관해 어떠한 기대도 없는 상태였던 C그룹 아이들이 가장 많은 페이지를 읽었다고 합니다. 일정 부분까지 읽으면 크든 작든 보상을 약속한 A, B그룹보다 무려 두 배 이상을 읽었다고 하니, 외적인 보상이 책을 더 많이 읽게 하지는 않음을 알 수 있는 의미 있고 재미있는 실험이었습니다.

반면 A그룹과 B그룹 아이들의 읽은 양의 차이는 별로 없었다고 합니다. 큰 보상이든 작은 보상이든 아이들은 보상을 약속한 일정 부분까지는 책을 읽었지만, 그 이상은 페이지를 넘기지는 않았습니다. 결국 A그룹과 B그룹의 아이들은 아주 재미있는 양질의 책을 앞에 두고도 '약속된 보상' 때문에 책을 제대로 즐기지 못했습니다. 오히려 보상에 얽매이지 않았던 C그룹의 아이들이 양질의 책에 흠뻑 취할 수 있었습니다.

독서를 어렵게 만드는 일

또 다른 대표적인 보상제도로 '독서 퀴즈 대회'가 있습니다. 칭찬 스티커의 목적이 절대적인 독서량을 늘리기 위함이라면, 독서 퀴즈 대회는 한 권의 책을 정독하게 하는 데 목적이 있습니다.

책 한 권을 곱씹어 읽고 문장과 그림이 나타내는 의미가 무엇인지 스스로 체감하는 행위가 정독精讀입니다. 하지만 저는 독서 퀴즈 대회가 아이들이 제대로 책을 읽고 있나 점검하고 싶은 어른의 욕구가 반영된 틀에 불과하다고 생각합니다. 이야기의 아름다움을 느끼며 책을 정독해야 할 아이들에게 정답을 맞히기 위한 책 읽기를 하게 유도하기 때문입니다. 이는 책 속 함축적인 의미를 파악하기보다 객관적인 사실에 집착하며 책을 읽게 만듭니다.

예를 들어 전래동화 『콩쥐 팥쥐』를 읽고 "콩쥐를 도와준 두꺼비는 몇 마리인가?"라는 식의 단편적인 문제에 답하려면 편협한 시각으로 책을 읽을 수밖에 없습니다.

또 '대회'라는 타이틀은 '수상'이라는 명확한 결과가 함께 걸리게 합니다. 따라서 독서 퀴즈 대회가 예정되어 있다는 공지가 뜨면 대부분 부모님이 퀴즈에 나올 만한 예상 문제를 뽑아내고 아이에게 책을 읽혀 문답하게 합니다. 아예 문제와 답을 외우게 하는 경우도 있지요. 상황이 이렇다 보니, 독서 퀴즈 대회가 과연 아이들에게 책을 정독하는 즐거움을 알게 하는 바람직한 외적 보상 방법인지 다시 한번 생각해볼 필요가 있습니다.

대회용으로 지정된 한 권의 책을 정독한다는 단기적 성과는 기대할 수 있을지 모르겠지만, 책을 싫어하는 아이를 책의 흥미로 이끌 수 없다는 점은 확실합니다. 다행히 예전과 비교하면 요즘은 학교 교육 현장에서도 독서 퀴즈 대회를 시행하는 학교가 점차 줄어들고 있는 듯한 느낌입니다.

이 밖에도 독서 퀴즈 대회와 형식만 다를 뿐 책을 읽고 난 뒤 '독후감 대회' '그림 그리기 대회' 등으로 보상 활동이 이루어지는 경우도 흔합니다. '독후 활동상' 역시 책을 읽고 의미 있는 기록을 남길 수 있다는 점에서는 충분히 의의가 있으나, 역시 수상이 걸리면 주객이 전도되는 일이 생기지요.

아이들은 더 쉽고 편하게 독후 활동을 기록하고 싶어 합니다. 또 상도 타고 싶겠지요. 그래서 좀 더 '교훈이 잘 보이는 책' '만만하게 주제를 떠올릴 수 있는 책' 등을 선호합니다. 즉, 빨리 읽을 수 있고 주제와 교훈을 손쉽게 적을 수 있는 훈화 같은 책만 찾아 읽으려고 합니다.

독서를 통해 단기적인 성과를 거두려는 생각 자체가 상당히 위험합니다. 단기적인 성과를 거두기 위함이라면 독서 말고 차라리 다른 방법을 선택하는 편이 옳습니다.

공부 내공도 독서와 비슷합니다. 절대 단기간에 견고히 쌓을 수 없으니까요. 단단하고 무너지지 않는 힘은, 정성껏 들려주는 책 한 권에서부터 출발합니다.

책 읽기의 재미를 알려주는 일

아이에게 책을 읽어주는 일이 마치 밑 빠진 독에 물 붓는 일처럼 느껴지는 것은 지극히 당연합니다. 그렇지만 아이의 곁에 꾸준하게 책을 두고 정성껏 읽어주었던 경험이 훗날 아이 스스로 인생의 방향을 잡아야 할 때 무엇보다 정확한 삶의 나침반이 되어줄 수 있습니다. 이런 확신을 가지는 것이 책을 읽어주는 사람이 품어야 할 유일한 신념과 가치입니다. 그러니 독서가 한 사람의 삶 속에 녹아 들어가 어느덧 일부가 될 수 있도록, 아이들에게 책 읽기의 재미를 알려주어야 합니다.

"난 의무적인 독서는 잘못되었다고 생각해요. 의무적인 독서보다는 차라리 의무적인 사랑이나 의무적인 행복에 대해 얘기하는 게 나을 거예요. 우리는 즐거움을 위해 책을 읽어야 해요."

아르헨티나의 위대한 작가 호르헤 루이스 보르헤스Jorge Luis Borges가 한 말입니다. 모쪼록 책은 즐거워야 합니다. 책 읽기는 따분하지만 의무감에 해야 하는 숙제가 아니어야 합니다. 책을 읽는 행위는 능동적이고 주체적이어야 합니다.

아이들에게 책을 읽어주는 일은 '밑 빠진 독에 물 붓기'가 아니라, '가랑비에 옷 젖는 일'입니다. 하루 한두 권 읽어주는 책이 아이가 글자, 종이, 책과 친해지게 만듭니다.

리디아의 정원

사라 스튜어트 글 | 데이비드 스몰 그림 | 시공주니어 | 2017.02.10.

독서의 내재적 동기를 더욱 끌어올릴 아주 좋은 그림책입니다. 사라 스튜어트가 글을 쓰고 남편 데이비드 스몰이 그림을 그려 칼데콧 아너 상을 받은, 너무나 유명한 그림책 『리디아의 정원』입니다.

이 책은 '리디아'라는 소녀가 쓴 열두 통의 짤막한 편지글로 이루어져 있습니다. 별다른 설명은 없습니다. 리디아가 가족들에게 보낸 편지가 이 그림책의 전부라, 한 번에 책 전부를 이해하는 일이 다소 어려울 수 있습니다. 그렇지만 편지 상황에 맞게 데이비드 스몰이 그린 그림과 색채는 책을 여러 번 들여다보게 하는 분명한 마력이 있습니다. 그래서 책장을 펴고 다시 읽을 때마다 매번 느낌이 다양하고 인물의 감정 변화가 새롭게 느껴지는, 가히 마법과도 같은 그림책이지요.

네버랜드
Picture Books
세계의 걸작 그림책
113
칼데콧 아너상
CALDECOTT HONOR BOOK
리디아의 정원
데이비드 스몰 그림 · 사라 스튜어트 글 · 이복희 옮김
시공주니어

리디아의 첫 번째 편지는 1935년 8월 27일 외삼촌에게 보낸 것입니다. 그 편지에서 우리는 리디아가 처한 상황을 알 수 있습니다. 리디아의 집은 매우 가난합니다. 아빠는 일자리를 잃었고 엄마는 옷을 만드는 사람이지만 더는 일거리가 없습니다. 리디아는 멀리 떨어져 있는 외삼촌 댁에 한동안 보내질 예정이라고 하네요. 멀리 떠나야 하는 리디아의 옷과 잡동사니를 챙기는 할머니의 표정에서 복잡 미묘한 감정이 보입니다. 비록 그림이지만 손녀를 보내야 하는 슬픔과 이를 묵묵히 따라야만 하는 리디아의 침묵이 느껴집니다.

리디아의 세 번째 편지는 리디아가 외삼촌 댁으로 가는 기차 안에서 엄마와 아빠, 할머니에게 쓴 짤막한 내용의 편지입니다. 편지에서 짐작할 수 있듯 리디아는 혼자 기차를 타고 외삼촌 댁으로 가고 있습니다. 하지만 리디아의 편지가 마냥 쓸쓸하지만은 않습니다. "깜빡깜빡 잠이 들 때마다 저는 꽃 가꾸는 꿈을 꿉니다."라는 문장으로 보아, 외로운 와중에도 리디아는 행복한 상상을 놓지 않고 이어갑니다.

도착한 곳은 리디아가 살던 곳과는 확연히 달랐습니다. 꽃이 있어 예쁘고 형형색색의 아름다운 색깔이 넘쳤던 고향과는 달리, 이곳은 온통 회색빛의 높은 건물만 있을 뿐 다른 색채는 금지된 곳처럼 느껴집니다.

리디아의 할머니는 리디아를 위해 편지 봉투 속에 답장과 함께 계속 씨앗을 넣어주고 계셨는데요. 그 꽃씨 덕분에 제과점이 점차 달라지기 시작합니다. 온통 잿빛뿐이었던 제과점에 하나둘 색이 입혀지게 되었거든요. 작은 분홍 화분 하나에서 시작해 노란 수선화와 튤립 꽃밭까지! 리디아가 온 뒤로 제과점은 비로소 '색깔'이라는 옷을 입게 되었고, 그 덕분에 외삼촌의 제과점은 손님으로 붐비기 시작합니다.

이윽고 열한 번째 편지에 다다르면 온갖 천연색이 모두 모여 장관을 이루는 제과점의 옥상, 아니 리디아의 정원을 볼 수 있습니다. "엄마와 아빠, 할머니께서 저에게 가르쳐주신 아름다움을 다 담아내려고 노력했습니다."라고 쓰인 편지 문구에서 리디아가 얼마나 오랜 시간 공을 들여 가꾸었는지를 느낄 수 있어요. 책을 보는 아이들도 이즈음에서는 감탄을 합니다.

"이야, 리디아 대단하다. 엄마 아빠랑 떨어져서도…!"

어느새 한 마음으로 두 손 모아 리디아를 응원하고 있습니다.

그러던 어느 날, 외삼촌은 예쁜 케이크와 함께 특별한 편지 한 통을 리디아에게 건네줍니다. 그 편지가 특별한 이유는, 리디아가 다시 엄마와 아빠, 할머니가 계신 집으로 돌아갈 수 있는 허락이 담겨 있기 때문입니다. 그동안 내색하지는 않았지만, 리디아가 제일 기다렸던 편지였음을 아이들은 이야기하지 않아도 느낄 수 있습니다. "저, 이제 집으로 돌아가요."라는 부분에서 왈칵 눈물을 터뜨리는 아이도 있었습니다.

책 전반에 걸쳐 보여준 리디아가 처한 상황은 매우 어렵고 참담하기만 합니다. 하지만 리디아는 누구보다 밝은 에너지와 씩씩함으로 버티고 즐깁니다. 나아가 그 밝은 기운을 다른 사람에게 전달하기까지 합니다. 지금 가지고 있는 행복을 누리고 음미할 수 있는 삶의 태도는 부모라면 누구나 아이들에게 심어주고픈 메시지입니다. 아이에게 책 한 권을 읽어주는 일이 내 아이 역시 그런 삶의 태도를 갖게 하는 작은 발걸음이 될 수 있습니다.

"모두에게 사랑을 담아, 리디아 그레이스."

리디아가 보낸 열두 통의 편지 끝에는 날짜를 적은 다음 이 구절이 빠지지 않고 등장합니다. 어쩌면 리디아가 힘든 현실을 버틸 수 있었던 이유는 '모두를 향한 사랑'이었을지 모르겠습니다. 이 구절을 읽을 때마다 꼭 우리 아이들이 제게 해주는 말 같아 저는 행복하기까지 했습니다.

이런 책을 두고 독서 퀴즈를 푸는 일이 정녕 의미가 있을까요? 칭찬 스티커를 모으려고 이런 책을 후다닥 읽은 후 얼른 다음 책을 펼치는 것을 응당 독서라고 할 수 있을까요? 보상을 받아야 하니 의무적으로 여러 번 혹은 여러 권 읽기보다, 그냥 이유 없이 한 번 더 마주 하고 싶은 책. 이런 좋은 책이 우리 아이들의 주변에 많이 놓여 있으면 좋겠습니다.

이 책도 아이들에게 읽어주길 추천합니다

『돈이 열리는 나무』

사라 스튜어트 글 | 데이비드 스몰 그림 | 미세기 | 2007.02.20.

사라 스튜어트와 데이비드 스몰이 부부로서 함께 펴낸 첫 그림책입니다. 1월부터 12월까지의 풍경과 함께, 돈이 열리는 나무 앞에서도 여전히 의연하게 자신의 삶을 열심히 사는 맥 아주머니의 태도가 인상적입니다. 진정 의미 있는 삶이란 무엇인지에 관한 생각을 일깨워주는 아름다운 그림책입니다.

『도서관』

사라 스튜어트 글 | 데이비드 스몰 그림 | 시공주니어 | 2017.03.30.

마른 체형에 수줍음이 많은 성격인 엘리자베스 브라운은 책 읽기를 좋아합니다. 그동안 사서 읽은 책이 너무 많아 더는 집에 책을 보관할 수 없게 된 엘리자베스 브라운이 자신의 집을 통째로 기증해 도서관으로 만들어가는 이야기를 담은 그림책입니다.

우리 아이 읽기 태도 점수는 몇 점일까요?

'읽기 능력'은 공부 내공과 직결되는 분야입니다. 따라서 읽기 능력에 대한 관심은 비단 우리나라의 상황에만 국한되지 않습니다. 'PISA Programme for International Student Assessment'라고 불리는, OECD에서 주관하는 '국제 학업 성취도 평가'는 3년 주기로 각국의 만 15세 학생들을 대상으로 교육수준을 평가하기 위한 시험인데, 여기서도 읽기 능력에 대한 평가는 빠지지 않습니다. 오히려 다른 영역의 평가보다 선행될 정도로 강조됩니다.

PISA는 읽기·수학·과학 분야를 다루는데, 평가가 이루어지는 3년마다 좀 더 중점적으로 다루는 평가 분야가 각기 다릅니다.

우리나라 학생들의 읽기 소양*은 세계 최고 수준을 자랑합니다. 2000년에는 43개국 중 6위, 2003년에는 41개국 중 2위, 2006년에는 57개국 중 1위로 꾸준히 향상되어 왔습니다. 특히 2009년 PISA 보고서에는 우리나라가 우수 사례로 소개되기도 할 만큼 대한민국의 읽기 소양은 세계 최상위라고 할 수 있습니다.

2009년 PISA에서 읽기를 주 영역으로 평가했을 때, 눈여겨볼 만한 항목으로 바로 '읽기 태도'에 대한 평가도 함께 이루어졌다는 사실입니다. PISA는 읽기에 대한 태도로서 '즐거움 지수'**와 읽기에 대한 학습 전략으로서 '암기 지수' '정교화 지수' '통제 지수'를 산출하여 읽기에 대한 정의적 태도와 학습 전략도 함께 평가했습니다. 이는 읽기 태도가 읽기 소양에 미치는 영향이 유의미함을 의미합니다. 즉 이러한 평가가 PISA에서 읽기 성취도에 영향을 주는 변인으

---

* PISA에서 읽기 소양은 자신의 목적을 성취하고 자신의 지식과 잠재 능력을 계발하며 사회에 기여하고자 하는 목적으로 다양한 텍스트를 이해·활용하고 성찰하며 다양한 텍스트 읽기에 참여할 수 있는 능력을 의미한다.

** 읽기에 대한 즐거움 지수Index of enjoyment of reading로 다음과 같은 11문항을 평가했다. ①나는 필요한 경우에만 독서를 한다. ②독서는 나의 취미 중 하나이다. ③나는 다른 사람과 책에 관해 이야기하는 것을 좋아한다. ④나는 책을 끝까지 읽기가 힘들다. ⑤나는 선물로 책을 받으면 기쁘다. ⑥나에게 독서는 시간 낭비다. ⑦나는 서점이나 도서관에 가는 것을 즐긴다. ⑧나는 필요한 정보를 찾기 위해서만 독서를 한다. ⑨나는 몇 분 이상 가만히 앉아서 책을 읽지 못한다. ⑩나는 읽은 책에 해 내 의견을 말하는 것을 좋아한다. ⑪나는 친구와 책을 바꿔 읽는 것을 좋아한다.

로 읽기 태도(읽기에 대한 즐거움)를 중요한 요소라고 인식하고 있음을 뜻합니다.

우리나라 학생들의 읽기에 대한 즐거움 지수는 여학생의 경우 OECD 평균보다 높았지만, 남학생의 경우는 OECD 평균과 같았습니다. 그런데 재미있는 사실은, 읽기 능력 하위 25%의 아이들은 즐거움 지수가 -0.82로 평균보다 많이 낮았지만, 읽기 능력 상위 25%의 아이들은 읽기 즐거움 지수가 +1.17로 평균보다 훨씬 높았다는 점입니다. 읽기 태도가 우수한 아이들은 훌륭한 읽기 소양을 갖출 수 있음이 통계로 증명이 된 셈입니다.

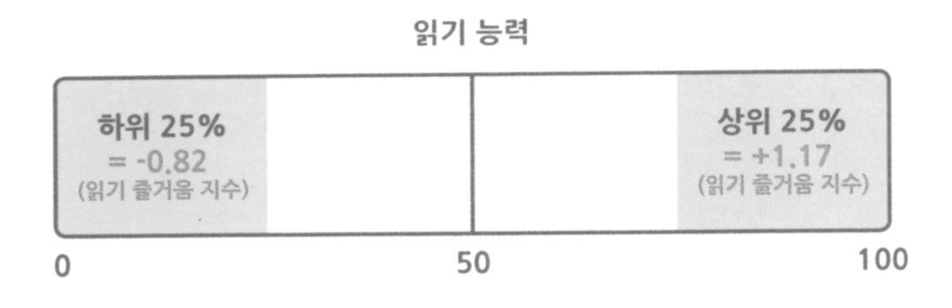

즉, 즐거운 태도로 책을 읽는 아이들이 독서력도 훌륭하다는 뜻입니다. 이렇듯 각국에서 읽기 능력을 국가경쟁력의 기반으로 여겨 읽기 능력의 신장을 교육의 중심으로 여기고 있는 만큼, 읽기 태도에 대한 관심도 계속 뜨거울 수밖에 없습니다.

우리나라 아이들의 읽기 태도

그렇다면 우리 아이들의 읽기 태도는 어느 정도일까요? 구체적으로 우리 아이들이 읽기에 대해 가지고 있는 태도가 어떠한지 점검해볼 필요가 있습니다. 우리나라 초등학생의 읽기 태도 점수를 보면 초등학교 2학년 때까지는 높아지다가 학년이 올라갈수록 점차 떨어지는 것으로 나타났습니다. 또 여학생이 남학생보다 읽기 태도 점수가 높았는데, 이는 앞서 소개한 2009년의 PISA 읽기 태도 검사 결과와도 일치했습니다.

우리나라 초등학생의 읽기 태도를 측정한 연구*가 있습니다. 이 연구에서는 읽기 태도를 아래의 예시처럼 '인지적 영역' '정의적 영역' '행동적 영역'으로 세분화하여 검사했습니다.

인지	· 나는 책을 읽는 나 자신이 자랑스럽다. · 나는 책을 많이 읽으면 공부를 잘하게 된다고 생각한다. · 어른들은 책을 읽는 것을 중요하게 생각하신다.
정의	· 나는 책을 읽으면 재미있다. · 나는 책 선물을 받으면 기분이 좋다. · 나는 집에서 책을 읽는 것을 좋아한다.

* 정혜승·서수현, "초등학생의 읽기 태도에 대한 연구", 한국어교육학회, 2011. 전국에 있는 초등학생들을 유층표집·군집표집하고 표준화된 검사 도구를 활용하여 읽기 태도를 조사하고 분석한 연구.

행동	· 나는 학교 도서관이나 서점에 자주 간다. · 나는 한 번 읽기 시작한 책은 끝까지 읽는다. · 나는 읽을 책을 가지고 다니는 편이다.

이 연구에서는 학년이 올라갈수록 우리나라 초등학생의 읽기 태도에 대한 점수가 떨어지는 것을 두고, 읽기 태도를 긍정적으로 강화할 수 있는 '기회'의 부족이라고 분석합니다. 학년이 올라갈수록 아이들의 많은 시간이 공부와 관련된 사교육에 할애되면서 아이들의 여가가 줄어드는 점이 읽기에 대한 긍정적 인식 기회의 부족에 한몫한다는 것입니다. 독서를 '즐거움을 얻기 위한 수단'이 아닌 '학업에 도움이 되는 수단'으로 여기는 상황도 늘어나게 되기 때문일 테지요.

위 검사 항목 중 눈에 띄는 부분이 있습니다. '나는 읽을 책을 가지고 다니는 편이다.'라는 항목입니다. 책에 대한 높은 접근성은 읽기 능력의 향상을 가능하게 합니다. 그래서 저는 학교에서 우리 반 아이들과 함께 교실을 이동해야 하는 일이 생기면(예를 들면 강당에 가야 한다거나, 음악실에 가야 한다거나), 반드시 읽을 그림책을 한 권씩 챙기라고 당부합니다. 교사인 저 또한 읽을 책을 한 권 챙겨 교실을 나섭니다. 시간이 남았을 때 언제든지 펼쳐서 읽을 수 있게 말입니다. 교실 책상 서랍 속에도 그림책을 한 권씩 두게 합니다. 수학 학습지나 미술 작업 등을 일찍 마쳤을 때 언제든지 쉽게 꺼내어 읽을 수 있게 말입니다.

딸들과 함께 여행을 갈 때도 그림책 서너 권은 늘 챙겨야 하는 필수품입니다. 당연히 제 가방이 아닌, 아이들 가방에 스스로 넣어야 합니다. 그래야 읽고 싶을 때 빨리 꺼내어 읽을 수 있으니까요. 책에 대한 접근성이 좋아야 책과 친해지기 쉽습니다. 책과 친해지는 것은 읽기 태도를 긍정적으로 바꿔줍니다. 긍정적인 읽기 태도는 읽기 능력을 향상시키고, 동시에 이것은 공부 내공을 견고히 다져줍니다. 따라서 도서관에 자주 가는 것도 책에 대한 접근성을 높여주는 아주 좋은 방법이 될 수 있습니다.

바람직한
읽기 태도 만들기

어릴 때 형성된 읽기 태도가 성인이 되었을 때 독서를 대하는 태도로까지 얼마나 지속하는지에 대한 연구는 아직 없습니다. 하지만 바람직한 읽기 태도가 현재의 읽기 소양을 향상시킬 수 있다는 점은 더 강조할 필요가 없습니다. 그러니 초등학교 1~2학년 때 형성된 읽기 태도를 초등학교 3학년 이후에도 계속해서 이어질 수 있도록 가정과 학교에서는 긍정적인 읽기 경험을 많이 제공해야 합니다.

이를 위해서는 여러 방법이 존재합니다. 아이와 함께 서점에 가거나 책을 선물하는 것도 하나의 방법일 수 있습니다. 책을 읽는 시간적·공간적 환경을 제공하는 것도 긍정적인 읽기 태도를 형성하는 데 도움을 줍니다. 아이에게 소리 내어 책을 읽어주는 것 또한 이를 위한 하나의 방법이 될 수 있습니다. 아이들은 같은 내용이라도 스스로 읽어 이해하기보다 다른 사람의 목소리로 듣고 이해하는 것을 훨씬 쉽게 받아들입니다. 다른 사람의 목소리로 들으면 자신의 수준보다 어려운 읽기 수준도 더 쉽게 이해할 수 있거든요. 이렇게 이해하기 쉬웠던 독서 경험은 즐거운 기억으로 남기 마련입니다.

아이들에게 이야기를 듣는 일은 곧 즐거운 일입니다. "옛날이야기 하나만 더 들려주세요!"라는 아이들의 요구는 그냥 하는 말이 아닙니다. 그 밑바탕에는 '즐거움'이라는 포근하고 따뜻한 방석이 깔려있을 테니까요.

아이가 7~8세를 넘어 어느덧 초등학교 고학년에 접어드는 10대의 길을 걷기 시작하더라도, 아이가 '듣는 즐거움'을 얻길 원한다면 기꺼이 소리 내어 책을 읽어주어야 합니다. 책을 소리 내어 읽어주는 일은 '듣는 즐거움'을 통해 '읽는 즐거움'까지 향상할 수 있는 가장 효과적인 방법이니까요.

잘하는 사람은 노력하는 사람을 이기지 못합니다. 또 노력하는 사람은 결국 즐기는 사람을 이기지 못합니다. 우리 아이들이 읽기를 '잘하는' 사람보다 '즐기는' 사람으로 자라나기를 원한다면 지금 아이가 가져온 그 책, 그 한 권을 읽어주세요. 그 순간 공부 내공은 덤으로 가져가는 선물이 됩니다.

소피의 달빛 담요

에일린 스피넬리 글 | 제인 다이어 그림 | 파란자전거 | 2001.11.15.

에일린 스피넬리가 쓰고 제인 다이어가 그린 따뜻한 그림책 『소피의 달빛 담요』입니다. 글도 참 예쁘지만 그림이 너무나 아름다운 책이라, 한 장씩 천천히 느린 호흡으로 감상하며 읽으면 좋습니다.

"소피의 달빛 담요… 달빛 담요… 달빛 담요."

제목에 등장하는 '달빛 담요'라는 말이 참 예쁘고 포근하게 느껴져 연거푸 세 번을 나지막이 읽어주었는데요. 아이들은 제목보다 표지 속 그림에 먼저 집중합니다. 펑퍼짐한 검은 옷을 입었지만 가냘퍼 보이는 여자가 하얀 실을 가지고 무언가 집중하고 있습니다. 그녀가 유독 가냘퍼 보이는 이유는 그녀에게 달린 여덟 개의 가느다란 다리 때문일 겁니다.

소피의 달빛 담요
글쓴이 | 에일린 스피넬리 그린이 | 제인 다이어 옮긴이 | 김홍숙

표지만 보고 아이들은 '거미'를 떠올립니다. 평소에 벌레라면 질색하는 아이들도 이 책의 표지 앞에서는 다른 반응입니다. 다리 많이 달린 벌레도 '달빛 담요'라는 제목 아래에 있으니 도리어 아름다워 보이기까지 합니다.

소피는 어릴 적부터 세상 어떤 거미줄보다도 아름다운 거미줄을 만들기로 유명했었지요. 시간이 흘러 소피는 새 거처로 한 하숙집을 찾아갑니다. 그곳은 아주 칙칙하고 낡은 집이라, 소피는 서둘러 작업을 시작합니다. 날마다 비단 거미줄에 황금빛 햇살을 섞어 커튼을 짜고 또 짰지요.

황금빛 햇살이 섞인 커튼은 눈부시게 아름다웠지만, 모두에게 그런 건 아니었나 봅니다. 주인아주머니에게 소피가 짠 커튼은 성가신 거미줄일 뿐이었으니까요. 아름다운 커튼은 주인아주머니가 던진 걸레에 찢겨버렸습니다.

주인아주머니를 피해 다락방으로 이사한 소피는 온통 회색빛으로 뒤덮인 선장 아저씨를 만납니다. 이후 요리사도 만나는데요. 그러나 선장 아저씨나 요리사도 소피의 선한 마음을 알아차려 주진 못했습니다. 소피가 힘겹게 수많은 계단을 오르는 장면에서는 아름다운 거미줄을 만들 수 있는 아주 귀한 재능을 가졌지만, 아무도 알아주지 않던 소피의 고단하고 고독한 삶이 느껴지기도 합니다.

시간이 흐른 후, 할머니 거미가 된 후에야 소피는 자신을 헤치지 않는 한 사람을 만날 수 있었습니다. 배 속에 아기를 품고 있던 그녀는, 소피의 아름다운 작품을 보지 않았는데도 소피의 모습 그 자체에 미소를 지어줄 줄 알았던 넓은 마음의 여인이었습니다.

소피는 자신이 가진 마지막 힘으로 아기를 위한 담요를 짜겠다고 마음먹습니다. 할머니가 된 소피에게 너무 벅차고 힘든 일이었지만, 달빛과 별빛과 자신의 옛 추억까지 끌어모아 성실하게 담요를 만듭니다. 일평생 찢기고 치워졌던 소피의 작품이 이번에는 받아들여질 수 있을까요?

이 그림책은 매번 읽어줄 때마다 그 깊이가 점점 묵직하게 느껴집니다. 어떤 날에 읽으면 소피를 겉모습만으로 판단하고 받아들이는 우리의 좁디좁은 고정관념이 느껴져 죄스러운 마음이 듭니다. 또 다른 날에는 그 누가 인정해주지 않아도 꿋꿋이 자신이 좋아하는 일을 하려는 소피의 곧은 심지에 존경스러운 마음이 들기도 하고요. 또 다른 어떤 날에는 가난한 엄마가 소피가 만든 달빛 담요를 아기에게 덮어줄 때 어떤 마음이었을지 같은 엄마로서 감정이 이입되기도 합니다.

아이에게도 마찬가지일 거예요. 여섯 살에 읽어주었을 때, 또 일곱 살, 여덟 살, 아홉 살…. 나이가 든 후 스스로 이 그림책을 읽을 때마다 마음에 다르게 와닿을 것 또한 분명합니다. 읽어주는 어른인 제 마음이 매번 다른 것처럼 말입니다.

이 책도 아이들에게 읽어주길 추천합니다

『페페 가로등을 켜는 아이』

일라이자 바톤 글 | 테드 르윈 그림 | 열린어린이 | 2005.10.30.

편찮으신 아빠와 돌아가신 엄마, 가난한 환경 때문에 날마다 가로등을 켜는 일을 해야 했던 페페. 아빠는 페페가 하는 일이 보잘것없는 일이라며 못마땅했지만, 페페는 기쁜 마음으로 가로등을 켭니다. 작가 일라이자 바톤의 할아버지께서 직접 겪은 실화를 바탕으로 쓰인 그림책이에요. 1994년 칼데콧 영예상을 받았답니다.

“

남자아이라서 책을 싫어하는 걸까요?

”

“선생님, 저희 아이는 남자아이라서 책을 싫어해요.”

“남자아이라서 그런가, 좀처럼 붙잡아 앉혀놓을 수가 없어요. 1분도 가만히 있지 않아요. 엉덩이를 얼마나 수시로 들썩거리는지 몰라요.”

“앞으로는 독서력이 곧 경쟁력이라고 하던데, 남자아이는 아무래도 여자아이들에게 뒤처질까 봐 걱정이에요.”

강의 때 책 읽기의 중요성에 대해 한창 강조했더니, 일부 학부모님께서 이렇게 묻고는 하셨는데요. 이러한 고민은 소수의 아들 가진 엄마들만의 고민이 아닙니다. 독서의 중요성을 계속해서 느끼게 될수록 더욱 조바심이 난다는 초등학생 아들을 가진 엄마들의 고백이 대부분이었으니까요.

2009년 5월에 시행되었던 PISA를 보면 일부 엄마의 고민이 아님을 더 확실하게 알 수 있습니다. PISA 2009는 '읽기' 영역을 주요 영역으로 평가했는데, 읽기 성취와 관련한 다양한 변인에 대한 자료를 포함하고 있어 한국교육과정평가원에서는 PISA 2009의 읽기 영역에서 나타난 여러 현상을 분석하는 보고서*를 발표했습니다. 이 보고서의 주안점은 아래와 같습니다.

> 읽기 교육 장면에서 최근 주목하고 있는 현상은 읽기 성취에서 나타나는 성별 차이와 관련된 것들이다. 여학생이 남학생과 비교하면 읽기 성취 수준이 더 높을 뿐 아니라, 학년이 지남에 따라 성취 수준의 간격 차도 커지는 문제가 지속해서 나타나고 있다. 따라서 이와 같은 성별 차이를 해소하면서 균등한 읽기 성취 향상을 이끌기 위해서는 읽기 성취에서 성별 차이를 이끄는 원인을 탐색하고, 그 원인을 해소할 수 있는 교육 방안에 대한 탐색이 이루어져야 한다.

---

* 최숙기·박기범, "읽기 성취에 대한 남학생과 여학생 간 성별 차이 분석 및 교육적 방안 탐색: PISA 2009 읽기 관련 변인을 중심으로", 『교육과정평가연구』 제15권 제1호, 한국교육과정평가원, 2012, pp.239-266.

앞서 강조했듯, '읽기'가 다른 교과목의 성취 정도와도 밀접한 관련을 지니고 있는 만큼 '남학생들은 읽기를 여학생보다 잘하지 못한다.'라는 이야기가 더욱 굳어지지 않도록 남학생들의 책 읽기에 좀 더 많은 관심을 기울여볼 필요가 있습니다.

그렇다면 남자아이들은 왜 책 읽기를 싫어할까요? 그 이유에 대해서도 한 번쯤 생각해볼 필요가 있습니다.

첫 번째 이유:
편견

첫 번째 이유는, 이 모든 것이 우리 어른들의 '편견' 때문일 수 있습니다. 실제로 이렇게 단정지어 말하는 학부모가 너무 많습니다.

"선생님, 우리 아들은 책을 싫어해요."

아이에게 어릴 적부터 책을 읽어주려 하면 잘 집중하지 못하고 금방 자리를 떠 버렸기 때문에, 아이와 함께 책을 살갑게 나눌 기회가 많이 없었다고 말입니다.

그렇지만 연구 결과에 따르면, 책을 읽어줄 때 유아가 집중할 수 있는 시간은 평균 3분밖에 되지 않습니다. 원래 아이들은 남녀를 막론하고 잘 집중하지 못합니다. 실제로 교실에서 아이들과 그림책을 나누다 보면, 성별에 따른 차이가 그리 많이 느껴지지 않습니다. 오히려 '성별'에 따른 차이보다는 '성향'에 따른 차이가 간혹 느껴지는 편입니다. 그 말대로라면 남자아이들이 여자아이들보다 유독 몰입하는 횟수가 적어야 하는데, 실제로는 그렇지 않으니까요.

혹시 우리 어른들에게 '남학생은 모름지기 뛰어놀아야 하지, 너무 책만 읽어도 안 된다.'라는 고정관념이 깔린 건 아닐까요? 혹은 '남자니까 당연해.'라는 편견이 우리 마음속 깊이 깔려있는 건 아닐까요? 아이는 실제 책을 좋아하고 있었는데, 우리 어른들이 그 모습을 발견하지 못하고 오히려 거부한 것은 아니었을까요?

실제로 남학생들은 자신을 '비非 독자'로 인식하는 확률이 여학생보다 더 높다고 합니다. 자기 스스로 책과는 관련이 없는 사람으로 여긴다는 말인데, 왜 자기 자신을 독자로 받아들이지 않는 것일까요? 어린 시절부터 책과 관련된 여러 경험을 하게 되면 스스로 자신을 독자로 인식하게 됩니다. 자기 스스로 독자라 인식하는 사람은 책을 읽는 일이 낯설지 않습니다. 또 어려서부터 아이들이 자신을 독자로 인식하게끔 존중해줄 수 있는 역할은 바로 우리 어른들이 해줄 수 있습니다. 따라서 듣는 독서를 남학생들에게도 게을리 해서는 안 됩니다. 오히려 그들에게 더 절실하게 필요한 이유가 바로 이것 때문입니다.

두 번째 이유:
선호도

두 번째 이유는, 책의 주제에 따른 선호도를 무시했기 때문일 수 있습니다. 책에는 경제, 사회, 과학, 우주, 환경, 패션, 문학 등 다양한 소재가 담길 수 있습니다. 우리는 각자의 취향에 맞게 책을 선택할 권리를 가지고 있습니다. 사람마다 좋아하는 색깔과 캐릭터가 서로 다르듯이, 아이들마다 선호하는 책의 소재 또한 다를 수 있습니다.

그런데 대부분 권장도서 목록이나 유명한 그림책의 경우, 소재 선택에 있어 남자아이들이 여자아이들보다 제한된 선택을 할 수 있습니다. 대부분 남자아이가 공상과 상상, 우주와 환경 등 주로 눈에 보이지 않는 세계와 좀 더 거시적인 세계에 관심이 많은데, 그런 소재를 가진 그림책은 많지 않기 때문입니다.

「초등학생의 독서 기호 실태 분석 연구」라는 제목의 연구*에서 남학생과 여학생이 어떤 주제의 책을 좋아하는지 그 선호도에 대한 조사를 했었는데요. 그 결과 남학생은 우주, 발명, 발견 등 과학기술과 동식물 및 환경에 대한 대답을 많이 했습니다. 반면 여학생은 세계 여러 나라에서 일어나는 일과 학교에 관한 이야기에 관한 응답이 높게 나타났습니다. 이는 남학생이 첨단과학 시대에 일어날 현

---

* 신재복, 한국교원대학교 교육대학원, 2004.

상과 그 원인에 대해 관심이 많고, 여학생은 자신이 살아갈 사회 현상과 구체적인 생활 패턴에 관해 관심이 많다는 뜻으로 풀이가 됩니다. 이렇게 남학생과 여학생은 선호하는 주제가 확연히 다릅니다. 따라서 남학생들이 책에 좀 더 흥미 있게 접근할 수 있도록 논픽션, 잡지, 만화 류의 텍스트 유형도 적극적으로 활용할 필요가 있습니다.

따라서 읽기 태도와 독서력이 아직 부족한 남자 어린이들에게는 도서 선택의 자유를 자주 주도록 해야 합니다. 책을 정독할 수 있는 능력보다 중요한 것이 일단은 책에 대한 흥미입니다. 정독할 수 있는 능력은 그 다음 문제입니다.

또 남자아이들은 한 가지 주제를 마음속에 품으면, 그 주제를 집중적으로 파고드는 능력이 오히려 더 우수합니다. 그러므로 관심 있는 주제에 대한 책을 다양하게 제공하면 좋습니다. 이것은 주제 중심 학습을 하는 것과 동시에 공부 내공을 쌓아가는 유효한 방법이 되기도 합니다.

세 번째 이유:
읽어주는 사람

세 번째 이유는, 읽어주는 사람의 영향을 많이 받기 때문입니다. 대부분 가정에서 아이들의 주 양육자는 '엄마'라서 책을 읽어주는 사람 또한 '엄마'인 경우가 많습니다.

그림책을 읽어주는 사람 본인이 읽기에 편안하고 좀 더 자신 있는 그림책을 직접 고르다 보니, 남자아이들이 선호하는 주제는 손에 닿기가 쉽지 않을 수 있습니다. 그러니 아빠와 함께 도서관에 가서 책을 고르거나 아빠의 목소리로 책을 듣는 경험은 남자아이에게 독서에 대한 긍정적인 기억을 형성하게 합니다. 주변에 적극적으로 모델링할 수 있는 남자 어른이 있다면 아들의 독서력을 키우는 좋은 방법으로 활용할 수 있답니다.

네 번째 이유:
읽는 방법과 습관

네 번째 이유는, 책을 읽는 방법과 습관 또한 성별의 영향을 받기 때문입니다. 남학생과 여학생의 책을 읽는 습관에 대한 꽤 흥미로운 연구*가 있었습니다.

우리는 보통 꼼꼼하게 끝까지 읽는 어린이가 독서를 좋아하고 즐긴다고 생각합니다. 물론 이 말이 완전히 틀리지는 않았습니다. 하지만 '대충이지만 끝까지 읽는 것' 또한 우수한 독서 전략 중 하나입니다.

* 이경미, "초등학생의 독서 성향 분석을 통한 바람직한 독서 지도의 방향", 대구교육대학교 교육대학원, 2006.

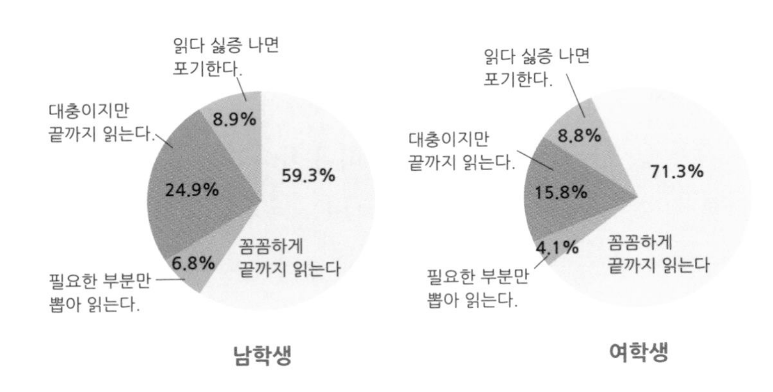

"필요한 부분만 뽑아 읽는다."라는 답변이나, "읽다 싫증 나면 포기한다."라는 답변은 남녀 차이가 별로 없었지만, "'꼼꼼하게' 끝까지 읽는다."라는 답변은 여학생이 압도적으로 높았고, "'대충이지만' 끝까지 읽는다."라는 답변이 남학생이 더 높았습니다. 대충이지만 끝까지 읽는 남자아이들의 모습에, 우리 어른들이 '남자라서 책을 싫어하는 거야.'라고 생각한 건 아니었을까요?

"왜 대충 읽어?"
"그거 지금 너 내용 다 이해했니?"
"꼼꼼히 좀 읽어라."

아이가 스스로 자율독서를 하고 있는 장면을 목격했다면, 그 모습을 위와 같이 절대로 평가하려고 하지 마십시오. 독서에 흥미를 붙이는 과정에서, 어떠한 평가는 무조건 금물입니다.

세상에서 가장 맛있는 무화과

크리스 반 알스버그 글과 그림 | 미래아이(미래M&B) | 2003.06.25.

이번에 소개할 그림책은 학년과 관계없이 여자아이들보다 남자아이들의 폭발적인 지지를 받았던 그림책입니다. 크리스 반 알스버그의 『세상에서 가장 맛있는 무화과』인데요. 크리스 반 알스버그는 영화로 만들어진 『주만지』의 원작자로 유명합니다.

그의 작품은 글의 호흡이 제법 길고 이해하기에 마냥 쉬운 난이도도 아니에요. 그렇지만 사실인 듯 공상인 듯 헷갈리는 상황 전개와 사실적인 화풍, 결정적으로 반전 있는 결말이 매력적입니다. 그의 작품에 한번 발을 들이면, 그의 작품을 모두 다 읽어보고 싶은 충동에 빠질 만큼 말입니다. 그중에서도 『세상에서 가장 맛있는 무화과』는 아이들이 이해하기에 낯설지 않은 소재로 사건이 전개되기에 아이들에게 유독 인기 있는 그림책입니다.

미래그림책 25
세상에서 가장 맛있는 무화과
크리스 반 알스버그 글·그림 | 이지유 옮김
미래i아이

표지에서 보이는, 도도한 표정으로 엄지와 중지에 무화과를 들고 입을 열어 맛을 보려는 남자가 이 책의 주인공 '비보 씨'입니다. 그는 치과의사인데요. 그것도 아주 깔끔한 성격의 치과의사였습니다.

집 안에는 먼지가 한 톨도 없어야 했고, 반려견을 키우고 있지만 반려견의 털이 어딘가에 조금이라도 묻는 것을 허락하지 않을 만큼 아주 결벽증 있는 성격의 소유자였지요.

그러던 어느 날, 비보 씨의 치과에 예약하지 않는 손님이 찾아옵니다. 초라한 행색의 할머니는 이가 아프다며 제발 치료 좀 해달라고 비보 씨에게 애원하지요. 자투리 시간에 돈을 조금 더 벌 수 있겠다는 생각이 들었던 비보 씨는 할머니의 제안을 수락합니다. 그리고는 환자를 향한 배려의 마음은 전혀 없는 표정으로 무지막지하게 할머니의 이를 빼버렸습니다. 그런데 여기서 끝이 아니었습니다.

불행히도 할머니에게는 치료비를 낼 돈이 없었습니다. 대신 할머니는 비보 씨에게 무화과 두 알을 건넵니다. 이 무화과는 보통 무화과가 아니라는 말도 덧붙이는데요. 무화과를 먹고 자면, 그날 밤 꿈을 꾼 내용이 그대로 현실이 될 것이라는 이야기를 하네요? 하지만 이런 이야기를 곧이들을 비보 씨가 아닙니다. 비보 씨는 약도 주지 않고 할머니를 내쫓아버려요.

그래도 할머니의 말이 진짜일지도 모른다는 아주 작은 생각은 했던 걸까요? 비보 씨는 우아하게 무화과 한 알을 접시에 두고 칼질을 해봅니다. 그리고 다음 날, 비보 씨는 할머니의 말이 진짜였음을 깨닫습니다. 지난밤 꿈에서처럼 에펠탑은 엿가락처럼 휘어 있고 자신은 속옷 차림으로 거리를 활보하고 있었으니까요.

비보 씨는 결심합니다. '부자가 되는 꿈'을 꾸기로 말이에요. 그는 자신이 꾸고 싶은 꿈을 꿀 수 있는 온갖 방법을 연구합니다. 섣불리 하나 남을 무화과 한 알을 먹었다가, 괜히 이상한 꿈을 꿔버리면 안 될 테니까요. 그는 오로지 반드시! 무조건 부자가 되는 꿈을 꾸어야 했습니다. 그리고 오로지 반드시! 무조건 그날 밤에 하나 남은 무화과를 먹어야 했습니다.

이 책은 어떻게 끝이 날까요? 과연 비보 씨는 부자가 되는 꿈을 정말 꾼 걸까요? 결국 이 책도 권선징악의 메시지를 담고 있습니다만, 그 메시지를 전달하는 방식이 감탄이 나올 만큼 기가 막힙니다. 마지막 페이지에서 아이들은 상상도 못할 반전에 입을 크게 벌리고 말지요. 그리고 배꼽을 잡고 웃기 시작합니다.

이런 묘미를 겪어본 아이들에게 크리스 반 알스버그의 다른 작품들을 읽어주었는데요, 남자아이들의 눈이 어느 때보다도 초롱초롱했답니다. 이런 경험 한 번이 쌓이고 쌓여, 자기 자신을 독자로 여기는 남자아이가 많아지리라고 확신을 가져봅니다.

이 책도 아이들에게 읽어주길 추천합니다

『빗자루의 보은』

크리스 반 알스버그 글과 그림 | 달리 | 2005.05.10.

마녀가 빗자루를 타고 하늘을 날고 있었습니다. 그런데 빗자루가 그만 추락하고 맙니다. 빗자루와 함께 떨어진 마녀는 친구의 도움으로 떠났지만, 그 자리에는 마법의 힘을 잃은 빗자루만이 덩그러니 남아 있습니다. 혼자 살던 과수댁은 빗자루를 발견하고 집안에 들이는데요. 놀랍게도 이 빗자루는 스스로 청소를 하고 피아노를 치며 과수댁을 즐겁게 합니다. 그런데 사람들은 이 빗자루를 경계하며 결국 불태워야 한다고 주장하는데요. 빗자루와 과수댁은 어떻게 되었을까요?

『압둘 가사지의 정원』

크리스 반 알스버그 글과 그림 | 베틀북 | 2002.10.30.

크리스 반 알스버그의 첫 번째 작품입니다. 은퇴한 마법사 압둘은 자신의 정원에 개가 들어오는 것을 금지합니다. 정원을 망가뜨릴 게 분명하기 때문이지요. 어느 날 소년 앨런의 강아지가 압둘의 정원으로 뛰어 들어가 버렸습니다. 어쩔 수 없이 앨런도 강아지를 찾으러 정원에 들어가고야 마는데요. 압둘의 정원에서 무슨 일이 벌어졌는지는 직접 아이들과 함께 읽으며 체험해보시길 바랍니다.

Part 02

창의성, 상상력, 사회성, 인성 키우는 가장 확실한 방법

공감력을 키울 수 있어요

인간의 뇌가 가지고 있는 여러 기능 속에 특별히 '감정'을 조절하는 뇌가 따로 있다고 주장한 사람이 있습니다. 그는 '정서 지능Emotional Intelligence'이라는 용어를 만든 미국의 심리학자 다니엘 골먼Daniel Goleman입니다. 다니엘 골먼은 인생의 성공과 실패를 두고 이렇게 말했습니다.

"인생의 성패는 지능이 아닌 감정을 조절하는 능력에 달렸다."

공감력이 필요한 이유

'인생이 실패하는 이유는 자신의 감정 조절에 실패하기 때문'이라는, 다소 무섭기까지 한 명제인데요. 골먼은 자기 자신의 감정을 제대로 알고 조절하는 능력이야말로 인생을 살아갈 때 가장 필요한 능력이라고 말합니다. 그는 소크라테스의 "너 자신을 알라!"라는 말을 인용하며 "자기 자신을 제대로 파악하는 것이 인생을 성공으로 이끄는 초석이 될 것"이라고도 했습니다.

골먼은 이렇게 자신의 감정을 자제自制하는 것과 더불어 필요한 능력이 하나 더 있는데, 이를 '공감共感'이라고 말했습니다. 공감은 내가 아닌 다른 사람의 감정을 파악하는 것입니다. 따라서 자제와 공감을 쉬이 할 수 있는 사람은 인생을 성공적으로 이끌 수 있다고 말합니다. 골먼은 엄마 아빠가 아이에게 평소 말을 걸어주고 눈을 맞춰주며 안아주는 등의 행동이 아이의 공감을 수용하는 가장 중요한 방법이라며, 다음과 같은 말을 했습니다.

"공감은 부모와 아이의 친밀한 교류에서 무의식적으로 이루어진다."

이것이 그림책을 아이들에게 읽어주어야 하는 또 하나의 이유입니다.

부모가 읽어주는 책의 힘

아이들을 무릎 위에 앉혀 살을 맞댄 후 소곤소곤 그림책을 읽어주는 장면을 떠올려봅시다. 때때로 아이는 질문하고, 엄마 아빠는 아이의 질문에 성의껏 대답합니다. 이런 과정을 통해 아름다운 그림책 한 권의 내용은 나 혼자의 경험이 아닌, 아이와 부모의 공통된 '우리의 경험'이 됩니다. 하나의 공통된 경험을 나눈다는 건 그 자체로 친밀한 교류입니다. 따라서 그림책을 읽어주는 일은 부모와 아이 사이의 친밀한 교류를 이끄는 가장 쉽고 확실한 방법입니다.

그렇다면 그림책을 읽는 엄마 아빠의 목소리를 녹음해서 들려주는 일은 어떨까요? 물론 그림책을 아예 읽어주지 않는 것보다는 좋겠지만, 이를 엄마 아빠와 자녀 사이에 나누는 친밀한 교류라고는 볼 수 없습니다. 아이에게 일방적으로 전달하는 단순한 기계음에 불과하니까요.

"아이에게 책을 열심히 읽어줘도, 몇 년 후에는 기억도 못할 일일 걸요."

어떤 이는 평가절하해서 말하기도 합니다. 물론 당연히 그럴 수 있습니다. 부모는 아이와 함께하는 일상을 사진으로 찍고 육아일기를 쓰는 등의 방법으로 낱낱이 기억하려 애씁니다. 아이들과 관련된, 훗날 추억이 될 소중한 물건은 차마 버리지도 못합니다. 하지만 아이들은 부모와 함께 하는 일상 속 체험 모두를 기억하지 못할 수도 있습니다. 그 시절 우리도 그랬듯이, 아이들은 부모와 함께 하는 시간을 그냥 흘려보내는 일이 다반사이기 때문입니다. 어쩌면 평생 다시는 떠올리지 못할 기억이 머릿속에 남아있는 기억보다 더 많을지도 모르겠습니다. 기억 저편에 가라앉아서 다시는 떠오르지 못할 수도 있습니다.

하지만 기억하지 못한다고 해서 '헛된 것'이라고 단언할 수 있을까요? 그렇지 않습니다. 저는 기억하는 것과 기억하지 못하는 것이 두루 더해지고 섞여 단 하나의 고유한 빛깔을 만든다고 믿어 의심치 않습니다. 또 소설가 한강이 자신의 소설 『흰』(문학동네)에 쓴 것처럼, 어떤 기억들은 시간으로 인해 절대 훼손되지 않습니다. 그러니 (아이가 기억하지 못하더라도) 아이에게 읽어주는 그림책 한 권이 아이의 고유한 빛깔을 만들어내는 데 꼭 필요한 기억이 될 것이라고 믿으며 책을 읽어주면 좋겠습니다.

소박한 목표 세우기

저는 독서량을 구체적인 목표로 정해서 하는 책 읽기를 반대합니다. 누군가는 아이들에게 일 년 안에 천 권을 읽으라고 하거나 아이들 자신의 키만큼 책을 쌓아올릴 수 있도록 책을 읽어야 한다고 말하지만, 이 모든 것은 '책을 읽어야 한다.'

는 강박이 될 때 문제가 됩니다.

하지만 그림책을 '읽어준다'고 하면 상황은 달라집니다. 여기서는 읽어주는 사람의 의지가 제일 중요한데, 이 의지가 때에 따라서는 흐릿해지는 경우도 많기 때문입니다. 그래서 최대한의 목표를 정하는 것보다, 최소한의 목표를 세우는 것이 좋습니다. 물론 이 최소한이 목표는 아이들에게 들키지 않아야 합니다.

어떤 아이는 부모님이 의도를 가지고 책을 읽어주려고 할 때, 거부감을 드러낼 수 있습니다. 그래서 최소한의 목표란 이런 것입니다. '지윤이에게 책 100권 읽어주기 프로젝트'보다, '하루 한 권 책 읽어주기'로 목표를 작게 정하는 것이지요. 다독도 좋지만, 초등학교 1~2학년 어린이들에게는 책을 늘 가까이 하려는 태도를 먼저 형성하는 일이 훨씬 더 중요합니다.

우리는 아이들에게 책을 잘 읽는 방법을 가르치는 것보다, 책을 좋아하게 만드는 독서 습관을 기르게 하는 것에 더 많은 비중을 쏟아야 한다는 점을 잊으면 안 됩니다. 하루 한 권의 그림책이라도 매일 책을 가까이 했던 경험은, 지금 이 시기의 아이에게만 줄 수 있는 최고의 자극이자 훌륭한 습관입니다.

저는 현재 '달콤맘의 달콤한 육아, 달콤한 교육blog.naver.com/ggoryggory'이라는 블로그를 운영하고 있습니다. 블로그의 여러 카테고리 중 '무슨 책 읽어주셨어요?'라는 폴더에 매일 밤 10시, '○월○일 ○요일, 무슨 책 읽어주셨어요?'라는 제목의 글을 포스팅하고 있습니다. 아이들에게 한 권이라도 책을 읽어준 분들이 공감버튼을 누르거나 때로는 읽어준 책을 댓글로 적습니다. 처음에는 열 몇 분 정도만 참여했지만 점점 참여율이 높아지고 있지요. 서로의 댓글을 통해 그림책에 대한 다양한 정보도 얻고 있고요. 무엇보다 아이들의 '듣는 독서'에 대한 행복한 의무감을 엄마, 아빠가 직접 느낄 수 있다는 점이 제일 큰 장점이라 생각합니다.

하루 한 권 책 읽어주기는 길어야 10분 남짓이 소요될 뿐입니다. 그러니 아이와 부모, 모두가 컨디션이 좋을 때 책을 읽어주도록 합니다. 한 사람의 컨디션이 별로일 때 읽어주는 책은, 서로에게 즐거운 기억으로 남기가 어려우니까요.

"심심하다고 하지 말고, 책이라도 한 권 더 읽어라!"
"그렇게 멍하니 있지 말고, 책 좀 읽어."
"너 오늘 책 한 권도 안 읽었지? 이리 와. 얼른 읽고 자자!"
"책 읽는 태도가 그게 뭐야. 읽기 싫어? 읽기 싫으면 읽지 마."

이런 대화가 남발되는 가정에서 자란 아이가 책을 좋아할 리 없습니다. 책은 행복의 도구가 되어야 하지, 명령과 숙제의 도구가 되면 안 됩니다. 한 권의 책은 모름지기 행복한 추억으로 남아야 합니다. 서로의 컨디션이 좋을 때 읽어주는 책 한 권이 매일 쌓일 때, 아이들은 '책 읽기는 행복한 일'이라는 행복한 세뇌에 자연스럽게 빠져들 수 있습니다.

너는 특별하단다

맥스 루케이도 글 | 세르지오 마르티네즈 그림 | 고슴도치 | 2002.02.20.

인물의 마음에 공감하며 읽기 좋은 그림책『너는 특별하단다』를 소개합니다. 이 책은 인형극으로 더 유명해서, 우리 반 아이들도 책의 내용을 이미 많이 알고 있었습니다.

이 책의 저자 맥스 루케이도는 미국에서만 1,500만 부 이상 판매 기록을 가진 미국 기독 출판계 최고의 베스트셀러 작가이자 설교자이자 목사입니다. 성경이 말하는 내용을 가장 독특하고 상상력 넘치는 우화로 풀어내는 필력筆力이 더할 나위 없이 탁월하다는 평을 받는 유명한 작가이지요.

자칫 종교 편향적인 내용이라고 생각할 수도 있지만, 다른 종교를 가지고 있거나 종교가 없는 아이가 읽었을 때도 모두에게 아주 따뜻한 내용의 그림책입니다. 부모님이 아이에게 읽어줄 때는 무릎에 아이를 앉히고 살짝 포옹

작은 나무 사람 펀치넬로 이야기
너는 특별하단다
맥스 루케이도 지음 / 세르지오 마르티네즈 그림 / 아기장수의 날개 옮김
Y·O·U·A·R·E·S·P·E·C·I·A·L
고슴도치

하며 읽어주면 골먼이 말한 '친밀한 교류'를 나누는 데도 좋을 겁니다.

나무로 만들어진 사람들이 사는 마을이 있습니다. 그 마을에 사는 사람들은 우리가 사는 마을의 사람들처럼 키가 크고 작고, 눈이 크고 작으며, 코가 높고 낮은, 제각기 다른 생김새를 가지고 있습니다. 다만 특이한 점이 있습니다. 바로 '별표'와 '점표'이라는 딱지였습니다. 나무의 결이 매끄럽고 재주가 많은 나무사람들에게는 '별표'를, 거칠고 볼품없고 재주가 없는 나무사람들에게는 '점표'를 붙여주는 겁니다. '펀치넬로'는 늘 '점표'만 받는 나무사람이었습니다. 아무리 잘 해보려고 해도 늘 실수투성이였기에 결국 몸에는 점표만 가득했지요.

"얘들아, 펀치넬로는 어떤 기분일까?"

많은 아이가 펀치넬로가 너무 속상하겠다고, 학교에 다니기도 싫겠다고 대답했습니다. 불쌍하다고도 합니다. 생각도 하기 싫을 만큼 슬프다고 말하는 아이도 있었습니다. 반면 생각이 다른 아이도 있었습니다. 그 친구는 아직 펀치넬로가 노력이 부족한 것 아니냐며, 절대 '별표' 받기를 포기하면 안 된다고 다그치기도 했습니다.

저는 책을 읽어줄 때, 아이들에게 등장인물의 기분이 어떨지에 대한 질문을 종종 하는데요. 책을 읽을 때 등장인물의 마음을 미루어 짐작해보는 건 여러모로 의미 있는 활동입니다. 스위스의 저명한 아동 심리학자 피아제Jean Piaget는 "아동의 공감 능력은 자기중심적인 사고에서 탈중심적인 사고로 점차 발달한다."라고 말하였는데, 타인의 행동을 예측할 수 있는 일은 타인과의 상호작용을 원활히 촉진한다고도 하였습니다. 초등학생의 시기인 학령기에 갓 진입한 아이들은 아직 자기중심적인 사고에서 탈중심적인 사고로 발달하지 못했기 때문에, 책을 통해 다른 사람의 상황 속에 내가 들어가 보는 일은 타인을 이해하는 소중한 경험이 됩니다.

인물의 기분에 관한 질문에 부모는 아이로부터 유창한 답변을 기대할 수도 있겠지만, 사실 대부분 아이가 처음에는 "좋을 것 같아요." 혹은 "슬플 것 같아요."라며 아주 간단히 기분 정도를 말할 뿐입니다. 그럴 때는 살짝 말을 바꿔 다시 질문해봅니다. "지윤이가 펀치넬로라면 어땠을까?"라고 말이죠. 등장인물의 이름에 아이의 이름을 넣어서도 읽어보세요.

"'지윤이'도 그 중 하나였어. 남들처럼 높이 뛰어보려고 애를 썼어. 하지만 늘 넘어지고 말았지. 그러면 사람들이 달려들어 너도나도 점표를 붙였어. 넘어져서 몸에 상처라도 나면 더 많은 점표를 붙였고, 왜 넘어졌는지 설명하려고 하면 말투가 우스꽝스럽다고 또 다시 점표를 붙였어."

몇 줄 읽지 않았는데, 아이는 곧 눈에서 눈물이 떨어져 당장이라도 울 듯한 표정이 되었습니다. 세상에, 어느새 귀를 막고 "엄마, 펀치넬로가 얼마나 힘들었을까…."라고 말하는 아이의 목소리가 파르르 떨리고 있었습니다. 진정으로 내가 등장인물의 마음이 되어보는 순간입니다. 인물의 태도나 행동을 마치 자신이 하는 듯 생각하고 있습니다. 이를 '동일시의 원리'라고 부르기도 하는데, 이와 같은 동일시의 원리는 독서치료 요법의 기본 원리*입니다.

---

* 〈독서치료의 3가지 원리〉는 다음과 같다. ①동일시의 원리 ②카타르시스의 원리 ③통찰의 원리

독서를 통해 타인의 마음을 이해하는 '공감 능력'을 훈련할 수 있습니다. '나'를 벗어나 나 이외의 타인에게 관심을 가지고, 타인의 관점을 이해할 수 있는 공감 능력은 더 나아가 타인을 존중하는 태도로 이어질 수 있는데요. 독서는 이를 더욱 원활하게 합니다.

책을 계속 이어 읽어봅니다. 온몸이 점표 투성이인 펀치넬로는 어느 날, 그 어떤 표도 붙이지 않은 발랄한 소녀를 만납니다. 누구의 평가도 받지 않아 자유로운 그 소녀는 펀치넬로를 엘리라는 이름의 목수에게 데려갑니다. 엘리 아저씨는 펀치넬로 같은 나무사람을 만든 사람이었습니다. 엘리 아저씨는 펀치넬로에게 깊은 애정을 보이지만, 펀치넬로는 자신의 부족한 부분을 계속 이야기하며 엘리 아저씨의 사랑을 계속 의심합니다.

"왜 내가 소중해요?"

묻고 또 묻습니다. 엘리 아저씨도 담담한 어조로 천천히 이야기하고 또 이야기합니다.

"내가 널 만들었기 때문에, 너는 내게 무척 소중하단다."
"내가 널 만들었기 때문에, 너는 내게 무척 소중하단다."
"내가 널 만들었기 때문에, 너는 내게 무척 소중하단다."

펀치넬로는 엘리 아저씨의 말을 여러 번 곱씹습니다. 저도 아이들에게 세 번 정도 천천히 반복해서 읽어주었습니다. 딸인 지윤이에게 읽어줄 때는 지윤이의 손을 좀 더 꽉 쥐어가며 읽어주었습니다. 고민 끝에 펀치넬로는 그 말을 믿어보기로 결심합니다. 그렇게 펀치넬로가 자신이 소중하다고 믿는 그 순간, 펀치넬로의 몸에서 점표 하나가 툭… 떨어지는 장면으로 이야기는 끝이 납니다.

아무리 떼어보려 애를 써도 펀치넬로의 몸에서 떨어질 생각이 없던 점표 하나가 뚝 떨어지는 순간, 아이들은 얕은 탄식을 내뱉고 한동안 이렇다 할 말이 없습니다. 책 한 권으로 아이들이 정서적 공명共鳴을 이룬 순간이었지요.

이야기를 집중해서 듣고 있는 아이들에게 조심스럽게 그 침묵을 깨며 물었습니다. 지금 이 순간, 너희들의 머릿속에 떠오르는 사람이 누구냐고 말이지요. 신기하게도 모든 아이가 자신의 부모님을 떠올립니다. 무조건적인 사랑을 항상 자신에게 내어주시는 분들을 말이지요.

그렇습니다. 아이의 키가 크거나 작은 것, 코가 높거나 낮은 것, 재주가 많거나 적은 것, 그 외에 세상에 어떤 다른 기준이 존재한다고 해도 그것들은 부모가 자식을 사랑하느냐 그렇지 않느냐를 판가름할 수 있는 기준이 절대 되지 못합니다. 어떤 이유로든, 언제나 소중히 사랑받아야 할 우리의 아이들이니까요. 책을 읽어준 후 아이를 꼭 한 번 안아주는 건 어떨까요. 내게 무척 소중한 우리 아이를 말입니다.

가히 위험한 사회를 살고 있는 우리입니다. 뉴스를 보기 심란할 정도로 마음이 어지러운 사건 사고가 많은 요즘의 우리나라입니다. 공감의 부재로 인한 '충동조절장애'를 앓는 사람들을 뉴스에서 보는 일은 이제 별로 드물지도 않은 것처럼 느껴지기도 합니다. 이런 시대에 무엇보다 필요한 건 바로 마음과 마음이 와닿을 수 있는 역지사지의 공감 능력입니다. 이럴 때일수록 아이에게 읽어주는 그림책 한 권이 서로의 포옹으로 이어지고, 서로에게 나누어진 진한 포옹의 힘은 아이의 마음을 더욱 견고히 만들어줍니다.

「타임TIME」지에서 선정한 '20세기를 변화시킨 인물 100명' 중 한 명으로, 『우리를 둘러싼 바다』(양철북)의 저자로 유명한 환경생물학자이자 작가인 '레이첼 카슨'은 아이들이 자연의 경이로움에 대해 몸소 느껴야 한다고 말하며 자신의 생애 마지막 에세이 『센스 오브 원더』(에코리브르)에 아래와 같이 썼습니다.

"아는 것은 느끼는 것의 절반만큼도 중요하지 않다."

이 말은 아이들의 머릿속에 지식 하나라도 더 집어 넣어주려고 애쓰는 어른들의 폐부를 찌르는 듯합니다. '자연'이라는 단어 대신 '그림책'이라는 낱말로 바꿔 채워 넣어도 레이첼 카슨이 전하고자 한 메시지는 크게 달라지지 않을 겁니다. 그림책에 등장하는 인물이 누구였고, 그 인물이 어디에서 무엇을 어떻게 했는지 여부를 아는 것은 우리가 함께 느낀 감정의 공유에 비하면 절반도 중요하지 않습니다.

어릴 적 그림책을 통해 만들어진 나의 감정과 느낌이라는 씨앗은, 싹을 틔우고 줄기를 뻗어 결국 '공감'이라는 열매를 맺을 것입니다. 그러한 열매를 많이 가지고 있는 아이가 많아진다면 '위험 사회'*라는 우리나라의 오명을 '공감 사회'로 바꿀 수 있지 않을까요?

---

* 독일의 저명한 사회학자 울리히 벡Ulrich Beck 교수는 『위험사회』(새물결)라는 자신의 저서를 통해 "한국은 특별히 위험한 사회이다"라고 경고한 바 있다.

이 책도 아이들에게 읽어주길 추천합니다

『너는 특별하단다 2』

맥스 루케이도 글 | 세르지오 마르티네즈 그림 | 고슴도치 | 2004.05.10.

'웸믹'이라는 작은 나무사람들이 사는 마을에 너도나도 상자를 모으는 열풍이 불었어요. 웸믹들은 자신이 얼마나 많은 상자를 모았는지 서로 자랑하느라 바쁘지요. 펀치넬로는 다른 웸믹들처럼 멋진 상자를 가지고 싶어 비싼 돈을 주고 상자를 사 모읍니다. 하지만, 내가 가진 물건 때문이 아니라 오직 '나'라는 이유만으로 우리는 소중한 사람이라는 걸 목수 엘리 아저씨가 알려주는 그림책입니다.

『쿠키 한 입의 인생 수업』

에이미 크루즈 로젠탈 글 | 제인 다이어 그림 | 책읽는곰 | 2008.01.21.

배려, 용기, 당당, 기다림, 인내, 공경…. 이런 덕목들을 아이의 눈높이로 가르치는 일은 결코 쉽지 않습니다. 그런데 이 책은 '쿠키 하나'로 이 모든 덕을 가르쳐 줍니다. 쿠키를 떨어뜨려 울고 있는 친구에게 내 바구니 속 쿠키를 건네는 모습에서 아이들은 배려를 배웁니다. 고운 색연필로 섬세하게 그린 듯한 삽화도 너무 예뻐 어른의 눈으로도 감상하는 재미가 쏠쏠합니다.

아이가 착하게 컸으면 좋겠다고요?

미취학 시기를 보내는 아동들은 일상생활에서 다양한 언어 활동을 경험합니다. 엄마 아빠, 친구들과 여러 감정이 담긴 대화를 나누기도 하고 거리의 간판을 더듬더듬 읽어보기도 합니다. 내 이름 석 자를 반복해서 쓰기도 하고 친한 친구의 생일이면 생일 축하한다고 짤막하게나마 생일 카드를 쓰기도 합니다.

아이들의 언어 활동은 오로지 언어 분야에만 국한되지 않습니다. 이러한 언어 활동 덕분에 다른 여러 분야의 인지 발달 또한 더불어 촉진됩니다. 그러니 언어 성장기에 제대로 된 언어 활동을 반복적으로 경험하는 일은 아무리 강조해도 지나치지 않습니다.

특히 다양한 언어 활동 중, 아이의 언어 능력을 다방면으로 신장하는 데 유의미한 효과를 보이는 방법은 단연 '책 읽기'입니다.

책 읽기가 가진 중요한 역할

책 읽기가 유아의 인지 발달에 좋다는 건 이미 알려진 그대로입니다. 책 읽기는 어린이들에게 문자를 경험할 기회를 제공하며 어휘력과 상상력을 길러줍니다. 특히 시각적인 기호와 그림이 담겨있는 그림책은 심미적인 감각을 길러주는 데도 큰 역할을 하지요.

많은 언어학자가 유아들의 문해력 발달을 촉진하는 핵심적 요인으로 책과 상호작용하는 것을 꼽았습니다. 어린이들에게 책을 접하게 하는 가장 좋은 방법으로 교사(어른)가 소리 내어 책을 읽어주는 것이라고 했습니다. 언어 발달의 '결정적 시기'를 지나는 어린이들에게 책 읽기는 아주 효율적인 학습 도구가 되는 셈입니다.

그런데 책 읽기가 가지고 있는 또 다른 중요한 역할이 하나 더 있습니다. 바로 아이의 정서를 안정시키고 친사회적 행동을 하도록 이끄는, 이른바 '교화'의 역할입니다. 학자들은 친사회적 행동을 이렇게 정의합니다.

"다른 사람들에게 이익을 주기 위해 내가 자발적인 의지로 행동."

친사회적 행동은 자신뿐 아니라 모두에게 이득을 가져다주어, 결국 사회 전체적으로도 긍정적인 결과를 가져옵니다. 우리는 어떠한 외적 보상을 기대하지 않고 내 마음에서 우러나와 남을 도우려는 마음, 함께 하려는 마음, 협동하려는 마음, 나눠 가지려는 마음을 흔히 '착함'의 기본 덕목이라고 생각합니다.

인기 있는 아이
착한 아이

초등학교 1학년을 마치고 2학년에 올라가기 직전, 반 아이들과 롤링페이퍼를 쓴 적이 있습니다. 아이들의 롤링페이퍼를 걷어두었다가 다시 나눠주기 전에 저는 미리 읽어보았습니다.

"넌 정말 착해. 2학년 때도 너랑 꼭 같은 반이 되면 좋겠어."

유독 한 아이의 롤링페이퍼에 위와 같은 말이 많이 적혀 있었습니다. 학기말 롤링페이퍼만 봐도, 아이들에게 인기 좋은 아이가 누구인지 금방 알 수 있습니다. 성격이 적극적인 아이들이 인기가 좋지 않냐고요? 꼭 그렇지만은 않습니다. 성격이 조용한 아이 중에서도 이렇게 다시 같은 반이 되고 싶어하는 아이가 정말 많은 걸요.

초등학교 1~2학년 아이들이 어른들의 영향이 아닌, 자기 스스로 다른 또래 아이들을 판단할 때는 어떤 기준을 사용할까요? 신기하게도 아이들은 그들의 '외적 조건(부, 명예, 성적 등과 같은 객관적인 수치)'보다 눈에 보이지 않아 수치화하기 어려운 '내적 조건(됨됨이, 가치관과 같은 주관적인 수치)'에 더욱 집중합니다.

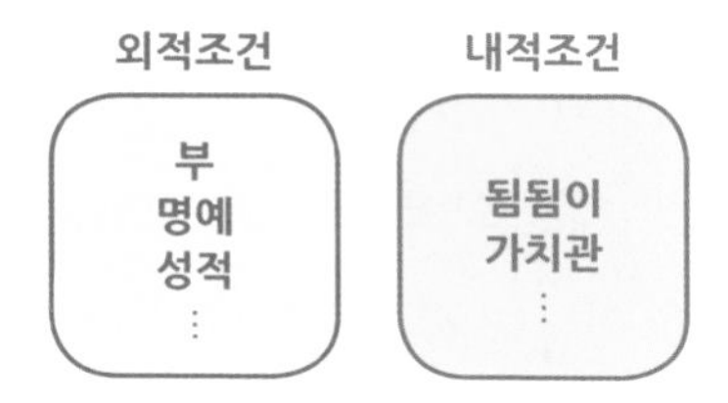

이 시기 아이들 사이에서 제일 인기 있는 아이는 다름 아닌 '착한 아이'입니다. 친사회적 행동을 견지하려는 태도는 긍정적인 관계 형성에도 도움이 됩니다. 그렇다면 친사회적 행동은 어떻게 습득할 수 있을까요?

착한 마음씨가 만들어지는 과정

친사회적 행동을 체득한다는 건 쉽게 말해 '착한 마음씨'를 새기는 것이고, 이는 아이들의 올바른 사회화로 이끌어 성공적인 인간관계를 맺을 수 있는 행위로 이어집니다.

만 7~9세는 개인이 태어나 그 사회의 구성원으로 성장하는 과정에서 본격적인 사회화가 이루어지는 핵심 시기입니다. 다른 또래를 대할 때 친화적이고 협동적인 모습의 '친사회적' 태도를 유지하는지, 아니면 반대로 경쟁적이고 공격적인 모습의 '반사회적' 태도를 유지하는지에 따라 아이의 학습과 생활 태도도 달라지고 또래가 그 아이를 대하는 태도 또한 달라집니다. "가는 말이 고와야 오는 말이 곱다."라는 우리나라의 속담은 거의 진리에 가까운 듯합니다. 특히 친사회적 행동을 하려는 의지의 부재는, 또래에게 수용되지 못하고 자칫 '사회 부적응'이라는 꼬리표를 달 수 있으니 가정과 기관에서는 이 시기의 아이들을 각별히 신경 써서 지도해야 합니다.

"선생님, 친구들이 나를 싫어해요."

이렇게 울먹이며 이야기하는 초등학교 1~2학년 아이들을 교실에서 종종 만날 수 있습니다. 이런 경우, 대체로 다른 아이가 의도적으로 그 아이를 싫어하거나 놀지 말자고 공모하는 건 사실 거의 없습니다. 반사회적 행동을 하는 친구를 피하고 싶은 아이들의 본능적인 욕구가 반영된 경우가 대다수일 뿐입니다. 반사회적 행동을 하는 친구와 함께 있으면 위험해지고 곤경에 빠질 듯한 기분이 들어 나도 모르게 본능적으로 밀어내는 거지요.

자세히 들여다보면 "친구들이 나를 싫어해요."라고 말하는 아이의 상당수가 오히려 친사회적 행동의 횟수가 부족한 편이었습니다. 그중 더러는 친사회적 행동의 횟수보다 반사회적 행동의 횟수가 더 잦은 빈도로 출현하기도 합니다. 결국 그 아이는 거울을 보고 있는 것과 같습니다.

우리는 서로가 서로의 거울입니다. 반사회적 행동을 많이 하는 아이는 다른 친구들과 세상에 베푼 친사회적 마음이 적기에, 되돌려 받는 그 마음 또한 적습니다. 육아 멘토로 유명한 아주대학교 정신건강의학과 조선미 교수는 "얼마나 많은 사람이 나를 좋아할까?"라는 물음에 대한 대답은 "나 자신이 믿고 좋아하는 사람들의 숫자와 같다."라고 언급하기도 했습니다.

실제로 '지도력이 높은 아동이 빈번한 친사회적 행동을 한다.'라는 국내연구 결과*도 찾을 수 있습니다. 또래에서 남을 잘 도와주는 친구로 인식되는 아이는 지도력이 높은 것으로 인식되며, 이 아이들이 친사회적인 행동을 하는 동기는 외부 보상보다는 내부적인 기쁨이나 책임감, 죄의식 등이 더 크기 때문이라고 설명합니다.

우리는 아이들에게 "반드시 착해야 한다."라고 대놓고 주입하는 실수를 종종 범합니다. "언니가 동생에게 착한 마음씨를 가져야지."라고 달래기도 하고, 조금 더 직접적으로는 "좀 착해질 수 없니?"라는 말로 '착함'이라는 친사회적 행동을 가르치려 합니다.

---

* 정희원·김경연, "가정 환경적 변인 및 아동 개인적 변인과 친사회적 행동 간의 관계", 대한가정학회지 129, 1998, pp.103–117.

하지만 이러한 가르침은 '슈드 비 콤플렉스Should be Complex'*를 가르칠 뿐입니다. '반드시 착해야 한다.'라는 강박을 왜 지켜야 하는지는 알지 못한 채, 누군가의 강압에 의해 억지로 지키는 규칙이 되어버립니다. "나는 정말 착하고 싶다."라는 말이 우리 귀에 어딘가 모르게 이상하게 들리는 이유는, '착함'이라는 덕목은 내가 의지로 노력해서 온전하게 얻어낼 수 있는 덕이 아니기 때문입니다. '착함'은 반드시 지켜야 할 규칙이나 규범이라기보다, 어느새 나도 모르게 스며든 '그냥 내 마음' 그 자체에 훨씬 더 가까우니까요.

착한 마음이 스며들게 하려면

그럼 어떻게 해야 '착한 마음'이 아이들 마음에 자연스럽게 스며들 수 있을까요? 유아교육학자 브롬리는 유아들이 '책 읽기'를 통해 그들 자신과 타인에 대해 학습할 뿐만 아니라, 유아 자신의 지식 또한 확대한다고 주장했습니다. 여기서 주목할 만한 점은, 어린이들이 책을 통해 '타인'에 대해 학습할 수 있다고 말하는 부분입니다. 즉 어린이들에게 책 읽기는 의사소통을

* 독일 출생의 미국 정신분석학자 카렌 호나이Karen Horney가 정립한 개념이다. 자기 자신으로 자연스럽게 살지 못하고 언제나 반드시 무엇을 해야 한다는 강박관념에 시달리는 상태를 말한다.

주고받는 언어 활동의 발달 수단임과 동시에 사회성을 발달하는 효과도 가지고 있는 셈입니다.

그림책이 친사회적인 행동 중에서도 '대인관계 형성 능력'에 긍정적인 영향을 미친다는 우리나라 연구 논문도 있었습니다.* 책 속에 등장하는 주인공의 상황은 어린이들이 실제 겪는 상황과 비슷하므로 감정이입이 더 쉽게 이루어지며, 이로써 그 속에서 자신의 모습을 더 잘 발견할 수 있었다는 내용입니다. 내가 가진 문제가 나 혼자만이 가지고 있는 게 아니라고 인식하게 되면, 어린이들이 타인과의 관계를 맺는데 유의미한 효과를 거둘 수 있다고 주장하는 것이지요.

우리 어른들 또한 책을 통해 마음이 정화되는 기분을 느껴본 적이 있을 것입니다. 일평생 나눔과 배려의 태도로 시대에 선한 영향력을 미쳤던 사람들의 책을 읽으며 마음 깊이 반성하기도 하고, 비뚤어졌던 내 마음을 다시 한번 바로 세워보기도 합니다. 한 권의 책 속 단 한 줄의 영향으로 내 삶의 방향키를 제대로 세워보고자 다짐하기도 하지요. 누군가의 일방적인 가르침보다 책 속 한 구절의 힘이 더 크게 느껴질 때가 있지요.

아이들도 다르지 않습니다. '착해야 한다.'라는 규범을 직접 듣

---

* 김희정, "그림책을 활용한 독서 프로그램이 부적응 성향 유아의 친사회적 행동에 미치는 효과", 성균관대학교 교육대학원, 2010.

기보다 그림책 속 등장인물의 '착한 모습'을 많이 바라본 경험이 쌓여 마음속에 스며들 때, 규칙으로서의 '착함'이 아닌 내 마음 그 자체로서의 '착함'이 이루어질 수 있습니다. 가장 좋아하는 어른의 목소리로 듣는 그림책이라면 두말할 것 없겠지요.

그렇다면 어떤 책을 골라 읽어야 아이들에게 더 좋을까요? 그림책 대부분이 긍정적인 교훈을 품고 있지만, '착해야 한다.'라는 주제가 너무 직접 드러나 있어 주제와 교훈 파악이 쉬운 책은 오히려 아이들에게 거부감을 일으킬 수 있으니 피하는 편이 좋습니다.

프랑스의 비교문학자 폴 아자르Paul Hazard는 이를 두고 자신의 책 『책 · 어린이 · 어른』(시공주니어)에서 "어린이들에게 내밀어진 것은 꿀을 살짝 바른 쓰디쓴 약이다."라고 표현했습니다. 꿀인 줄 알고 먹었는데, 사실은 약이었음을 바로 알아차릴 만큼 대놓고 의미를 드러낸 책은 아이들의 배신감만 불러일으킬 뿐입니다.

'착해야 한다.'는 규범을 알려주는 책이 아닌 나도 등장인물을 따라 말해보고 싶은 마음, 기꺼이 행동하고자 하는 마음을 불러일으키는 그림책일수록 좋습니다. 그림책 속 세상 이야기에 나도 모르게 미소 짓게 되고 나도 그 세상에서 함께 살고 싶은 마음이 드는, 그렇게 마음을 움직이게 하는 그림책이어야 합니다.

빈 집에 온 손님

황선미 글 | 김종도 그림 | 비룡소 | 2016.01.14.

『나쁜 어린이 표』(이마주)와 『마당을 나온 암탉』(사계절)으로 유명한 황선미 작가의 그림책 『빈 집에 온 손님』은 아이들의 마음을 움직이기에 충분한 그림책입니다.

주인공은 '금방울'이라는 여우입니다. 곧 폭풍이 몰아칠 듯한 날씨가 되자 금방울은 자신의 두 동생을 떠올립니다. 할머니 댁에 가신 엄마 아빠가 금방울에게 누누이 일러주셨거든요.

"동생들을 잘 돌봐라. 감기 들지 않게 담요도 덮어주고.
낯선 손님에게는 함부로 문을 열어 줘도 안 돼요."

빈집에 온 손님
황선미 글 · 김종도 그림
비룡소

금방울은 폭풍우를 헤치고 동생들을 찾으러 '빈집'으로 갑니다. 이곳은 금방울과 동생들이 평소에 자주 놀던 놀이터입니다. 그런데 어찌 된 일인지 동생들은 빈집에 없었습니다. 혹시라도 동생들에게 무슨 일이 생겼을까 집으로 허겁지겁 달려가는 금방울의 뒷모습에서 부모님과의 약속을 지키려는 책임감이 절로 느껴져, 읽는 제가 다 마음이 콩닥거립니다.

다행히 두 동생은 집안 난롯가에 앉아 몸을 말리고 있었습니다. 동생들을 찾아 마음을 안도한 것도 잠시, 그 순간 누군가가 문을 두드리는 다급한 소리가 들립니다.

분명 엄마일 거라고 문으로 달려나가는 막냇동생을 냅다 붙잡는 금방울! 자신도 무서웠지만 조심스레 문틈으로 밖을 쳐다봅니다. 문밖에는 딱 보기에도 무시무시한 큰 덩치가 서 있습니다. 여전히 폭풍우는 무섭게 계속되는 중이었고요. 이때, 잘 시간이 한참 지난 막냇동생마저 울기 시작합니다. 자신의 담요가 반드시 있어야 곤히 잠이 드는 막냇동생인데, 하필이면 그 담요를 '빈집'에 두고 온 막막한 상황이라니….

금방울은 막냇동생을 업고 달래기 시작합니다. 자신 역시 짜증 날 수 있는 상황임에도 금방울은 화내는 법이 없습니다. 당황하지 않고 막냇동생을 위해 자장가를 나지막이 불러줍니다. 나의 목소리가, 나의 다독임이, 나의 깊은 포옹이 누군가에게 큰 힘이 될 수 있다는 걸 금방울은 정말 알고 있는 걸까요.

막냇동생의 울음이 쉬이 그치지 않자 금방울은 빈집으로 가 담요를 가지고 오기로 마음먹습니다. 그런데 빗속을 헤치고 도착한 빈집에는 아까 문 앞에 서 있던 덩치가 누워있습니다. 덩치는 부리부리한 눈에 거친 숨소리를 내고 있었지만, 금방울을 헤치지는 않았습니다. 자세히 보니 오히려 몹시 아파

보입니다. 막냇동생을 위해서라면 담요를 빼앗아 얼른 가야 하는데, 금방울은 덩치에게 담요를 덮어주고 집으로 돌아옵니다.

아픈 누군가를 보고 그냥 지나칠 수 없는 착한 심성의 금방울입니다. 집으로 돌아오고 나서도 아픈 덩치의 모습이 내내 생각난 금방울은 빈집으로 다시 가 마른 장작과 따뜻한 차를 두고 옵니다. 나 또한 힘든 상황이지만, 나보다 더 힘든 누군가를 살필 줄 아는 금방울의 모습이 참 아름답지요.

비 갠 다음 날, 금방울은 빈집 앞에서 막냇동생의 담요를 들고 있는 덩치를 발견합니다. 세상에나…. 담요 안에 갓 태어난 아기 오소리가 있었네요!

금방울이 막냇동생에게 자장가를 불러주는 모습, 빗속을 헤치고 동생의 담요를 가지러 기꺼이 나서는 모습, 아픈 덩치에게 담요를 양보하고 다시 돌아오는 모습, 그리고 마지막에 갓 태어난 아기 오소리에게 예쁜 꽃 한 송이를 꺾어다 선물하는 모습까지.

책 전반에서 따뜻한 휴머니즘과 생명 존중의 메시지가 느껴집니다. 책에 몰입한 아이들은 마치 자신의 일인 듯 내내 두 손을 꼭 쥔 채 숨죽여 이야기를 듣습니다. 아직 어린 우리 집 둘째에게 읽어주었을 땐 아이 눈에 그렁그렁 맺힌 예쁜 눈물을 저는 보았습니다.

이런 책을 읽어준 날에는 저도 금방울 같은 마음으로 하루를 살아보고자 평소보다 더 마음을 예쁘게 기울여봅니다. 나의 품을 한 번 더 내어주고, 나의 눈길을 한 번 더 비춰주고, 나의 목소리로 한 번 더 감싸주고 싶어지지요.

"금방울 같은 하루를 살아보는 건 어떨까?"

교실 속 아이들에게 물었더니 아이 중 한 명이 말했습니다.

"선생님! 저도 착해지고 싶어요!"

그림책 한 권의 힘이 이렇게 크답니다. "착하게 행동하렴."이라는 말 한마디보다 그림책 한 권이 마음속에 돋을새김 되는 법이랍니다.

이 책도 아이들에게 읽어주길 추천합니다

『100개의 눈사람』

앙드레 풀랭 글 | 친 렁 그림 | 리틀씨앤톡 | 2011.12.16.

포포 선생님의 뱃속에는 예쁜 아기가 자라고 있습니다. 아이들은 아기를 만날 날을 포포 선생님만큼이나 기다리지요. 아이들이 포포 선생님이 사온 당근으로 눈사람을 만들며 행복을 만끽했던 그 날 이후, 포포 선생님은 학교에 나오시지 않습니다. 포포 선생님의 아기가 하늘나라로 떠났다는 사실을 알게 된 아이들은 포포 선생님 집 앞에 모입니다. 100개의 눈사람을 만들어 포포 선생님께 선물하기로 했거든요. 드디어 100개의 눈사람을 다 만든 날, 아이들은 선생님을 위로할 수 있었을까요?

『꽃에서 나온 코끼리』

황K 글과 그림 | 책읽는곰 | 2016.12.15.

집으로 가던 한별이는 놀랍게도 꽃에서 나온 아주 작은 코끼리를 발견합니다. 새끼손가락보다도 작은 코끼리에게 먹을 것을 구해다 주고 바람개비를 선물하며 물 한 모금을 먹여주는 한별이의 모습은 그림책을 읽어주는 어른과 듣는 아이 모두 행복함에 물들게 하기 충분합니다.

독서는 상상력에 날개를 달아줘요

지금 우리가 누리는 많은 문물은 인간이 가진 상상력 덕분에 얻은 게 대부분입니다. 현대인에게 가장 친근한 물건 중 하나인 휴대전화만 봐도 그렇습니다. 벽돌만한 크기의 휴대전화를 들고 다녔던 시절, 우리는 상상했었습니다. 아주 작고 가벼운 휴대전화를 가지고 다니는 모습을요. 그리고 그 상상력을 현실화한 고마운 사람들 덕분에 지금 이렇게 그 상상을 직접 누리며 살고 있습니다.

구소련의 교육심리학자 레프 비고츠키Lev Semenovich Vygotsky는 "새로운 것을 만들어내는 모든 활동이 상상력이다."라고 말했습니다.

이렇게 자신이 이루고 싶은 것을 구체적으로 머릿속에 떠올리고, 실제로 구현해내려는 인간의 노력은 모두 '상상하는 힘'이 있기에 가능합니다.

아이들의 상상력

아이들도 꿈을 꿉니다. 그 꿈은 날개가 있어 생각하는 대로 왕성하게 이어집니다. 우리는 이를 '아이들의 상상력'이라고 부릅니다.

어린이들이 생각하는 세계는 어른의 세계와는 사뭇 다릅니다. 그래서 어른에게는 절대 불가능한 일들이 어린이들에게는 충분히 가능한 일이 될 수 있습니다. 특히 취학 연령의 어린이보다 조금 더 어린 유아들은 사람이나 동물 외에 나무나 돌, 장난감 등 생명에 없는 존재도 살아있다고 생각하기도 하고 사람에게는 어떤 신비한 초능력이 있어 불가능한 일은 없다고 믿기도 합니다. 또 자신의 머릿속에서 상상해 떠올린 것들이 실제로 어딘가에는 존재하고 있으리라고 굳게 믿기도 합니다. 어른인 우리는 이러한 모습이 마냥 신기하기도 하고, 상상한 내용이 너무나 터무니없어 웃음이 새쭉 나오기도 합니다.

그러던 아이들도 성장하여 학령기에 진입하면 차차 현실과 상상을 구분할 수 있게 됩니다. 학자들은 상상력이 1~1세 반에 발달하기 시작하여 3~4세에 급진적으로 발달하고, 4~7세의 '상상 생활 시대'를 지나 그 이후부터 상상 활동이 차차 감소한다고 말합니다. 그러다가 10~12세에 이르러서는 상상 세계보다 현실 세계에 관심이 더 많아진다고 해요.

간혹 몇몇 어른은 이 시기의 아이들을 다 큰 어른처럼 대접하며, 아이들의 상상을 터무니없고 철없는 것으로 치부하며 나무라기도 합니다. 하지만 한글을 떼고 그럴듯한 논리를 갖춘 것처럼 보이는 7~8세 어린이들도 아직은 상상력의 지배를 좀 더 많이 받는 시기입니다. 오히려 상상의 세계 속에서 위로를 받기도 하고 긴장을 해소하기도 합니다. 이렇게 어른보다 미분화된 사고를 하는 아이들은 늘 상상에 대한 갈증이 있습니다.

공부 내공으로 쌓이는 건전한 상상력

아이들이 인간의 상상력을 직접 체감하고 이에 공감하는 가장 흔한 수단이 바로 그림책입니다. 특히 아직 문식성*이 덜 발달한 어린이들의 경우, 그림책 속 그림이 상상력을 자

* 文識性, Literacy, 글을 읽고 쓰며 이해하는 능력.

극해 상상의 세계를 발휘하는 것을 더 잘 도와줍니다. 한글을 읽지 못하는 아이들이 그림만 보고도 이야기를 줄줄 지어내어 말하는 것을 보면, 그림이 아이들의 무한한 상상력을 자극함을 알 수 있습니다.

실제로 『브리태니커 백과사전Encyclopaedia Britannica』에서 '상상력'은 '눈앞에 있는 사물의 이미지를 만들어내는 것'이라고 정의되어 있고 영어로는 'Imagination'으로 표현하는데, '이미지'와의 관련성이 아주 깊습니다.

각양각색의 이미지가 담긴 그림책도 상상력과 그 관계가 깊다고 할 수 있습니다. 어린 시절, 그림책을 통한 신선한 상상력의 체험이 아이들의 창조적 사고와 확산적 사고를 오랫동안 가능하게 하는 것은 굳이 언급하지도 않아도 될 정도입니다.

우리 어른의 시각에서는 상상의 이야기가 담긴 그림책이 마냥 허무맹랑하게 느껴질 때가 있습니다. 도무지 어느 부분이 재미있는지도 명확히 모르겠고, 아무런 인과관계가 없는 막무가내 이야기처럼 느껴질 때도 있지요. 아주 어린 아이들이면 모를까, 학령기 아이들과는 잘 어울리지 않는 것처럼 느껴집니다. 하지만 이는 학교에 다녀야 하는 아이들이라면 책을 지식 습득을 위한 방법으로 더 많이 사용하기를 은연중에 바라고 있기 때문입니다.

책을 읽으며 역사를 알기를 바라고 과학적 배경지식을 쌓기를 바랍니다. 수학 동화를 읽어도 수학적 사고력이 쑥쑥 자라기를 기대합니다. 허무맹랑한 공상이 담긴 그림책을 읽는 건 시간 낭비라고 생각하기도 하지요.

우리는 그림책을 통해 아이들에게 풍성한 상상을 경험하게 해야 합니다. 머릿속에서 그려지는 상상의 이미지는 아이들의 스트레스 해소와 긴장 완화에 탁월한 효과를 가져다줍니다. 컴퓨터 게임과 오락 속에 등장하는 상상 세계로 스트레스를 해소하는 기쁨보다, 그림책으로 스트레스와 긴장을 해소하는 기쁨을 알려주어야 합니다.

그림책은 다른 어떠한 도구보다 아이들의 상상력을 건전히 발달하게 돕는 훌륭한 길잡이입니다. 상상력이 건전하게 발달하는 것은 요즘 우리 사회에서 아주 중요한 문제입니다. 건전하게 발달한 상상력은 절대 폭력적이지 않고 과하지도 않습니다.

'상상' '공상'이라는 이름으로 상대방을 해치지 않습니다. 오히려 우리 사회와 문화에 새로운 반향을 일으키는 아이디어를 만들어내 기여합니다. 따라서 아이들이 상상과 공상이 담긴 그림책을 읽는 것은 시간 낭비가 아닙니다. 오히려 건강한 정서 발달에 도움을 주는 유의미한 방법입니다. 공부 내공은 이런 건전한 상상, 쉼으로도 쌓입니다.

순수성을
회복하는 힘

상상과 공상이 담겨있는 그림책을 읽어줄 때 아이들의 반응이 어떤지 아시나요? 다른 책들보다 유난히 다양하고 풍성한 반응을 보입니다. 반면 그 그림책을 읽어주는 어른은 책에 대해 별달리 덧붙일 말이 없어요. 그런데도 아이들이 책에 대해 자기들끼리 참 많이도 이야기를 나누는 것을 보면 저는 참 신기합니다. 책의 내용도 어른보다 아이가 찰떡같이 더 잘 이해합니다. 그럴 때는 아이들과 어른의 뇌 구조가 정말 다른 걸까 실감이 되면서 아주 신기해요.

『오스카만 야단 맞아!』(한국프뢰벨)라는 그림책이 있습니다. 주인공이 오스카인데요. 오스카는 매일 야단을 맞습니다. 매번 사고를 치거든요. 그런데 오스카는 야단맞을 때마다 억울한 마음이 듭니다. 왜냐하면, 그 장난은 오스카가 친 게 아니라고 해요. 오스카의 투명친구(!)가 장난을 친 거라나요? 비록 다른 사람의 눈에는 보이지 않지만, 그 투명친구는 정말로 있대요. 심지어 이름이 '빌리'라나요?

저는 처음에 이 책의 내용이 도무지 잘 이해되지 않았었습니다. 아이들에게 이 책을 들려주었을 때, 어떻게 이해하고 과연 어떤 반응을 보일지 도무지 추측이 되지 않았어요. 책을 다 읽고 '과연 어떤 이야기를 나누어야 하나?' 고민이 되었습니다. 그런데 아이들의 반응들이 생각 외로 아주 재미있었습니다.

"선생님! 나한테는 빌리 같은 투명 친구가 세 명이나 있어요. 정말이에요!"

"선생님. 진짜 몰랐어요? 지금 선생님 옆에 서있는데요?"

한순간에 바보가 된 느낌이 들긴 했지만, 평소 책 읽기에 취미가 없던 아이들이 책 한 권 듣고 목소리가 이렇게 커지는 게 놀라웠습니다. 이렇게 말한 아이도 있었어요.

"우왓, 나도 이 작전 써먹어야겠다. 내가 그런거 아니고 빌리가 그런 거라고!"

아이들의 순수한 상상력을 그대로 반영한 그림책은 사실 많지는 않습니다. 그도 그럴 것이, 그림책 대부분은 어린이가 아닌 '어른'이 어린이의 마음으로 쓴 것이니까요. 그런데 어떤 그림책에는 이렇게 아이들만이 가지는 순수한 상상력이 담겨있고, 이런 그림책을 읽어줌으로써 어른과 어린이들도 순수한 상상력을 잠시나마 회복합니다. 이런 것이 아이들에게는 치유이자 쉼이겠지요.

괴물들이 사는 나라

모리스 센닥 글과 그림 | 시공주니어 | 2017.03.30.

우리 모두에게는 각자의 시기에 맞는 적당한 책이 있습니다. 그중 학령기에 진입한 아이들은 아직 풍부한 상상을 그림책으로 느껴야 하는 시기입니다. 우리 어른들이 상상이 담긴 그림책을 간혹 허무맹랑하다고 느끼는 것처럼, 아이들도 이 시기가 지나면 우리와 비슷한 느낌이 들게 될지도 모를 일입니다. 그러니 지금은 아이들에게 풍부한 상상이 담긴 그림책으로 감정을 살찌게 하고 머릿속에 자유를 허락해야 합니다. 그래야 아이를 평생 독자로 이끌 수 있습니다.

아이들에게 머릿속 상상의 자유를 선물하는 대표적인 동화작가를 뽑으라고 하면, 저는 단번에 '모리스 센닥'을 말합니다. 모리스 센닥은 뉴욕시 빈민

괴물들이 사는 나라
네버랜드
Picture Books
세계의 걸작 그림책
016
칼데콧 상
THE CALDECOT MEDAL
모리스 샌닥 그림/글 · 강무홍 옮김

가 브루클린에서 폴란드계 유대인 3세의 막내아들로 태어나 어려운 어린 시절을 보냈습니다. 게다가 어릴 적부터 병약했기에 집 안에만 있으면서 창밖 풍경을 하염없이 쳐다보거나 아버지가 들려주는 이야기를 듣는 고독하고 섬세한 소년이었다고 합니다. 그 시절 모리스 센닥의 유일한 취미이자 특기는 '미키마우스 그리기'였습니다. 여섯 살의 나이에도 정확히 모사해서 그렸다고 해요. 그러다 고등학교 시절, 미술 선생님의 지도를 통해 화가로서의 영감을 유감없이 발휘하기 시작합니다. 이러한 배경이 바탕이 되어, 그의 그림은 어떤 그림책보다 풍부한 상상력이 빛나고 신비로운 판타지가 가득합니다.

모리스 센닥의 대표작은 1964년 칼데콧 메달 수상작인 『괴물들이 사는 나라』입니다. 이 책의 주인공 맥스는 어느 날 밤 늑대 옷을 입고 장난치다 엄마에게 "괴물 딱지 같은 녀석!"이라는 소리를 듣게 되고, 벌을 받아 방에 갇히게 됩니다. 깜빡 잠이 든 맥스는 꿈에서 정말 괴물들이 사는 나라로 가게 되는데요. 괴물들을 단숨에 제압한 맥스는 함께 즐겁고 행복하게 놉니다. 떠나지 말라는 괴물들의 만류를 끝내 뿌리친 맥스는 잠에서 깨어 엄마가 준비한 따뜻한 저녁을 보고 안심합니다.

꿈속에서 괴물 나라로 떠나 괴물들의 왕이 된 맥스의 꿈 이야기는 아이들의 열띤 환호성을 끌어냅니다. "떠나면 잡아 먹어버릴 거야!"라는 괴물들의 무시무시한 협박에도 결국 괴물들을 뿌리치고 떠나는 장면에서는 아이들의 눈이 어찌나 초롱초롱해지는지 몰라요.

그런데 이 책이 막 출간되었던 때만 해도, 아이들의 동심에 해가 될지 모른다며 도서관 대출이 금지되었을 정도였다고 합니다. 하지만 아이들의 열렬한 지지 덕분에 1년 뒤 칼데콧 상을 받았고, 현재까지 가장 많이 팔린 어린이 책 10권 중 한 권으로 기록되고 있으며, 2009년에는 영화로도 만들어졌습니다.

깊은 밤 부엌에서

모리스 센닥 글과 그림 | 시공주니어 | 2017.01.10.

제가 제일 좋아하는 모리스 센닥의 작품은 『깊은 밤 부엌에서』입니다. 주인공의 이름이 '미키'인 이유도 아마도 모리스 센닥이 어린 시절 모사하길 즐기던 디즈니 캐릭터 미키마우스의 영향이지 않을까 싶습니다.

이 책은 가장 어린 시절의 경험을 테마로 한 그림책으로, 상상을 통해 어린이의 욕망을 해소할 통로를 마련해 주는 기묘한 매력으로 가득 차 있다는 평가를 받고 있습니다.

책의 첫 장면에서는 아직 잠들지 못한 미키가 웅크리고 누워 있습니다. 그러다 미키는 알 수 없는 소리를 듣게 되어 그 소리를 따라가는데, 그 과정이 달나라에서 둥둥 날아다니는 무중력의 상태인 것처럼 표현되어 있습니다.

깊은 밤 부엌에서
네버랜드
Picture Books
015
모리스 샌닥 그림/글
강무홍 옮김
BEANS
Price
Cake
칼데콧 아너상
CALDECOTTHONOR
Book
BREAD
시공주니어
10¢
COUPONS

현실에서는 절대 불가능한 일이지요. 모리스 센닥은 이런 비현실적인 장면을 그림책으로 표현하는 것을 즐깁니다. 그리고 아이들에게는 불가능한 모든 일을 머릿속 상상을 통해 가능한 일로 바꿀 힘이 있다고 강조해요.

미키가 떨어진 곳은 '부엌'이었습니다. 정확히 말하면, 밀가루 반죽 속에 퐁당 떨어지고 말아요. 환한 부엌에는 3등신 요리사 아저씨들이 있습니다. 뭉뚝한 코에 만면에 미소를 띠고 등장한 이 아저씨들은 미키가 반죽 속에 있는 줄도 모르고 신나게 반죽을 주무르기 시작합니다. 반죽에 빠진 미키의 팔이 저는 애처롭게 느껴지는데, 아이들은 까르르 웃는 것으로 보아 이 책을 대하는 어른과 아이의 태도는 확실히 다른 듯합니다.

급기야 요리사 아저씨들은 미키가 들어 있는 반죽을 굽습니다. 그때 미키가 부풀어진 빵 그릇에서 일어나며 이렇게 말합니다. 일종의 언어유희인데요, 원서로 읽어도 아주 재미있습니다.

"난 밀크가 아니야! 난 미키란 말이야!"

이 책은 아이들이 잠자리에 누워 깊은 잠이 들기 직전까지 펼치는 상상이 담긴 그림책입니다. 대부분 아이가 아마 억지로 잠자리에 들 거예요. 더 놀고 싶은 아이들과 재우고 싶은 부모가 대립하다 결국 잠자리에 눕는 건 아이들이니까요. 이렇듯 아이들이 깊은 잠에 빠져들기 전, 침대맡에서 하는 상상력의 날개를 펼치는 일을 모리스 센닥은 '요리'라는 분야와 접목하여 판타지스럽게 그려냈습니다. 모리스 센닥은 이렇게 말했습니다.

"난 아이들이 살아가는 세상이 그림책에 흔히 표현되는 것처럼 아름답다고 생각하지 않는다. 아이들이 험난한 세상에 어떻게 맞서서 극복해 나가는지에 관심이 있다."

"어린이의 갈등이나 고통을 전혀 드러내지 않는 허식의 세계를 그린 책은 자신의 어릴 때의 경험을 생각해 낼 수 없는 사람들이 꾸며 내는 것이다. 그렇게 꾸민 이야기는 어린이의 생활과는 아무 관련이 없다."

모리스 센닥은 아이들이 험난한 세상에 맞서 어려움을 극복하는 방법으로 어린이들이 꿈속에서 괴물도 되어보고, 빵을 만드는 영웅도 되어보는 내용으로 표현했는지 모르겠습니다. 그래서 모리스 센닥의 그림책을 처음 읽는 어른 중에는 그의 그림책이 다소 난해하다고 말합니다. 하지만 우리 어린이들에게 자유로운 상상의 재미를 제공하는 것은 확실해 보입니다. 책에 대한 재미의 제공이야말로 아이들을 평생 독자로 이끌 힘이 아닐까요?

이 책도 아이들에게 읽어주길 추천합니다

『범블아디의 생일파티』

모리스 센닥 글과 그림 | 시공주니어 | 2013.08.10.

모리스 센닥의 마지막 그림책입니다. 생일 파티를 한 번도 해본 적 없는 개구쟁이 범블아디가 생에 처음으로 생일 파티를 열고 신나게 노는 내용이 담겨 있답니다.

『작고 빨간 물고기』

유태은 글과 그림 | 베틀북 | 2008.02.12.

『The Little Red Fish』라는 제목으로 미국의 펭귄출판사에서 먼저 출간된 한국인 작가의 그림책입니다. 괴물들이 사는 나라로 유명한 동화작가 모리스 센닥의 초기 작품을 연상케 한다는 평가를 받았습니다.

사랑하고 있다고 상기시켜주세요

친한 친구가 아기를 낳았습니다. 생후 50일쯤 되었을 때 아기를 보러 제 딸들과 함께 친구네 집에 갔었지요. 아직 강보에 싸인 채 이제 막 세상의 빛을 보기 시작한 아기는 부서질 듯 작고 가냘팠지만, 동시에 감격스럽게 예뻤습니다. 제가 아기에게서 눈을 떼지 못하고 "오구오구~ 아 예뻐라! 어쩜 이렇게 예쁠까!"라고 말하며 아기를 어르고 달랬어요. 그 모습이 당시 8살, 4살이었던 두 딸에게는 신선한 장면이었었나 봅니다. 집으로 오는 길에 큰딸이 제게 말했습니다.

"엄마! 엄마 목소리 엄청 따뜻했어."

아이에게 사용하는 언어의 온도

베스트셀러 목록에 꾸준히 있는 『언어의 온도』(말글터)라는 책에서 작가 이기주 씨는 말합니다.

"말과 글에는 나름의 '온도'가 있어 따뜻함과 차가움의 정도도 저마다 다르다."

따뜻한 언어는 슬픔을 감쌀 수 있으며 위로를 받기에 충분합니다. 하지만 지나쳐 뜨거워지면 감정이 실려 있어 듣는 사람이 도리어 화상을 입을 수 있다고 하지요. 냉정하고 차가운 표현은 상대방을 꽁꽁 얼어붙게 하고요.

우리는 자신의 일상을 살며 그 삶을 가족, 친구, 동료 등과 함께 공유합니다. 삶을 공유하는 수단은 여러 가지가 있지만, 그중 가장 쉽고 널리 쓰이는 방법은 바로 '언어'입니다. 그러니 우리는 이따금 이렇게 생각하고 점검해볼 필요가 있습니다.

'내가 쓰는 언어는 어떻게 생겼을까? 여기저기 뾰족할까, 아니면 둥그스름할까?'

'내가 쓰는 언어의 색깔은 어떤 빛일까? 강렬한 빨간색일까, 깜깜한 검은색일까, 옅은 무채색일까?'

'내가 쓰는 언어는 온도가 어떨까? 얼음장처럼 차가울까, 따뜻할까? 너무 뜨겁지는 않을까?'

저는 언어를 사용하는 사람, 그러니까 우리는 모두 항상 위의 질문을 품고 있어야 한다고 생각합니다. 특히 나이가 어린 아이들이 주변에 있고 그 아이들과 삶을 공유하는 상황에 놓여있는 어른이라면, 더욱이 그래야 마땅하다고 생각합니다. 배려 없고 무절제한 어른의 무자비한 언어 사용은, 아이의 귀에 고스란히 전달되어 아이의 마음을 요동치게 한다는 건 모두 알고 있는 사실입니다.

그중 취학 연령에 있는 아이의 귀는 기억력과 복제력 부문에서 그 능력이 탁월합니다. 이 시기를 지나는 나이대의 아이는 엄마 아빠가 자신에게 해주었던 말의 사소한 부분까지도 잘 기억하고, 심지어 누군가에게 전달하기도 합니다. 비슷한 상황을 겪을 때면 예전에 그 상황에서 부모가 했던 말을 자신도 모르게 그대로 따라 하기도 하지요. 어른의 말과 행동을 그대로 모방하며 배우는 존재가 어린이들이니까요.

차가운 말의 각인효과는 더욱 강렬합니다. 아이들은 열 번의 따뜻한 말보다 한 번의 차가운 말을 더 잘 기억하고 모방합니다. 특히 아이의 의견은 무시한 채 부모의 '권위'에 기대어 일방적으로 통제하려는 의도로 아이들을 움직이게 하는 말은 반드시 피해야 한다고, 많은 육아 멘토가 부모들에게 경고합니다. 권위는 상대방이 나에게 부여하는 영향력이지 나 자신에게 스스로 부여하는 특권이 아닙니다. 권위주의에 빠진 말로 아이들을 훈련해 통제하면 당장은 바르게 이끄는 듯한 효과를 불러일으킬 수 있지만, 오래 지나지 않아 부모에 대한 혐오와 반발심이 생긴다는 것을 우리는 익히 알고 있습니다.

듣는 독서로 배우는 부모의 말 버릇

많은 어른이 아이들에게 적당한 온도의 말을 최대한 많이 구사하려고 노력합니다. 하지만 이는 결코 쉬운 일이 아닙니다. 안타깝게도, 아이와 함께 하는 일상은 이를 수월하게 허락하지 않습니다.

기본적으로 아이들은 짓궂습니다. 그래서 자주 장난을 치고, 알 수 없는 이유로 종종 토라져 엄마 아빠의 마음을 황폐하게 만듭니다. 그러니 아무리 노력해도 아이를 향한 차가운 온도의 말을 꼭 감싸 내 마음속에만 가둬두기란 정말 어려운 일입니다. 그러다 어느 날, 한순간에 객관성과 인내심을 몽땅 잃어버리면 부모는 날 선 감정을 고스란히 아이에게 무자비하게 쏟아내곤 합니다.

엄마 아빠 또한 항상 완벽한 어른일 수는 없습니다. 누구에게나 일상의 언어는 완전히 정제된, 완벽히 청결한 상태로 계속 유지될 수 없습니다.

이때, 그림책을 읽어주는 일은 아이에게 따뜻한 온도의 말을 전하는 좋은 수단이 될 수 있습니다. 빨리하라며 서두르고 다그치는 일상의 우리 목소리에는 턱없이 부족한 '정제된 아름다움'이 그림책 속 언어에는 흘러넘치기 때문입니다.

책 속에는 현실에서 즉각 떠올리기 어려운 아름다운 비유가 있고 기분 좋은 리듬감도 있습니다. 아이에게 전해주고 싶었던 고즈넉하고 묵직하며 존재감 있는 표현도 있지요. 평소 아이에게 넌지시 건네주고 싶었던 엄마 아빠의 마음이 담긴 표현이 있고, 반대로 내가 아이의 목소리로 듣고 싶은 표현도 있습니다.

듣는 독서로 만들어가는 따뜻한 온도의 말

유독 아이와 크고 작은 갈등이 잦게 발생하는 날이 있습니다. 아무리 순한 기질을 타고났어도 다른 사람과의 갈등 없이 성장하는 아이는 존재하지 않으리라고 저는 확신합니다. 특히 취학 연령의 아이들은 더 어렸던 시절과는 또 다른 모습으로 갈등을 유발하기 때문에 부모를 당황하게 합니다. 그런 날은 아이에게 따뜻한 온기가 있는 언어로만 말하겠다는 내 견고한 의지와 계획이 너무나 쉽게 무너지고 맙니다.

나도 모르게 아이에게 차가운 온도의 말을 많이 해버립니다. 그렇게 냉랭해진 아이와의 분위기를 선불리 깰 수 없는 날에는, 따뜻한 온도의 말이 많이 담긴 그림책을 아이에게 먼저 건넬 용기가 필요합니다. 그 용기만 있으면 이런 부정적인 갈등을 생산적인 갈등으로 바꿀 수 있습니다. 즉, 갈등이 성장의 기회가 되는 셈입니다. 아이와 부모가 서로 어긋날 뻔했던 시간이 오히려 그들 사이를 끈끈한 사랑으로 뭉치게 할 수도 있습니다.

인문학자 한귀은 교수는 『고민하는 아이, 응답하는 부모』(웨일북)라는 책에서 "아이와 부모는 잘 갈등해야 한다."라고 말하며 생산적인 갈등이 필요하다고 언급했습니다. 부모와 자녀 간에 좋은 관계를 유지하는 일은 아이가 초등학교 입학 후 받아쓰기 시험에서 100점을 열 번 연속으로 맞는 것보다 더 중요합니다. 제아무리 1등으로 점철된 성적표라도 부모와의 가시 돋친 관계가 그 밑바탕에 깔려있으면 그 성적표는 위태롭기만 할 뿐, 결코 행복한 일이 아닙니다. 그야말로 빛 좋은 개살구이지요.

공부 내공을 쌓아가는 데 가장 중요한 것은 현재 내 아이의 성적 위치보다 부모와 아이간의 따뜻한 관계 유지입니다. '듣는 독서'는 그 행복한 관계를 꾸준히 유지할 수 있는 훌륭한 도구가 되지요. 그러니 우리는 따뜻하고 아름다운 그림책을 마치 내 마음을 표현하듯 아이들에게 많이 읽어주어야 합니다. 아이들의 귀가 더욱더 풍요로운 체험으로 물들게 해야 합니다. 물론 '나는 아이에게 그림책을 읽어주어야만 한다.'라는 의무감으로만 이루어지는 일이 되어서는 안 됩니다. 그렇게 되면 억지스러운 훈련 이상의 의미를 담지 못하니까요.

생활 속에서 그림책을 조금이라도 챙겨 읽게 되면, 아무리 냉정한 어른이라도 차츰 아이 같은 순수한 마음을 회복할 수 있게 됩니다. 아이들과 함께 예쁜 그림책을 많이 읽게 되면 어른도 정말 진심으로 그러한 마음을 품게 되는 셈입니다.

혹시 그림책을 유치하고 시시한 아이들의 전유물로만 생각하셨나요? 머지않아 그림책을 통해 강력한 감동을 느낄지도 모릅니다. 그리고 나도 모르게 그 책을 아이들에게 읽어주는 자신의 모습을 만나게 될 것입니다.

특히 엄마인 내 마음을 대변하는 그림책을 만나면 정말 반가운 마음이 듭니다. 나의 경험이 녹아있는 상황이 담긴 그림책도 그렇습니다. 일상의 언어로는 미처 표현하지 못했던 아이에 대한 내 마음이 스며들어 있는 그림책은 아이들에게 꼭 읽어주고 싶은 마음이 일어나게 합니다.

그림책은 어른과 아이가 서로의 마음을 아름답게 교류할 수 있게 하는 가장 예쁜 도구입니다. 마음의 교류가 친밀하게 이루어져 문장 하나가 우리의 마음을 짜릿하게 할 때, 아이들은 배시시 웃고 엄마 아빠의 품에 들어와 안깁니다. 그리고는 한 번 더 읽어달라고 조르지요. 그럴 때마다 한 번 더 그림책을 읽어주고 또 읽어주면 좋겠습니다.

언제까지나 너를 사랑해

로버트 먼치 글 | 안토니 루이스 그림 | 북뱅크 | 2000.05.03.

제 딸들에게 "엄마의 마음이 담긴 책이야. 지금 너희들에게 꼭 읽어주고 싶어."라고 말하며 읽어주었던 책이 많이 있습니다. 엄마의 마음과 똑같다는 책을 읽어주겠다는데 외면할 아이들은 없습니다. 먼저 표현하려는 마음을 거부하는 아이들도 없습니다.

아이들을 품에 안고 읽어주며 마음을 표현하기 좋은 그림책, 아동문학가 로버트 먼치의 『언제까지나 너를 사랑해』입니다. 제목에서부터 느낄 수 있듯, 이 책은 아이를 향한 엄마의 영원한 사랑을 노래하는 책입니다. 엄마는 갓 태어난 아기를 위해 노래를 부릅니다.

"너를 사랑해 언제까지나
너를 사랑해 어떤 일이 닥쳐도

언제까지나
너를 사랑해
Love You Forever
글·로버트 먼치 그림·안토니 루이스 옮김·김숙

내가 살아 있는 한
너는 늘 나의 귀여운 아기."

아기는 점점 자라 두 살이 되었습니다. 두 살배기 아기가 그렇듯, 아기는 집안 곳곳을 돌아다니며 사고를 칩니다. 엄마는 이런 아이의 행동에 때론 힘들어하지만, 여전히 아기를 위한 노래를 불러줍니다.

아기는 계속 자라 이제 아홉 살이 되었습니다. 흔한 아홉 살 어린이의 말썽이 그림과 문장으로 그려지는데, 우리 아이들은 이 부분에서 샐쭉 웃습니다. 마치 내 이야기인 듯 고개를 끄덕이거나 찔린 듯 볼이 발그레해집니다. 읽어주는 엄마도 함께 웃습니다. 정말 우리 아이의 이야기가 맞거든요.

아이가 자라고 자라 소년이 되고 청년이 되어도, 엄마에게 아들은 여전한 아이입니다. 엄마는 한결같이 그 자리에서 아이를 향해 사랑의 노래를 부를 뿐입니다.

이제 장성한 아들은 많이 늙고 약해진 엄마의 곁에 다가와 엄마가 이제는 끝까지 불러주지 못하는 그 사랑의 노래를 바꾸어 부릅니다.

"사랑해요 어머니
언제까지나 사랑해요 어머니
어떤 일이 닥쳐도
내가 살아 있는 한
당신은 늘 나의 어머니."

어머니에게 노래를 불러주고 집으로 돌아온 아들은, 갓 태어난 자신의 딸을 안으며 또 사랑의 노래를 부르는 것으로 책은 끝납니다. 자식을 향한 엄마의 사랑은 언제나 그 자리에 있으며 결코 변하지 않음을, 또 그 사랑은 대를 이어 계속 전달되는 고결한 것임을 사랑의 노래로 알려주는 아름다운 그림책입니다.

책의 전반부터 후반까지, 사랑의 노래는 매 페이지 반복하며 등장합니다. 그럴 때마다 엄마 아빠의 목소리로 읽어주며 아이를 향한 사랑의 마음을 담뿍 담아보는 게 어떨까요? 어느새 아이는 엄마 아빠에게 더욱 폭 안겨 얼굴을 비비대고 있을 거예요. 그림책 한 권으로 부모의 마음이 이렇게 아름답게 전달될 수 있답니다.

고함쟁이 엄마

유타 바우어 글과 그림 | 비룡소 | 2005.06.21.

그림책을 한 권 더 소개합니다. 독일의 아동문학가 유타 바우어가 쓰고 그린 『고함쟁이 엄마』라는 그림책입니다. 제목에 '엄마'가 들어가지만, 아이의 시점에서 쓰인 책입니다. 그래서 이 책은 읽어주기보다 아이가 직접 읽도록 했습니다. 물론 저는 옆에서 아이와 함께 책장을 넘겨주고 그림을 살펴주며 고개를 끄덕여주었지요.

"오늘 아침, 엄마가 나에게 소리를 질렀어요."

독일에서도 엄마의 고함은 흔한 풍경인가 봅니다. 무슨 이유에서였는지는 몰라도, 엄마는 아이에게 소리를 질렀습니다. 그림책의 첫 장면은 "퓹~" 하

고함쟁이 엄마
유타 바우어 글·그림 / 이현정 옮김
PREIS
독일아동문학상
Book
비룡소

고 웃음이 나오는데, 다음 장면이 꽤 충격적입니다.

"깜짝 놀란 나는 이리저리 흩어져 날아갔어요."

엄마의 고함에 아이의 머리, 팔, 다리가 여기저기로 흩어져 어디론가 날아가 버렸습니다. (다소 비현실적이긴 하지만) 엄마의 갑작스러운 고함에 아이가 입는 심리적 타격을 표현한 부분입니다. 아기 펭귄은 자신의 몸을 찾으러 이곳저곳을 돌아다닙니다. 하지만 좀처럼 몸을 다시 찾는 일이 쉽지 않습니다. 지쳐 도착한 사막에서 아기 펭귄은 엄마를 만납니다. 엄마는 아이의 모든 몸을 다시 모아 한데 꿰매고 있었습니다. 엄마 펭귄은 아기 펭귄을 안아주며 말합니다. 이 부분은 꼭 엄마의 목소리로 읽어주어야 합니다.

"아가야, 미안해."

결국, 아기를 흩어지게 한 사람도 또다시 모아줄 수 있는 사람도 모두 엄마였습니다. 이 그림책은 엄마는 아이에게 상처를 주기도 하지만, 그 상처를 치유해주기도 하는 존재임을 알려주고자 하는 듯합니다. 아이와 사소한 일로 트러블이 생겨 불편할 적에 이 책을 읽어주면, 정말 책을 통해 아이와 대화하는 느낌이 듭니다. 이처럼 책을 통해 마음을 나누고 전달하는 짜릿함은 그냥 말로만 전하는 감정보다 더 색깔이 진해 오래도록 마음에 남을 것입니다.

이 책도 아이들에게 읽어주길 추천합니다

『나도 안아줘』

다케시타 후미코 글 | 다나카 기요 그림 | 북뱅크 | 2010.06.20.

갓 태어난 아기에게 엄마의 무릎을 빼앗긴 고양이가 들려주는 이야기를 담은 그림책입니다. 고양이의 시점이지만, 동생에게 엄마 품을 내어주어야 하는 첫째의 마음과도 일맥상통하지요. 동생이 있는 아이들이라면 함께 읽고 마음을 보듬어주기에 좋은 책입니다.

『너 왜 울어?』

바실리스 알렉사키스 글 | 장 마리 앙트낭 그림 | 북하우스 | 2009.10.26.

정말 심호흡을 크게 한 후, 마음을 그야말로 단단히 먹고 읽어주어야 할 그림책입니다. 사실, 아이에게 읽어주기보다 그냥 이따금 엄마가 엄마 자신에게 읽어주어도 참 뜨끔하게 만드는 좋은(?) 책입니다. 이 그림책에는 아이의 일상 그림과 함께 텍스트는 오로지 '엄마의 멘트'로만 이루어져 있습니다. 이 책의 제목인 "너 왜 울어?"는 참고 있던 눈물을 결국 쏟아낸 아이에게 뱉은 엄마의 한마디입니다. 우리가 평소 아이들에게 어떤 말을 하는지 다시 한번 돌아볼 수 있는 책이라 부모님들 사이에서는 '자녀교육 그림책'이라는 별명이 있다고 합니다.

함께 읽어 특별히 더 재미있는 책이 있어요

학교에서 아이들에게 그림책을 읽어줄 때는 보통 반 전체를 대상으로 합니다. 서른 명 남짓한 아이를 집중시켜 호흡을 가다듬은 다음, 교사인 제가 책 표지를 아이들에게 보여줌으로써 책 읽어주기를 시작하지요. 그런데 아이들에게 책을 읽어주는 횟수가 점차 늘어나면서, 고민되는 부분이 있었습니다.

바로 책 읽는 과정에서 일어날 수 있는 '(아이들과 교사, 아이들과 아이들 사이의) 상호작용'의 정도가 어느 수준이 좋은지에 대한 고민이었습니다.

"선생님이 읽어주는 책을 감상할 때는 내 반응이 다른 친구들에게 방해나 피해가 되지 않는 범위여야 해요."

저는 평소 아이들에게 이렇게 강조합니다. 그렇다 보니 책을 읽어주는 내내 아이들의 자연스러운 반응이 다소 부족하고, 교사의 목소리만이 고요하게 들리는 경우가 많았습니다.

또 제가 아이들에게 던지는 질문 대부분이 아이들의 이해도를 점검하기 위한 단순한 내용 확인 질문이거나, 책에 집중하게 만들기 위한 난이도가 가벼운 질문이 대부분이었습니다. 이는 비단 우리 반 교실의 모습만은 아닐 것입니다.

대체로 아이보다 교사가 더 많은 말을 하고 주의 집중이나 환기를 위한 질문이 더 많은 부분을 차지한다고 합니다. 책을 읽어주는 시간 역시 규칙을 지켜야 하는 공동체 생활의 일부라는 점에서, 이는 어쩌면 당연하면서도 교실 내 책 읽어주기가 가지는 한계점이라고 할 수 있습니다.

1명 vs 4명 vs 20명

유치원생 1명, 유치원생 4명, 그리고 유치원생 20명에게 같은 그림책을 읽어주고 각 그룹의 말하기 반응을 비교한 연구가 있습니다. 그 결과, 일단 그룹마다 어린이들의 전체 말하기 횟수에서부터 차이를 보였습니다. 우선 일대일로 책을 읽어주었을 때 어린이들의 말하기 경험이 더 많았다고 합니다. 산술적으로 추측하면 20명의 어린이가 말한 횟수가 1명의 어린이가 말한 횟수보다 더 많을 텐데요. 하지만 실제로, 일대일로 책을 들려주었을 때 아이들은 20명 어린이의 총 말하기 횟수보다 더 많은 이야기를 할 수 있었습니다.

이러한 결과는 가정에서 부모님이 아이에게 책을 읽어주는 활동이 아이들의 유창한 언어 활동을 완성하는 데 큰 역할을 하고 있음을 의미합니다.

그런데 여기서 끝이 아닙니다. 아이들의 말하기 유형을 좀 더 자세히 살펴보았더니, 상당히 흥미로운 결과가 나왔습니다.

일대일로 책을 읽어주었을 때, 아이들은 그저 교사가 던진 질문에 대답만 하는 수준의 말하기를 많이 했다고 합니다. 반면 그림, 이야기의 내용, 경험에 관해 스스로 말하는 경험은 어린이 4명에게 책을 읽어주었을 때 가장 두드러지게 나타났습니다. 어린이들은 혼자가 아닌, 친구 몇 명과 함께 책 읽어주기 활동에 참여했을 때 좀 더 주체적으로 자신의 의사와 생각을 자유롭게 표현했습니다.

아이들은 '어른 대 자신'의 말하기 경험뿐만 아니라 '자신과 또래' 간의 말하기 또한 풍부하게 경험해야 합니다. 이는 언어의 유창성을 키워주는 동시에 사회성도 기를 수 있는 기회가 됩니다.

친구는 유능한 조력자

아이들은 왜 혼자가 아닌 친구 몇 명과 함께 있을 때 자기주도적인 말하기를 더 많이 할 수 있었을까요? 우리는 이 대목에서 교육심리학자 비고츠키의 '사회문화적 인지이론'을 떠올릴 수 있습니다. 비고츠키는 "인간이 할 수 있는 모든 정신적인 활동은 사회적인 상호작용을 전제로 한다."라고 보았는데요. 따라서 어린이의 성장에 성인과 또래의 역할을 중요시하였습니다. 성인 및 또래와 함께 상호작용을 하다 보면 어린이 자신이 할 수 없었던 기능도 습득할 수 있다고 보았고요. 그래서 혼자서는 불가능하지만, 누군가의 도움을 통해 해결이 가능한 영역을 '근접 발달 영역 Zone of Proximal Development, ZPD'으로 칭하기도 했습니다. 비고츠키는 인간과 동물의 다른 점으로 인간이 '고등사고 능력'을 가지고 있음을 강조했습니다. 특히 어린이에 관해 다음과 같이 말했습니다.

> "사회적 관계를 형성하고, 말을 배우고, 사회적 행동을 하는 과정에서 고등 사고 능력이 발달한다."*

만약 그 과정에서 사회적인 상호작용이 없다면 결코 언어를 내

---

* 『관계의 교육학, 비고츠키』(진보교육연구소 비고츠키교육학실천연구모임 저, 살림터, 2015. 04.28.)

변화할 수 없으니, 사회적 교류가 꼭 필요함을 강조하였습니다. 물론 이 과정에서 아이들을 도와줄 수 있는 유능한 조력자가 있다면 아이들의 발달은 더욱 가속페달을 밟을 수 있겠지요. 여기서 말하는 '유능한 조력자'는 바로 가장 가까운 어른들과 또래친구일 것입니다.

아이들은 책을 읽고 듣고 생각하고 대답하며 이야기 속의 상황에 공감하기도 하는 등 여러 감정을 느낍니다. 책 속에 등장하는 갈등을 내 이야기인 듯 머릿속으로 상상해보기도 하지요. 여기서 책을 읽는, 또 읽어주는 행위는 인간만이 가진 '고등사고 능력'을 발휘할 도구인 셈입니다. 따라서 책을 읽어주는 성인과 내용을 함께 듣는 유능한 또래는 비고츠키의 '근접 발달 영역'에 해당하는, 잠재적인 발달을 이끌어주는 매개체가 되기에 충분합니다. 서로가 서로에게 영향을 주고받을 때 공부 내공도 단단해져갑니다.

자녀의 친구들이 우리 집에 놀러왔을 때, 그림책 한 권을 읽어주는 시간을 가져봅시다. 친구들 앞에서 자연스럽게 그 책에 대해 말해본 경험이 곧 '의미 있는 생각 나누기'이며, 그것이 바로 공부 내공이 됩니다. 막간을 이용한 국어공부도 되고, 사회성을 기르는 놀이시간도 되니 1석 2조겠지요?

모치모치 나무

사이토 류스케 글 | 다키다이라 지로 그림 | 주니어랜덤 | 2004.12.24.

지금 소개할 이 그림책은 대집단으로 구성된 아이들보다 2~3명 정도의 소집단으로 구성된 아이들에게 읽어주었을 때 더욱 특별한 재미를 나눌 수 있는 책입니다. 바로 일본의 아동문학가 사이토 류스케의 『모치모치 나무』입니다.

8살 지윤이와 4살 지우에게 처음 이 책을 읽어준 날은, 금방이라도 비가 쏟아질 듯한 그런 날씨였었어요. 그날, 이 그림책을 골라 읽어주었던 건 정말 큰 행운이었습니다. 책의 내용에 제대로 몰입할 수 있는 최적의 환경 조건이었으니까요.

아이들에게 책 표지를 먼저 보여주었습니다. 검고 굵은 선으로 그려진 할아버지와 손자의 모습에 연둣빛 그림자가 살짝 드리웠을 뿐, 어떠한 채색도

어린이중앙
그림마을 022
모치모치 나무
사이토 류스케 · 글
다키다이라 지로 · 그림
김영애 · 옮김
어린이중앙
RANDOM HOUSE JOONGANG

되어 있지 않은 그림에 꽂꽂하게 새겨진 듯한 새빨간 색깔의 제목까지. 이 모든 요소가 합쳐져 표지만 보아도 으스스한 기분이 저절로 들었습니다. 다만, '모치모치モチモチ'라는 나무의 이름이 발음하기에 은근히 귀여운 맛이 있어 네 살배기 둘째는 "모찌모찌이- 모찌모찌이-" 하며 여러 번 되뇌었습니다.

책에는 할아버지와 단둘이 사는 다섯 살 남자아이 '마메타'의 이야기가 담겨 있습니다. 마메타의 이야기를 훤히 다 아는 누군가가 직접 속삭여주는 듯한 문체입니다. 덕분에 책을 읽어주는 내내 자신이 그 '누군가'라도 된 듯한 느낌을 받을 수 있기에 느린 속도로 책을 읽어주었는데도 아이들의 몰입도가 높았습니다.

마메타는 겁이 많은 녀석이었습니다. 마메타의 아빠는 곰과 맞서 싸우다 죽었을 정도로 용감무쌍한 사나이였다는데, 마메타만 유독 겁이 많았어요. 밤에 화장실쯤은 혼자 갈 법도 한데, 그래도 할아버지를 깨워야 화장실을 갈 수 있는 아이였죠. 할아버지는 이런 손자가 귀찮으면서도 엄마 아빠가 없는 마메타가 마냥 가엾고 사랑스럽습니다.

사실, 마메타가 혼자 화장실을 가지 못하는 이유가 있었는데요. 바로 '모치모치 나무' 때문이었습니다. 모치모치 나무는 마메타와 할아버지가 사는 오두막 옆에 있는 아주 큰 나무인데, 크기도 했지만 수많은 가지가 무성히 뻗어 있는 모습이 압도적인 아름다움을 느끼게 하는 나무였어요.

"멋있긴 한데, 무서울 만하다."라는 지윤이 말대로 정말 무서울 만했어요. 울창하게 뻗어있는 가지의 모습이 밤에 보면 풀어헤친 머리카락처럼 보일 법했거든요. 어느 날, 할아버지는 마메타에게 신비한 이야기를 툭 던집니다.

"동짓날 스무 날 축시에는 말이다. 모치모치 나무에 불이 켜지지. 자지 말고 있다 봐 보거라. 참 아름답단다. 이 할아비도 어릴 때 본 적이 있어. 죽은 네 아비도 봤다더라."

1년에 한 번 모치모치 나무에 불이 켜지는 날이 있는데, 바로 그날이 오늘이라는 이야기였어요. 그런데 불 켜진 모치모치 나무는 '딱 한 명의 아이만' 볼 수 있기에 어떤 용기 있는 아이 한 명이 그 장면을 보게 되면, 아무도 그 신비한 광경을 볼 수 없다네요? 마메타는 불이 켜진 모치모치 나무가 무척 궁금하면서도, 불이 켜진다는 시간이 한밤중이라 금방 포기하고 맙니다. 마메타는 대단한 겁쟁이였으니까요.

그리고 그날 밤, 마메타는 갑작스러운 복통에 시달리는 할아버지의 신음 소리에 잠에서 깨어납니다. "할아버지!"라고 아무리 흔들어 깨워도 할아버지는 더 크게 신음할 뿐이었어요. 마메타는 건넛마을에 사는 의사 선생님을 모시러 가기 위해 뒤도 돌아보지 않고 집을 뛰쳐나갑니다. 겨울이라 너무 추워 발이 얼 듯한데도 눈물을 꾹 참고 뛰어가요. 의사 선생님은 자신에게 오느라 지칠 대로 지쳐버린 마메타를 등에 업고 마메타네 집으로 걸어갑니다.

"우와… 마메타가 대단하지 않니?"

"응! 진짜 용감해. 정말정말 용감해."

"지윤이라면 어땠을 것 같아? 이렇게 뛰어갈 수 있을까?"

"아, 몰라 몰라~ 그런 상상은 진짜 하기 싫어!"

이런 대화를 나누며, 첫째 지윤이에게 다음 장을 직접 넘겨보도록 했습니다. 이 그림책에서 제일 압권인 장면이거든요.

모치모치 나무에 불이 켜졌습니다. 불 켜진 모치모치 나무가 어찌나 밝은

지, 덕분에 어두운 우리 방안에도 정말 불이 환하게 켜진 느낌이었습니다. 아이들도, 읽어주는 저도 탄성이 절로 나왔어요.

마메타는 의사 선생님에게 모치모치 나무에 불이 켜졌다며 흥분한 채 불 켜진 모치모치 나무를 가리키지만, 의사 선생님에게는 모치모치 나무에 켜진 불이 보이지 않았습니다. 정말 용감한 아이 딱 한 명만 모치모치 나무의 불빛을 볼 수 있다는 마메타 할아버지의 말은 맞았습니다. 다음 날, 날이 밝고 기력을 회복한 할아버지는 마메타를 안고 이렇게 말합니다.

"자신을 겁쟁이라고 생각지 마라.
사람은 고운 마음씨만 있으면, 해야만 하는 일은 꼭 해내는 법이지."

저도 마메타의 할아버지처럼 우리 아이들에게 말해주었어요. "고운 마음씨만 있다면, 해야만 하는 일은 꼭 해내는 법이지."라고요. 한동안 이 그림책을 너무 사랑했던 우리 아이들이었는데요. 캠핑장에서 하룻밤 묵게 되었을 때도 챙겨왔었지요. 날이 저물어 개구리 소리가 지척에서 들릴 정도로 고요해졌을 때, 텐트 안에서 알전구 하나만 켜고 읽고 또 읽었을 만큼 좋아했답니다.

이 책도 아이들에게 읽어주길 추천합니다

『이 작은 책을 펼쳐 봐』

제시 클라우스마이어 글 | 이수지 그림 | 비룡소 | 2013.01.02.

책 속 주인공들이 또 다른 책으로 들어가 여행을 펼치는 신기한 구성의 창작 동화책입니다. 이 책은 책장 모두가 '책 표지'이기도 합니다. 점점 작아지는 책을 넘기며 아이들은 책 속으로 점점 빠져들어 가는 경험을 하게 되지요. 점점 더 작아지는 책을 직접 넘겨보며 읽어야 이 그림책의 참맛을 느낄 수 있으니, 한두 명의 아이와 함께 읽는 편이 좋겠지요?

『샘과 데이브가 땅을 팠어요』

맥 버넷 글 | 존 클라센 그림 | 시공주니어 | 2014.08.15.

아이들은 땅 파는 걸 참 좋아하지요. 이런 아이들의 심리를 잘 포착해 그림책으로 만들었습니다. 자꾸 땅을 파는 샘과 데이브. 그런데 어쩌죠? 우리 눈에는 땅속 보석이 보이는데, 샘과 데이브는 정작 그 보석을 보지 못하나 봅니다. 샘과 데이브와 함께 있는 강아지는 보석이 어디 있는지 아는 듯한데 말이죠.

Part 03

듣는 독서가 만드는 평생 가져가는 공부 습관

듣기만 해도 읽기 능력이 발달한다고요?

아이에게 매일 그림책을 소리 내어 읽어주기란 결코 쉬운 일이 아닙니다. 아이를 낳아 기르는 일인 '육아'는 그 주된 일 말고도 그 밖에 크고 작은 방대한 일이 모두 포함되어 있지요. 그래서 과잉노동이라고 부르기도 합니다. 그러한 상황에서 아이에게 그림책을 읽어주는 시간을 마련하는 일은 꽤 많은 에너지와 끈기, 체력이 필요합니다. 독서에 이르기까지의 장애물은 수도 없이 많습니다. 대체 어떻게 책을 읽어주어야 할까요?

아이가 책이 재미있다고 느껴야 독서를 즐기게 되는 것처럼, 부모 역시 아이에게 그림책을 읽어주는 일을 즐겁다고 느껴야 합니다. 그래야 독서로 가는 장애물을 넘는 과정이 좀 더 수월해지지요. 즉, 내가 책을 읽는 일이 즐거워야 아이를 무릎에 앉혀 책장을 열어 보는 일에 기꺼이 나의 에너지를 쏟을 수 있습니다.

아이들에게 책 읽기란

고백하건대, 저 또한 예전부터 그림책을 좋아했던 것은 아니었습니다. 책을 좋아해도 편독이 심한 독자였습니다. 누군가가 평소 어떤 관심사를 가지는지 알아보려면 그 사람의 책장을 보면 된다고 하지요? 책에 대한 관심사는 그 사람이 처한 상황과도 밀접한 관련이 있기 마련이니까요. 대학 학부 시절에는 일본 문학과 프랑스 문학을 주로 읽었고, 현직에 발령받아 초등학교 선생님이 된 뒤에는 유난히 실용서적만 찾아 읽었습니다.

결혼 후에는 아이를 낳아 키우려다 보니 자연스레 육아서에 집중하게 되어 책장에 육아서적이 많아지게 되었고, 아이들이 어느 정도 크고 나니 눈에 들어온 것이 바로 '그림책'이었습니다.

그전까지만 해도 그림책을 읽는 건 굉장한 시간 낭비라는 생각을 했었습니다. 서점이나 도서관에 가면 아직 내가 읽지 못한 책이 수두룩하게 꽂혀있기에 그림책에는 눈길도 가지 않았지요. 어른이 그림책을 읽는 건 지식 습득에도, 탁월한 문장 표현력을 느끼는 것에도, 간접 체험을 할 수 있는 것에도 그다지 도움이 되지 않을 거란 오만한 생각을 하기도 했습니다.

그런 저도 육아를 하며 자연스레 두 딸에게 그림책 읽어주는 일이 잦아졌습니다. 하지만 그마저도 그림책을 사서 읽어주는 것이 경제적으로 비효율적이라는 생각이 들어 도서관에서 조금씩 대출하여 읽혔지요. 그런데 어느 날 신기한 장면을 목격했습니다. 책을 읽으라고 누군가가 시켜서가 아니라, 아이들이 자신도 모르게 자꾸만 찾아보는 책이 따로 있다는 사실이었습니다.

아이는 자신의 의지에 따라 그림책을 집어 들었지만, 얼핏 보면 책을 읽는 것처럼 보이지는 않았습니다. 책을 높게 쌓아보기도 하고 징검다리로 만들어 밟기도 했습니다. 병풍을 만들어 나만의 공간을 만들기도 했지요. 어쩌다 책을 펼쳐 마음에 드는 그림이 나오면 그 페이지만 뚫어지게 쳐다보거나 책장에 거침없이 뽀뽀하는 시늉도 했습니다. 이런 행동 모두가 '읽기'였습니다.

글자를 모를 때라 책의 내용을 읽는 것은 아니었지만, 이미 '자발적'이고 '능동적'인 '읽기'를 하고 있던 셈이었습니다. 책을 가지고 그저 놀이하며 재미있어했을 뿐인데, 이것도 정말 '읽기'라고 할 수 있냐고요? 다음의 설명에 답이 있습니다.

아이들의 읽기 능력

'읽기'라는 행위는 크게 두 가지 의미를 가집니다. 하나는 텍스트를 기계적으로 읽어내는 '기능적인 행위'로서의 의미입니다. 음절 하나하나를 읽거나 문장을 읽어내는 행동이 여기에 속합니다. 또 다른 하나는 '의미를 구성하는 행위'로서의 의미입니다. 즉 알고 있는 머릿속 세계에 텍스트와 그림이라는 새로운 재료들을 잘 섞어 자기 나름의 새로운 의미를 구성해가는 것입니다. 아직 글을 몰랐던 때의 딸들은 후자의 방법으로 자발적인 책 읽기를 하고 있었습니다.

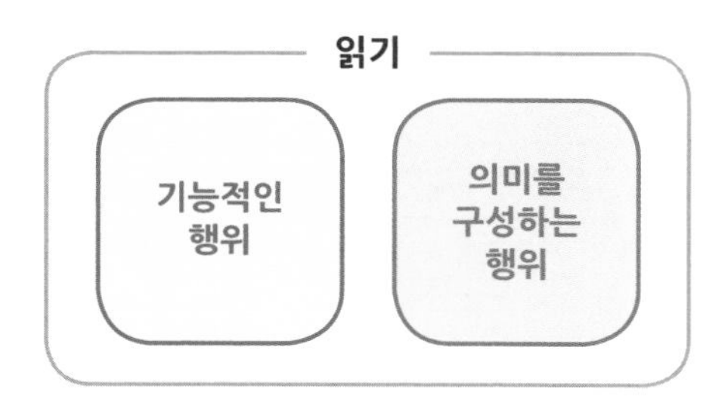

아이들의 읽기 능력이 어떻게 발달하는지에 대한 다양한 이론이 존재합니다. 그 중 대표적인 읽기 발달 이론인 '쉘Jeanne S. Chall의 이론'을 소개합니다.* 하버드대학교 교육학 교수인 쉘은 읽기 발달을

---

* 『특수교육학 용어사전』(국립특수교육원 저, 하우, 2018.08.31.)

생후부터 성숙한 수준에 이르기까지 0~5단계로 구분하여 가정했습니다. 여기서 우리는 '생후'부터 읽기 능력이 발달한다는 점에 주목할 필요가 있습니다.

0단계	읽기 전 단계로 태어나서 초등학교에 입학하기 전까지의 시기이다. 이때 아동은 일정한 문자 체계를 가진 문화권에서 생활하면서 문자, 단어, 그리고 책들에 관한 일련의 지식을 축적한다. 또한 언어의 다양한 측면(단어와 문장)을 이해하게 되며 단어의 특성에 관한 통찰도 얻는다.
1단계	초기 읽기 및 문자해독 단계로 초등학교 1학년부터 2학년까지의 시기이다. 문자 체계를 습득하여 각 문자에 대응하는 음성단어를 연결하고 읽기를 시작하게 된다.
2단계	유창성 단계로 초등학교 2학년부터 3학년까지의 시기이다. 이때의 읽기는 새로운 정보를 얻기 위함이 아니다. 1단계에서 습득한 바를 다짐으로써 읽기 유창성을 익히게 되는 단계다.
3단계	지식, 정보, 생각과 경험 등의 새로운 것을 배우기 위해 읽기를 시작하게 되는 단계로 초등학교 고학년 이후의 시기이다.
4단계	읽기에 있어 다양한 관점이 생겨나고 이를 다룸으로써 개념과 관점을 습득하게 되는 시기로 중등학교 이후의 시기이다.
5단계	만 18세 이후의 시기로 고도의 추상적이고 일반적인 수준에서 지식을 구성하게 되는 가장 성숙한 단계이다.

쉘의 읽기 발달 이론

0단계의 아이들은 비록 기능적으로 텍스트를 읽어낼 수는 없지만, 책을 통해 문자에 대한 일련의 지식을 축적해갑니다. 이는 태어난 직후부터 이루어지며, 이 시절 주 양육자가 아이에게 건네는 메시지들은 아이의 읽기 능력 향상의 초석이 됩니다. 특히 유아기의 아이에게 그림책을 읽어주는 행위는 상위언어를 터득하는 데 이로운 효과를 가져다주어 읽기 능력을 더욱 발달시킬 수 있습니다.

이와 같은 내용의 국내 연구도 있습니다.* 아이가 자연스럽게 그림책을 듣고 장난감처럼 다루며 놀다 보면 그림책에 들어 있는 단어와 문장구조 및 의미를 배울 수 있고, 이런 활동들은 읽기 이해도를 높여준다는 내용이었습니다. 핀란드에서 미취학 연령의 아이들에게 구태여 문자 교육을 따로 하지 않더라도 학업을 시작한 이후 학생들의 읽기 능력을 세계 최고로 끌어올린 것과도 무관하지 않습니다. 그래서 0단계에서 얻은 읽기 능력을 결코 무시할 수 없습니다. 오히려 0단계에서 두텁게 쌓아야 그 다음 단계를 수월하게 쌓아올릴 수 있고, 결국 공부 내공이라는 이름의 견고한 힘이 되는 것입니다.

책을 좋아하지 않는 미취학 아동이나 초등학교 저학년 아이가 있는 가정이라면, 책을 집안 곳곳에 그냥 아무렇게나 던져놓아보세요. 한 권이 아니라 여러 권이면 더욱 좋습니다. 집안이 약간 지저분해 보일 수 있겠지요. 이것을 참을 수 없다면 전면책장, 회전책장을 두는 것도 하나의 방법입니다. 책을 비교적 자유롭게 두고, 구경할 수 있는 도구들이니까요.

책을 눈으로 보고, 손으로 만져보는 경험이 아이들에게 생경하

---

* 정주원, "그림책을 활용한 상위언어 인식 활동이 유아의 상위언어 인식, 읽기 능력, 마음이론 발달에 미치는 영향", 덕성여자대학교 대학원, 2005.

지 않도록, 충분한 놀잇감이 될 수 있도록 그냥 던져놓아주세요. 그렇게 몸으로 먼저 책과 친해지면, 정말 심심해서 아무 할 일이 없을 때 슬쩍 책장을 넘겨볼 수 있는 힘이 생깁니다.

그림책의 힘

다시 제 이야기를 하자면, 이처럼 자발적인 읽기를 시작한 아이들을 위해 한 권 두 권씩 단행본을 사들였고, 그 일은 일상 속에서 누리는 보석 같은 즐거움이 되었습니다. 전집류는 자연관찰에 대한 책처럼 생생한 예시 사진이 많이 필요한 경우에만 구매했고, 대부분은 그때 상황에 맞게 단행본을 구매했습니다.

예를 들어 아이와 함께 도서관에 갔을 때 아이가 꼭 가지고 싶어 하는 책을 적어두었다가 선물로 사주거나, 매월 서점 나들이를 하다 함께 고른 책을 사주는 식이었습니다. 누군가에게 선물받은 책에는 그 사람의 이름과 메시지를 꼭 적어놓았더니, 아이는 한 권 한 권 그 사람과의 '추억'으로 간직하기도 했습니다. 이때의 책은 지식을 얻는 도구의 의미를 넘어 '누군가와의 상호작용'의 의미까지 지녔던 셈입니다.

아이들만 그림책에 빠지게 된 게 아니었습니다. 오히려 아이들보다 그림책을 더 좋아하게 된 사람은 엄마인 저였어요. 나아가 그 책들을 교실의 아이들에게도 들려주기 시작했습니다. 두 아이에게 책을 읽어주는 방식을 교실로 옮기기만 하면 되는 일이었으니까요.

저는 초등학교 고학년을 주로 맡았던 초임 교사 시절부터 아이들에게 책을 읽어주는 일을 꾸준히 해왔습니다. 그래서인지 작가가 쓴 그림책에 제 목소리가 묻어나는 것이 마냥 어색하지는 않았습니다. 제 딸들보다 훨씬 크고 머리도 굵어진 아이들이 의외로 그림책을 보고 듣는 일을 사랑해주기도 했고요. 우리 반 아이들과 제 두 딸 덕분에 좋은 그림책을 찾아 읽는 일이 이제는 습관이 되었습니다. 아직도 찾아 읽지 못한 훌륭한 그림책이 정말 많으니 앞으로도 꾸준히 할 수 있을 듯합니다.

좋은 그림책이라고 생각하는 기준은 사실 상당히 주관적일 수 있습니다. 막상 부모님들이 직접 그림책을 펼쳐 보면 기대보다 실망이 더 클지도 모릅니다. 반대로 어떤 그림책은 생각했던 것 이상의 즐거움과 감동을 선물할지도 모르지요. 그러니 아이의 마음과 엄마 아빠의 마음을 흔들어 털썩 주저앉게 만드는 그림책을 함께 찾아보세요. 이 책에서 소개되지 않은 그림책들도 물론 좋습니다. 그러한 그림책을 찾는 과정에서 아이보다 더 행복해하는 자신을 찾을 수 있을 거예요.

당나귀 실베스터와 요술 조약돌

윌리엄 스타이그 글과 그림 | 다산기획 | 1994.09.01.

제가 너무 좋아해 다섯 손가락 안에 꼽는 책입니다. 윌리엄 스타이그라는, 무려 1907년생 작가가 쓰고 그린 그림책입니다. 윌리엄 스타이그는 원래 카툰 작가였다고 합니다. 그의 나이 61세가 되었을 때 손자에게 선물하기 위해 그림책을 쓰기 시작했다고 하니, 작가의 빼어난 감각과 남다른 열정이 사뭇 놀랍습니다. 특히 이 그림책은 1970년 그림책 분야에서 가장 권위 있는 상인 '칼데콧 상'을 받았어요.

아이들에게 읽어줄 때마다 늘 반응이 좋은 믿음직한 그림책이라, 4월 '학부모 공개수업' 때 우리 1학년 아이들과 함께 읽고 부모님들 앞에서 이야기를 나누어보기로 마음먹었습니다. 책만 읽고 끝내기에는 아쉬워 미리 하얀

2 뒹굴며 읽는 책
당나귀 실베스터와
요술 조약돌
윌리엄 스타이그 글·그림
이상경 옮김
다산기획

조약돌도 아이들의 수만큼 준비해두었지요.

약속된 날짜와 시간이 되었습니다. 교실 뒷문으로 한두 분씩 손님이 들어오시기 시작합니다. 학부모 공개수업을 할 때마다 매번 느끼지만, 자신의 엄마 아빠를 찾는 아이들의 바쁜 눈에는 정말이지 세상에서 가장 진하고 묵직한 설렘이 담겨있습니다. 이리저리 찾다 드디어 엄마 아빠와 눈이 마주쳤을 때의 그 황홀한 표정이란! 집에서도 매일 볼 텐데 그렇게도 좋을까요?(네, 제가 학부모로서 경험해보니 정말 좋더군요!) 공개수업을 시작하기에 앞서, 이 책을 읽기 전 아이들에게 반드시 물어야 할 질문이 하나 있습니다.

"지금, 너희들의 소원은 무엇이니?"

초등학교 1학년 아이 중에는 '소원'이라는 말의 뜻을 정확히 모르는 아이도 더러 있기에, "소원이란 이러이러하게 되었으면 좋겠다고 마음속으로 간절히 생각하는 것이다."라고 덧붙여 설명도 해주었지요. 여러 명의 아이가 손을 들어 발표합니다. 장난감을 가지고 싶은 아이, 맛있는 음식을 먹고 싶은 아이, 예쁜 옷이 필요한 아이, 학원에 가지 않고 놀고 싶은 아이, 가족의 건강을 바라는 아이, 2층 침대가 필요한 아이, 축구선수가 되고 싶은 아이, 선생님이 되고 싶은 아이 등 여러 대답이 오갔습니다.

아이들은 눈으로는 PPT 화면 속 그림을 보고, 귀로는 책을 읽어주는 제 목소리를 듣습니다. 교실 안에 꽤 많은 사람이 모여 있지만, 그 순간 들리는 것은 책을 읽어주는 제 목소리뿐입니다.

꼬마 당나귀 실베스터가 이 그림책의 주인공입니다.

"실베스터는 예쁜 조약돌을 모으는 취미가 있습니다."라는 제 목소리에,

평소라면 너도나도 손을 들어 “선생님! 저는 스티커 모으는 거 좋아해요!” “저는 자동차 모으고 있어요!”라며 자신의 취미를 발표하고 싶어할 텐데, 교실에 손님이 많으니 아이들도 긴장을 하는지. 잠자코 제 목소리에 귀를 기울입니다.

꼬마 당나귀 실베스터는 어느 날, 빨갛게 빛나는 조약돌을 발견합니다. 실베스터는 곧 자신이 발견한 빨간 조약돌이 요술 조약돌임을 알게 됩니다. 손에 올려놓고 비가 그쳤으면 좋겠다고 되뇌자마자 거짓말처럼 비가 그치고 땅이 보송해졌거든요. 실베스터는 이 요술 조약돌을 부모님과 친구들에게 보여줄 생각에 몹시 흥분되었습니다. 이때까지만 해도 행복한 상상을 하느라, 요술 조약돌을 가지고 집으로 돌아가는 길에 무시무시한 사자를 만나게 될 줄은 몰랐겠지요? 갑자기 사자를 마주하게 된 실베스터는 그만 “차라리 바위로 변했으면 좋겠어.”라는 엉뚱한 말을 무심결에 내뱉고 맙니다.

“헉!”
“어떡해~”
“어쩜 좋아…”

자신도 모르게 얕은 탄식을 내뱉는 아이들. 아이들의 동공이 커지는 게 교탁에서도 느껴집니다. 안타깝게도 모두의 예상대로 실베스터는 바위로 변하고 맙니다. 아이들은 요술 조약돌을 바로 코앞에 두고도 꿈쩍도 못 하는 실베스터를, 마치 자신의 친한 친구가 그렇게 된 듯 진심으로 안타까워하며 발을 동동 구르기 시작합니다. 교실 뒤편에 서서 함께 이야기를 듣는 학부모님들도 마찬가지입니다.

봄, 여름, 가을, 겨울을 한 번씩 보내고 다시 봄이 되었지만 실베스터는 아직 바위의 모습이에요. 아들이 살아 돌아오는 것을 반쯤 포기해버린 실베스터의 부모님은 우울한 마음을 달래고자 딸기 언덕으로 조촐한 봄나들이를 가보기로 합니다. 한편, 다시 당나귀가 되겠다는 것을 반쯤 포기해버린 건 실베스터도 마찬가지였습니다. 어디선가 낯익은 아빠와 엄마의 목소리가 들렸지만, 그럴수록 애만 탈 뿐이었죠.

자, 이제 이 책에서 가장 중요한 장면이 나올 차례입니다. 조금 더 목소리를 낮추어 조곤조곤하게, 천천히 읽어주었습니다.

"아빠는 붉게 빛나는 조약돌을 발견했어요.

'참 멋진 조약돌인데… 실베스터가 보면 얼마나 좋아할까…….'

아빠는.

조약돌을.

바위에…

올려놓았습니다."

바위가 된 실베스터는 오랜만에 엄마 아빠의 목소리와 따뜻한 손길을 느낍니다. 그리고 정말 간절히 기도합니다.

"본래 내 모습으로 돌아간다면 얼마나 좋을까.

진짜 내가 되게 해주세요!"

정말로 간절히 바라고 원했던 그 순간, 실베스터의 꿈은 이루어집니다. 엄마를 부둥켜안은 실베스터의 눈에는 뜨거운 눈물이 흐릅니다. 결국 실베스터의 가장 큰 소망은 요술 조약돌을 갖는 것이 아니라 '가족 간의 따뜻한 사랑 나눔'이었습니다.

아이들에게 하얀 조약돌을 나누어 주고 각자의 소원을 적게 한 후 발표해 보았습니다. 약속이나 한 듯 한결같이 우리 가족의 건강과 행복을 발표하는 아이들의 얼굴에서, 또 그 아이들을 바라보는 부모님들의 얼굴에서 벅차오르는 무언가를 분명히 느낄 수 있었습니다. 이 책이 이렇게 오랜 기간 사랑받을 수 있었던 이유는, 그림책 안에 아이들 마음속에 벅차오르는 그 무언가를 만들어주는 힘이 듬뿍 들어있기 때문일 것입니다.

이 책도 아이들에게 읽어주길 추천합니다

『엄마 잃은 아기참새』

루스 에인워스 글 | 호리우치 세이이치 그림 | 한림출판사 | 1991.03.01.

엄마 참새가 먹이를 구하러 간 사이 둥지에서 나온 아기 참새가 겪는 사건을 엮은 그림책입니다. 둥지로 돌아온 아기 참새가 엄마 가슴에 안겨 포근히 잠을 자는 장면이 인상적입니다.

『엄마 마중』

이태준 글 | 김동성 그림 | 보림출판사 | 2013.10.30.

1938년 『조선아동문학집』에 실린 이태준 소설가의 짧은 글에 김동성 작가의 그림이 더해져 다시 태어난 예쁜 그림책입니다. 코끝 시리게 추운 날, 전차 정류장에 꼿꼿이 서서 움직이지 않고 오롯이 엄마를 기다리는 아가의 간절한 마음이 담겨있습니다.

왜 잘 들어야 하나요?

우리는 보통 네 가지 방법으로 언어를 사용합니다.

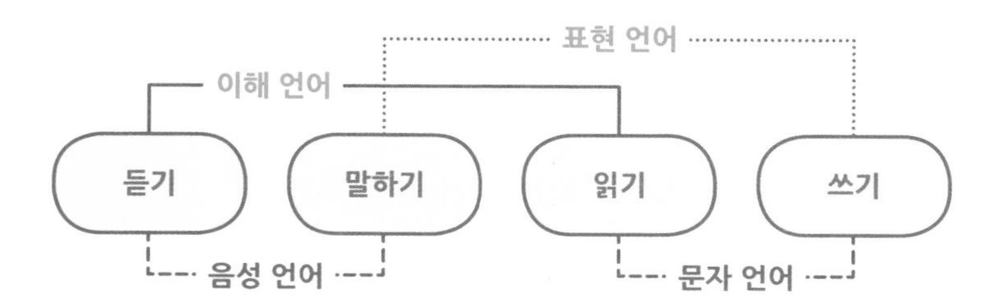

즉 듣고, 말하며, 읽고, 씁니다. 그 중 듣기와 말하기를 '음성 언어'라고 부르고 읽기와 쓰기를 '문자 언어'라고 부릅니다. 일반적으로 아직 한글을 깨치지 못한 미취학 아동의 경우, 태어나면서부터 자연스럽게 입과 귀를 통해 듣기와 말하기를 언어의 주된 사용법으로 삼습니다. 그러다가 초등학교에 들어갈 무렵부터 글자를 알게 되고, 학교에 입학하면 본격적으로 문자를 통해 읽고 쓰는 방법을 배웁니다. 즉, 듣기와 말하기는 읽기와 쓰기에 선행하는 격입니다. 듣기와 말하기가 읽기와 쓰기보다 인지적으로 더 쉬운 까닭에 숙달이 먼저 이루어지지만, 어린 시절 바르게 듣고 말해본 경험은 살면서 풍부한 언어생활을 가능하게 하기에 아주 중요한 요소입니다.

한편, 우리는 다른 사람의 생각이나 느낌 등을 이해해야 할 때는 듣기와 읽기의 방법을 주로 사용하고, 반대로 자신의 생각이나 느낌을 표현할 때는 말하기와 쓰기를 그 수단으로 삼습니다. 그래서 듣기와 읽기를 두고 '이해 언어'라고 하고, 말하기와 쓰기를 두고 '표현 언어'라고 칭하기도 합니다.

교실 속에서 아이들은 대체로 이해 언어보다 표현 언어의 사용을 더 어려워하는 편입니다. 조리 있게 말하고, 문장력 있게 글을 쓰는 일은 '창조'의 의미를 담고 있는데, 그 이유는 나의 생각과 의도를 드러내야 하기 때문입니다.

이처럼 듣기, 말하기, 읽기, 쓰기의 네 가지 기능을 분류하는 방법은 그 기준에 따라 매우 다양하지만, 네 가지 기능 중 중요하지 않은 게 없음은 언어학자들의 공통된 의견입니다. 즉 네 가지 언어 기능은 서로 뗄 수 없고, 한 가지 언어 기능의 발달은 다른 언어 기능의 발달을 강화하며, 반대로 어느 한 가지 언어 기능의 미진함은 다른 언어 기능이 발휘됨을 저해할 수 있습니다.

언어의 유창성이란

듣기와 읽기, 말하기와 쓰기 이 네 가지 기능을 때와 장소에 맞게 원활하게 쓸 수 있는 능력은 언어의 '유창성'을 발휘하는 능력과 일맥상통합니다. 하지만 많은 사람이 언어가 유창하다는 건 '말하기'를 잘하는 것과 같다고 오해합니다. 영어가 유창하다는 것을 영어로 자유롭게 자신의 이야기를 말할 수 있다고 생각하는 것처럼, 언어의 유창성을 단지 '말하기'로 단정 짓는 사례가 많이 있습니다.

"이제 겸손은 미덕이 아니다."라는 자기 PR 시대인 요즘의 현대 사회 문화 또한 말하기 중심의 언어생활을 더욱 견고히 합니다. 물론 어디서든 자신을 잘 표현하고 내 의사를 적극적으로 어필하여 말하는 것이 우리 시대의 필수 덕목이라 여길 만큼 당연히 중요한 능력임은 부인할 수 없습니다. 하지만 언어는 듣기, 말하기, 읽기, 쓰기 이 네 가지 분야를 고루 갖추어야 유창성을 정확히 발휘할 수 있습니다. 절대 말하기에 국한된 능력이 아니에요.

교실에서도 마찬가지입니다. 공개수업에 초대된 학부모님 중 대다수는 수업시간 동안 내 아이의 발표 횟수에는 관심이 많지만, 자녀가 얼마만큼 다른 사람의 이야기를 잘 듣는지 경청하는 횟수에 관해서는 관심이 없습니다. 즉, 아이가 발표를 하려고 손을 드는 횟수는 세어도 경청하는 모습에는 주목하지 않는 경우가 많습니다. 아이가 발표를 하지 못하면 오히려 아이의 학교생활을 걱정하기도 합니다. 공개수업 후 이루어지는 학부모 상담에서 제가 제일 많이 듣는 질문은 다음과 같습니다.

"선생님, 왜 우리 아이는 손을 한 번도 들지를 못하죠?"

"선생님, 왜 우리 아이는 질문에 정확히 대답을 못 하는 거죠?"

"선생님, 왜 우리 아이는 다른 아이들처럼 자기 생각을 잘 말하지 못하고 쭈뼛거리나요?"

아이가 말하기를 잘하지 못한다고 걱정할 하등의 이유가 없습니다. 단, 단서가 붙습니다. 잘 들을 줄 알아야 합니다.

표현 언어력을 키우려면

아이들은 대체로 이해 언어보다 표현 언어의 사용을 더 어려워하는 편입니다. 그래서 학부모들에게 아이들의 표현 언어력을 높이는 방법으로 그림책 읽어주기를 권하는 것입니다. 저 역시 교실에서 그림책을 꾸준히 읽어주었더니, 아이들의 표현 언어력이 자랐음을 느낄 수 있었으니까요.

창비어린이 출판사에서 출간된 『세상을 움직인 동그라미』라는 지식 그림책이 있습니다. 우리 생활 속에서 쉽게 만나볼 수 있는 동그라미를 찾아보면서 동그라미의 역사를 알 수 있는 그림책이지요. 톱니바퀴, 아치형 다리, 물레방아, 도르레, 자동차 바퀴 등 동그라미가 활용되는 분야에 대해서도 언급이 되어 있습니다. 아무런 의미 없는 듯 보였던 동그라미는 실로 대단한 영향력이 있는 도형이었던 셈입니다. 책을 끝까지 읽어주고 난 뒤, 아이들에게 물었습니다.

"얘들아, 세상을 움직였다는 표현은 결국 무슨 뜻이었을까?"

"동그라미가 엄청나게 큰일을 해냈다는 뜻 같아요!"

"완전 대단하다는 뜻 같아요!"

"이 세상에서 동그라미가 없으면 절대로 안 된다는 뜻 같아요!"

아이들은 '세상을 움직이다.'라는 표현의 뜻을 그림책을 통해 제대로 느낄 수 있었습니다. 그리고 장래희망을 글로 쓰는 시간에, 한 아이가 자신의 글 말미에 이런 문장을 썼습니다.

"세상을 움직이는 내가 되어야겠다."

이 표현을 생각해낸 아이가 무척 대견해서 엄청 칭찬을 해주고, 아이의 동의를 얻어 우리 반 모두의 글 끝에 "세상을 움직이는 ○○○가 되어야겠다."라고 적기로 했습니다. 이렇게 그림책은 문장력을 길러줄 뿐만 아니라 표현 언어력도 향상시켜줍니다.

듣기가 되어야 말하기가 된다

말하기의 기본은 듣기입니다. 한글의 '듣는다'는 표현을 영어에서 찾아보면, 'Hearing'과 'Listening' 두 가지를 찾을 수 있습니다. Hearing은 '귀'라는 청각기관을 통해 소리를 인지하는 것, 즉 청각적 감지 그 자체를 말합니다. Listening은 여기에 나의 '의지'를 더해 주의 깊게 집중해서 의미를 파악하려는 것을 뜻합니다.

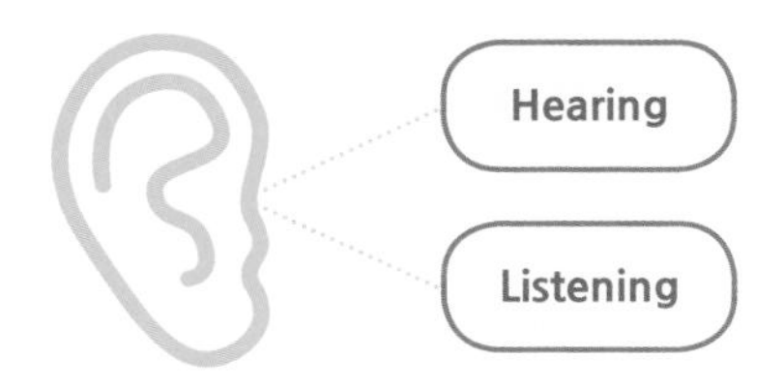

친구들 앞에서 손을 들고 발표하지 못하더라도 자녀가 수업시간에 다른 사람의 말을 경청하는 'Listening'의 모습이 많이 보인다면, 전혀 걱정할 일이 아닙니다. 오히려 교사의 말을 경청하지 못하고 마음만 급해 손부터 번쩍 들어 동문서답하는 상황이 좀 더 걱정스러운 경우라고 할 수 있습니다.

'이해 언어'와 '표현 언어'는 서로 완전히 다른 별개의 개념이 아닙니다. 게다가 한국어는 우리 모국어이기에, 한국어를 말하는 능력은 듣는 경험이 어느 정도 차올라 충만해지면 자기도 모르는 사이 저절로 향상됩니다. 아이의 말하는 능력이 트이는 시점은 초등학교 고학년이 될 수도 있고, 어쩌면 조금 늦어져 성인이 된 이후가 될 수도 있습니다.

하지만 우리는 종종 과정보다 결과에 더 후한 가치를 두며 점수를 매길 때가 있습니다. 올바른 듣기 훈련의 과정을 칭찬하지 않고 잘 말하지 못한다고 도리어 꾸중할 때가 있습니다. 아이가 잘 말하지 못해도 잘 들어준다면 부모는 넘치도록 칭찬해야 합니다.

가족의 이야기나 친구의 이야기를 귀 기울여 열심히 들어본 경험이 축적되면 학교생활 적응의 90%는 저절로 완성됩니다. 잘 듣는 아이는 그만큼 신중하고 실수가 적기 때문이지요. 그러니 우리의 귀가 별다른 노력을 기울이지 않아도 소리를 들을 수 있는 신체 기관이라는 점만 믿고 귀의 역할을 소중하게 생각하고 있지 않은지, 다시 한번 생각해볼 일입니다.

가장 쉽게 할 수 있는 듣기 훈련

주변에서 자기 목소리만 크게 낼 줄 알지 다른 사람의 이야기는 듣지 못하는(듣지 않으려는) 불통의 사람을 우리는 종종 만납니다. 이 때문에 우리 사회는 목소리만 크면 다 된다는 씁쓸한 이야기가 통할 정도이지요. 우리는 어떤 사람들에게 편안함과 포근함을 느끼나요? 자기 목소리만 내세우며 상대방의 기선을 제압하려는 사람은 아닙니다. 다른 사람의 이야기를 들어줄 수 있는 열린 귀를 가진 사람들, 귀의 존재와 역할을 감사하게 여기는 사람들에게서 우리는 편안함과 포근함을 느낍니다. 잘 들어주는 사람이 자기 이야기를 할 때, 우리는 더욱더 그 사람의 말에 집중할 수 있고 신뢰할 수 있습니다.

한 번 더 강조합니다. 아이가 말하기를 잘할 수 있게 되기까지는 수많은 올바른 듣기 경험이 선행되어야 합니다. 언어 형성기에 견고히 다져진 바른 듣는 태도와 습관은 결코 무너지지 않습니다.

유의미한 듣기 자극이 무너지지 않는 공부 내공을 완성하는 것입니다. 지금 미취학 혹은 1~2학년의 자녀가 조리 있게 말하지 못하는 모습에 조바심을 느끼시나요? 조리 있고 유창하게 말하는 다른 아이들보다 우리 자녀가 부족해 보이시나요? 아이들에게 그림책을 읽어주는 행위는 가장 흔하고 쉬우며 효과적인 듣기 훈련 방법입니다. 그리고 어린 시절부터 축적된, 여러 그림책을 보고 들었던 경험은 살아가면서 아이의 말과 목소리에 묵직한 힘을 실어줄 것입니다. 듣는 독서가 공부 내공을 두텁게 만들어줄 것입니다.

관계

안도현 글 | 이혜리 그림 | 계수나무 | 2006.11.20.

결과보다 과정의 중요성을 이야기하는 아름다운 그림책을 소개합니다. "연탄재 함부로 차지 마라"라는 구절로 유명한, 〈너에게 묻는다〉라는 시를 쓴 안도현 시인의 그림동화책 『관계』입니다.

매년 4월 초 봄의 초입 무렵, 우리 가족은 참나무 숲에 갑니다. 몇 해 전 돌아가신 남편의 아버지를 경기도 양평에 있는 수목장으로 모셨는데, 그곳이 참나무가 많은 숲이거든요. 서울에서 두어 시간 차를 타고 달려 도착하면, 아이들은 내리자마자 도토리를 줍느라 바쁩니다. 늦가을 낙엽과 함께 떨어졌을 도토리 중 용케도 다람쥐의 먹이가 되지 않은, 겨우내 찬바람을 맞고 쌓인 눈 속에 몸을 숨겼다가 봄이 되자 자신의 존재를 드러낸 도토리들이 심심치 않게 보이는 모양입니다. 이미 시인으로 유명한 안도현 작가의 『관계』라는

관계
안도현 글 | 이혜리 그림
계수나무

그림책은 그 '도토리'에 관한 이야기를 담고 있습니다.

그림책을 읽어줄 때는 초반 분위기 조성이 그 책의 매력을 느끼게 하는데 아주 중요한 역할을 합니다. 이 책을 읽어주기 위해 교실 안의 커튼을 모두 내려 어둡지만 따뜻한 분위기를 잡아보았습니다. 작은 목소리와 세밀한 그림에 집중하기 위해 아이들도 제 가까이 불러 모았습니다.

"쉿…"

두 번째 손가락을 세워 입술 앞에 대고 바람 소리를 들려주다가 책의 첫 장을 넘깁니다. 이 책의 첫 구절을 읽습니다. 단 한 글자를 읽어주었을 뿐인데도, 아이들은 이미 그림책에 몰입하고 있었습니다.

"………… 톡"

도토리 하나가 갈참나무에서 떨어졌습니다. 갈참나무에서 떨어져 나온 도토리는 처음 겪는 일에 어리둥절하며 무서움을 느낍니다. 그런 도토리에게 따뜻한 목소리를 건네는 건 다름 아닌 갈참나무에 함께 매달려 있던 '나뭇잎들'이었습니다.

도토리는 자신을 살뜰히 도와주는 나뭇잎들을 위해 무슨 일이든 하고 싶지만, 할 수 있는 일이 없었습니다. 도토리는 아무런 능력이 없는 자신을 한심하게 여겨요. 하지만 나뭇잎들은 끊임없이 도토리에게 용기를 전합니다.

"너는 끝까지 살아남아야 해. 그래야 너와 우리가 또다시 만날 수 있어!"

도토리가 끝까지 살아남는 것이 자신들의 꿈이라고 이야기하면서요. 어린 도토리가 이 말의 뜻을 이해할 리 없습니다. 물론 우리 반 1학년 아이들도 그랬습니다.

"선생님! 왜 도토리가 사는 게 나뭇잎의 꿈이에요?"

바로 다음 장에 아이들이 한 질문의 대답이 있었습니다.

"놀라지 마? 도토리야. 네 속에는 이미 갈참나무 한 그루가 자라고 있단다."

아이 중 일부는 무언가를 이해한 표정이었지만, 또 다른 일부는 고개를 한 번 더 갸우뚱합니다. 책 속 도토리처럼 말이지요. 하지만 곧 도토리도, 우리 반 아이들도 도토리 안에 갈참나무 한 그루가 들어있다는 나뭇잎들의 말의 뜻을 이해하게 됩니다. 놀랍게도 도토리에서 갈참나무 싹이 나왔거든요.

이 장면은 아이들과 제가 뽑은, 이 책의 가장 멋진 장면이었습니다. 숨을 참으며 그림을 보고 있는 아이도 보였답니다. 어떤 아이들은 눈을 동그랗게 뜨고 혹 작은 소리라도 낼까 자기도 모르게 손으로 입을 막기도 했습니다.

아이들이 이 장면에 몰입할 수 있었던 이유를 생각해보았더니, 바로 이러한 점이 다른 그림책들과 달랐습니다. 단순히 '도토리에서 갈참나무 싹이 나왔습니다.'라고 한 줄로 표현할 수 있는 부분인데도 안도현 작가와 이혜리 그림작가는 싹이 터 오르는 그 순간을 관찰자가 아닌, 도토리 그 자체가 되어 무려 10페이지에 걸쳐 글과 그림으로 표현하고 있기 때문입니다.

몸에서 이상한 징후를 느낀 도토리에게 나뭇잎들은 "넌 지금 큰일을 하는 중이야!"라고 응원하며 우리는 너로 인해 정말 행복하다고 고백합니다. 뜨거운 열 기운을 온몸으로 느낀 도토리는 터질 듯한 고통에 눈을 감습니다. 싹이

트는 마지막까지 나뭇잎들은 도토리를 돕습니다. 마지막 힘을 다해 도토리를 껴안았고, 도토리는 그 힘으로 이를 더 악물었습니다. 드디어 햇볕을 향해 뻗어난 초록빛 싹을 본 도토리의 눈에는 눈물이 맺혀있습니다. 이토록 아름다운 묘사라니요. 수없이 많은 어린 갈참나무의 싹이 숲속 여기저기 출렁거리는 모습을 마지막으로 이 책은 끝을 맺습니다.

책장을 덮자 교실에는 묘한 침묵이 흐릅니다. 소리 나지 않게 손뼉을 치는 아이 몇 명이 눈에 들어왔습니다. 그 아이들에게 물었습니다. 책의 어떤 부분이 제일 기억에 남느냐고요. 아이들은 역시나 도토리에서 싹이 피어나던 장면을 꼽았습니다.

"얘들아, 너희들도 참 예쁜 도토리들이야."

제 말에 개구진 아이들이 "나는 김도토리!" "그럼 나는 박도토리!"라고 말하며 웃기도 했지만, 아이들은 제 말뜻을 이해하고 있었습니다.

"도토리가 갈참나무의 싹을 틔우기까지 나뭇잎들의 도움이 필요했던 것처럼, 너희들이 예쁘고 찬란한 초록빛 싹을 피워내기 위해서도 역시 나뭇잎들이 필요하단다. 너희들에게 나뭇잎은 과연 누구일까?"

제 질문에 많은 아이가 손을 들어주었습니다. 엄마 아빠, 선생님, 할머니 할아버지 등 자신을 사랑해주는 사람들에 관해 많은 이야기를 했습니다. 그 중 제가 제일 인상 깊었던 답은 '친구'와 '동생'이었습니다. 아이들은 자신이 바르게 잘 크기 위해서는 친구와 동생의 도움도 필요하다고 하더군요. "한 아이가 자라기 위해서는 온 마을이 필요하다."라는 누군가의 말이 떠오릅니다. 저는 아이들에게 덧붙여 말해주었습니다. 너희들은 참 예쁜 도토리이기도 하지만, 동시에 참 예쁜 나뭇잎이기도 하다고요.

도토리가 첫 싹을 피워내기까지는 겪어야 할 고통이 있습니다. 하필이면 도토리는 껍질이 두꺼운 열매라, 이를 뚫고 싹을 피워내는 일이 더 어려웠겠지요. 이건 우리 아이들 역시 꿈을 키우고 이루어 내기까지 수많은 고비가 있겠지만, 포기하지 말고 수없이 인내해야 한다는 뜻을 의미하는 것일지도 모르겠습니다. 이 책의 중반부에 나오는, 나뭇잎들이 도토리에게 건네준 이야기는 어른인 저에게도 큰 위로의 메시지였습니다.

"너무 서두르지 마. 껍질은 벽이 아니라 너의 한 부분이야."

아이마다 각기 다른 고민이 있고 사정이 있습니다. 어떤 아이는 몸이 조금 불편하기도 하고, 어떤 아이는 경제적으로 풍족하지 않습니다. 또 어떤 아이는 뚱뚱하기도 하고, 또 어떤 아이는 불편한 안경을 써야 합니다. 어떤 아이는 달리기를 유독 못하고, 또 어떤 아이는 내성적이라 목소리가 작습니다. 하지만 나뭇잎들의 말대로 서두를 필요는 없습니다. 아이들이 가지고 있는 그 모든 것은 벽이 아닌 나의 한 부분이니까요. 나의 부분으로 받아들이고 자신을 진정 품을 수 있을 때, 여기에 나뭇잎들 같은 따뜻한 주변인과의 깊은 교감이 더해질 때 아이들은 꿈을 키워낼 수 있을 테고, 이는 누군가를 새롭게 출발시킬 수 있는 기회가 될 것입니다. 이 책의 제목이 '관계'인 이유는, 책을 끝까지 읽고 의미를 여러 번 곱씹고 나면 더욱 이해가 되리라 생각합니다.

이 책도 아이들에게 읽어주길 추천합니다

『7년 동안의 잠』

박완서 글 | 김세현 그림 | 어린이작가정신 | 2015.02.10.

뜨거운 여름날, 귀가 따가울 정도로 울어대는 매미가 미운 적이 있었다면 꼭 한번 읽어보면 좋은 그림책입니다. 국민 소설가 故 박완서 선생님의 따뜻한 그림동화로 초등학교 국어 교과서에도 실려 있지요. 알에서 애벌레가 되고 애벌레에서 탈피해 성충으로 자라나기까지, 매미가 감수하는 대단한 끈기와 인내의 결실과 매미 애벌레를 발견한 개미들이 나누는 이야기들도 참 의미 있습니다. 문학 거장인 박완서 선생님의 탁월한 문장들을 새겨볼 수 있어 어른이 읽기에도 참 좋습니다.

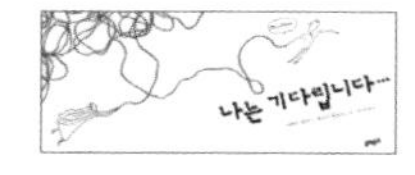

『나는 기다립니다…』

다비드 칼리 글 | 세르주 블로크 그림 | 문학동네 | 2007.07.04.

표지에 그려진 기다란 빨간 끈 하나가 이 그림책의 처음부터 끝까지 이어지는 묘한 그림책입니다. 빨간 끈을 손에 쥔 꼬마가 자라 청년이 되고 노인이 되는 순간까지의 과정이 책에 담겨 있어요. 끈을 따라가다 보면 우리네 삶에서 느끼고 생각할 수 있는 장면들을 마주할 수 있고, 그때마다 마음이 저릿할 수 있습니다. 아이들이 삶의 큰 고비를 넘길 때마다 부모와 함께 읽으면 좋은 그림책입니다.

듣는 독서는 스스로 말할 기회를 줘요

갈라파고스 제도Galapagos Islands는 남아메리카 동태평양에 있는 에콰도르령 제도諸島입니다. 에콰도르 해안에서 서쪽으로 926km 지점에 있으며 크고 작은 19개의 섬과 다수의 암초로 이루어져 있는데요. 대륙에서 멀리 떨어져 있어 그 섬에서만 사는 고유종의 생물이 특히 많다고 합니다. 생물학자 찰스 로버트 다윈Charles Robert Darwin이 탐사선 비글호를 타고 이곳을 방문해 진화론의 영감을 얻은 것도 바로 그런 이유 때문이라고 하지요.

'갈라파고스 신드롬Galapagos syndrome'이라는 경제용어도 바로 여기에서 유래되었습니다. 자국 시장만을 염두에 두고 제품을 만들다 보니 전 세계적으로 쓸 수 있는 상품인데도 글로벌 경쟁에 뒤처지는 현상을 가리키는 말인데요. 휴대전화 인터넷망 아이모드i-mode의 개발자인 나쓰노 다케시夏野 剛 교수가 맨 처음 사용했는데, 일본의 휴대전화는 최고의 기술을 가졌었지만 내수시장에만 집중하고 만족한 탓에 세계적으로는 경쟁력을 잃어버렸던 상황을 설명하기 위해 만든 말이라고 합니다. 이 용어는 경제 분야에만 해당하지는 않습니다. 우리네 사는 모습에도 적용될 수 있습니다.

각각 다름을 인정하기

우리는 제각기 다른 몸과 다른 인격을 가지고 살아가지만, 타인과 따로 떨어져 나 혼자 살 수는 없습니다. 독자적인 힘만으로는 절대 잘 살 수 없는 게 인간입니다. 그런 의미에서 고대 그리스의 철학자 아리스토텔레스Aristoteles의 "인간은 사회적 동물이다."라는 말은 너무나 당연합니다.

나무는 흙에 뿌리를 묻어두고, 흙은 나무에서 떨어진 이파리들에서 양분을 얻습니다. 나무가 서 있는 그 땅은 끝도 없이 이어져 바다까지 통합니다. 저 먼 곳의 다른 대륙도 우리 한반도와는 각자 떨어져 있는 땅덩어리 같지만, 사실은 그렇지 않습니다. 물 밑으로 들어가 보면 모든 땅은 서로 닿아 있으니까요. 이러한 예처럼, 너와 나는 각각 다름을 분명히 인정하면서도 서로 닿아 있다는 사실을 인지해야 합니다.

우리는 '다름과 닿음' 사이에 적당한 균형감을 가진 사람을 만날 때 편안함을 느낍니다. 그런 사람을 닮고 싶은 마음도 함께 생깁니다. 적어도 '갈라파고스 신드롬'처럼 '나 자신만'을 바라보고 있는 협소한 조망능력을 가지고 싶진 않을 테니까요.

이러한 점은 공동체 생활에 필수적으로 갖추어야 할 능력으로 주목받는 '정서 지능EQ'과 무관하지 않을 겁니다. 정서 지능이란 자신의 정서를 인식하고 조절, 관리하며 정서를 활용함으로써 타인과 원만한 대인관계를 형성할 수 있는 능력을 말합니다.

우리는 '정서 지능'이라는 말을 대중화한 다니엘 골먼의 이 말에 귀 기울일 필요가 있습니다.

> "정서 지능은 성인이 된 이후에도 학습은 가능하지만, 유아기의 '경험'이 정서 지능 발달에 결정적인 역할을 한다. 특히 3~4세는 정서적인 학습이 어느 때보다 빨리 이루어지며, 이는 정서 발달의 토대가 된다."

저는 책 읽기 활동이야말로 다니엘 골먼이 제시한 정서 지능의

5가지 요소*를 모두 경험할 수 있게 해준다고 생각합니다. 특히 책을 읽으며 느끼는 다양한 감정을 자기 스스로 인식할 수 있게 하고 이에 관해 이야기 나누며 나와는 다른, 타인이 느끼는 감정을 인정할 수 있게 돕는다고 확신합니다.

유아기의 경험이 정서 지능 발달에 결정적인 역할을 한다고 주장한 다니엘 골먼의 말은, 가정과 학교에서 어린이들이 책을 두루 읽어야 하는 중요한 이유가 됩니다.

경제학자 故 신영복 교수도 『강의』(돌베개)라는 책에서 "유년 시절의 경험은 아이가 어른이 되었을 때 심층의 정서로 남아있기 때문에 아주 중요하다."라고 말한 바 있지요.

듣는 독서를 통해 감정을 세분화

초등학교 1학년 아이들과 운동장 체육을 마친 뒤, 교실로 돌아와 "오늘 운동장 놀이 어땠어요?" 라고 물었습니다. 대다수의 아이는 이렇게 대답합니다.

---

* 첫 번째, 자기 정서의 인식 단계
두 번째, 정서의 조절 단계
세 번째, 자기 동기화 단계
네 번째, 타인의 정서 인식 단계
다섯 번째, 대인관계 조절 능력 단계

"좋았어요!"

뭐가 그렇게 좋았냐고 다시 물으면 아이들은 이렇게 대답합니다.

"몰라요?"

"그냥요~"

"다~~~요!"

아이들은 아직 감정이 세분화되어 있지 않은데다, 자신이 왜 그런 감정을 가지고 있는지 그 감정의 근원과 깊이를 스스로 헤아리는 능력이 부족하기에 나오는 대답들입니다. 그런데 이렇게 감정의 종류를 많이, 그리고 잘 알고 있어 이와 같이 적절한 단어로 자신의 생각을 유독 잘 표현하는 아이들이 있습니다.

"선생님, 제가 왜 좋았냐면요. 체육시간에 줄넘기가 오늘 처음으로 10개를 넘어서 제가 엄청 자랑스러워요! 그래서 좋았어요!"

이 아이들은 앞서 언급한 '표현 언어력'이 우수한 아이들입니다. 똑같은 체육시간을 보냈는데, 이 아이들은 좀 더 구체적인 상황을 자신의 감정과 함께 말과 글로 표현할 수 있지요. 게다가 일기도 잘 쓴답니다. 이 아이들이 가진 표현 언어력의 비결은 바로 '그림책' 그리고 '듣는 독서'입니다.

"좋아!"와 "싫어!" 둘로만 구분할 줄 알았던 미분된 아이들의 감정은 그림책을 통해 점차 세분됩니다. 그림책에는 사랑, 기쁨, 슬픔, 안타까움, 부러움, 질투, 그리움, 기다림, 분노, 통쾌, 불안, 초조, 긴장과 같은 다양한 감정이 녹아들어 있기 때문이지요. 아이들은 그림책을 통해 여러 감정의 종류를 알게 되고, 그 감정을 나와 타인 모두가 각기 다르게 느낄 수 있음을 인지하게 됩니다. 심지어 같은 상황에 놓여있다 하더라도 말입니다.

다양한 감정을 알아차리기

그림책 한 권을 함께 읽어본 후 부모와 자녀, 혹은 또래끼리 등장인물의 각기 다른 상황과 감정에 관해 대화를 나눠보세요. 이런 감정을 미루어 짐작해보는 활동은 내가 느끼는 감정의 종류를 알고 이를 유연하게 다루는 데 큰 도움을 줍니다.

많은 부모님이 책을 읽어주는 일 그 자체는 어렵지 않은데, 책을 읽고 난 뒤 어떻게 대화를 이끌어나갈지에 대한 고민이 많다고 합니다. 어렵게 생각할 필요가 없습니다. '누가? 언제? 무엇을?'이 들어가는 질문은 지양하고, 대신 '왜? 어떻게? ~라면'이 들어가는 질문을 많이 하면 됩니다. 왜냐하면 '왜, 어떻게, ~라면'으로 시작하는 질문은 개방형 질문이기 때문입니다. 즉, 정답이 하나일 수 없는 질문인 거죠. 예를 들면 이렇습니다.

"토끼는 왜 그랬을까?"
"강아지는 이 상황에서 어떻게 하는 게 좋을까?"
"지윤이라면, 어떤 느낌이었을 것 같아?"
"왜 이 책의 제목이 '돼지책'일까?"

이와 같은 질문거리로 함께 이야기 나누어보는 활동은 선과 악의 흑백논리만이 정답이 아님을 알게 해줍니다. 아이들은 그림책을 통해 '나는 옳고 너는 그르다.'라는 방식에서 벗어나 다양한 감정을 수용하도록 성장할 수 있습니다.

친구들과 공유하는 나의 감정

책 읽어주기는 아이 단독이 아닌, 소그룹 활동으로 이루어져야 더욱더 효과적이라고 합니다. 소집단으로 이야기를 들려주는 행위는 감상을 공유하며 개념을 이해하고 사고력을 발달하는 데 중요한 역할을 한다는 연구가 뒷받침해줍니다.* 이를 통해 책에 관한 관심을 끌어올리고, 읽기에 관한 소극적인 태도를 적극적인 자세로 변화시켜준다는 결론을 내릴 수 있습니다.

---

* 박미리, "책 읽어주기 활동에서 집단크기가 유아의 언어적 반응에 미치는 영향", 이화여자대학교 대학원, 1993.

특히 아이들의 언어적 반응의 빈도를 살펴보았더니 대집단이나 일대일의 상황에서 책을 읽어주었을 때보다 소집단으로 책을 읽어주었을 때 아이들의 '자발적인 발화'가 가장 많았고, 책에 대한 질문 또한 가장 많았다는 연구 결과는 눈여겨볼 만합니다.

'만 6세 유아의 소집단 책 읽기 활동에 관한 연구'*도 있었습니다. 이 연구 논문에서 어린이들은 재미있게 읽은 책을 친구에게 서로 권해주기도 하는 모습을 보이기도 했습니다. 이를 바탕으로 소집단 책 읽기 활동이 따뜻한 반응과 수용을 가능하게 함을 확인할 수 있었습니다. 아이들이 또래와 함께 책을 읽을 때 나타나는 상호작용의 중요성에 대해 깊이 있게 인식하길 바랍니다.

우리 집에 아이의 친구들이 놀러 왔을 때, 아이들에게 책을 한 권 읽어주는 시간을 갖는 건 어떨까요? 아마 내 아이에게만 책을 읽어주었을 때와는 사뭇 다른 신선한 느낌이 들 겁니다. 아이가 또래와 함께 있으면서 자연스럽게 생각이나 감정을 말하고, 질문이 많아지는 모습을 꼭 목격하시면 좋겠습니다.

---

* 유윤제, "만 6세 유아의 책 읽기 활동과 또래간의 비계설정에 관한 연구", 한양대학교 대학원, 2009.

늑대가 들려주는 아기돼지 삼형제 이야기

존 셰스카 글 | 레인 스미스 그림 | 보림 | 2008.05.30.

아이들끼리 서로의 생각을 나눌 수 있고 감정의 다름을 배우기에 적당한 그림책 한 권을 소개합니다. '존 셰스카'라는 미국의 작가가 쓴 『늑대가 들려주는 아기돼지 삼형제 이야기』입니다. 제목에서도 느낄 수 있다시피, 이 책은 유럽의 오래된 민담인 '아기 돼지 삼 형제'의 패러디 동화입니다. 시점의 변환이 주는 색다른 재미가 있는 이야기랍니다.

이 책의 화자는 '늑대'입니다. 돼지가 아닌 늑대가 이야기를 들려준다는 말에 우리 반 아이들이 지레 겁을 먹습니다. 늑대는 책 속에서 몹시 억울함을 토로합니다. 자신이 일부러 아기 돼지 삼 형제의 집을 부수고 잡아먹으려 한 건 결코 아니라고 해요. 사실 늑대는 할머니 생신에 드릴 케이크를 만들 때

세계걸작그림책 지크
늑대가 들려주는
THE TRUE STORY OF
THE 3 LITTLE PIGS!
아기돼지 삼형제 이야기
존 셰스카 글 / 레인 스미스 그림 / 황의방 옮김
BY A. WOLF

사용할 설탕이 필요했을 뿐이었습니다. 설탕이 필요하니 한 컵만 빌려달라는 늑대에게 아기 돼지 모두 냉담한 반응이었답니다. 그리고 때마침 감기에 걸린 늑대가 재채기를 크게 하는 바람에 집이 무너져 아기 돼지들이 변을 당하고 말았던 거라나요?

이 책의 마지막, 늑대의 말 한 마디를 읽어주자, 아이들이 서로 앞다투어 자신의 대답을 자유롭게 쏟아내었습니다.

"얘들아, 너희들은 나에게 설탕 한 컵쯤은 꾸어줄 수 있지?"

그림책에 몰입한 아이들은 자기 생각을 담은 목소리를 냅니다. 그 소리가 마구 뒤섞여 곧 제 귀에는 잘 들리지 않은 상태가 되는데요. 저는 2~3분 정도 그렇게 아이들이 이야기할 수 있게 여유를 줍니다. 교실 분위기는 다소 소란스러워지긴 하지만, 이런 상태를 몇 분간은 그대로 유지합니다. 책의 감상평을 정리해서 다른 사람에게 '발표'하는 것이 아니라, 그저 자신의 이야기를 아무렇지 않게 나누게 하려는 게 목적이거든요. 그렇다 보니 아주 적막한 내용의 책이 아닌 이상, 함께 책을 읽고 난 교실은 조용하기 어렵습니다. 오히려 시끄럽습니다. 하지만 그때야말로 진정한 '자발적인 발화'가 이루어지는 순간이니 그저 가만히 지켜봅니다.

책을 읽고 난 뒤 감상을 이야기할 땐 '발표'의 모습이 아닌 편이 훨씬 더 좋다고 생각합니다. 이렇게 자기 이야기를 스스럼없이 말하는 데 익숙해져야 솔직하고 진정한 나만의 감상평이 나오게 됩니다. 적어도 초등학교 1~2학년 아이에게 있어서만큼은, 내 감상을 이야기하는 행동이 누군가에게 검사를 받는 과제의 성격을 띠어서는 안 됩니다. 아이들의 제각기 다른 순수하고 자발적인 생각을 일렬로 줄 세울 필요는 없습니다.

미국의 유아교육학자이자 언어학자인 주디스 쉬케단츠Judith A. Schickedanz는 부모의 책 읽어주기와 비교하면 교사의 책 읽어주기가 효율적이지 않다고 지적한 적이 있습니다. 이에 대한 주된 이유로 '어린이의 언어적 반응이 금지되는 교사 주도성' 꼽았는데요. 제가 아이들의 발언을 잠자코 듣고 있는 이유이기도 하지요.

몇 분이 흐른 뒤 교실이 조금 잠잠해지자, 아이들에게 한 명씩 이야기를 자세히 들어보고 싶다고 말했습니다. 그런데 아이들의 입에서 나온 말들이 참 주옥같았습니다.

"저는 안 빌려줄 것 같아요. 늑대가 두 번이나 재채기해서 집이 무너져버렸는데, 나한테도 재채기할지 모르잖아요?"

맞는 말입니다. 두 번씩이나 집 앞에서 재채기를 한 늑대인데, 내게는 안 하리라는 보장이 없지요. 이야기를 들은 아이들이 고개를 끄덕였습니다. 그런데 이렇게 말한 친구도 있었습니다.

"저도 안 빌려줄래요. 그냥… 어쨌든요… 늑대는 무서운 동물이에요."

이 어린이의 생각도 맞습니다. 늑대는 떠올리기만 해도 무서운 동물임은 사실입니다. 본능적으로 무섭다고 느끼는 존재에 친절을 베풀기는 참 어려운 일입니다. 한편, 이렇게 똑 부러지는 답변을 한 친구도 있었습니다.

"안 빌려줄 것 같아요. 대신에 설탕 파는 슈퍼를 알려줄래요."

그렇습니다. 안전교육 시간에 제가 이렇게 가르친 적이 있습니다. 어른들이 아이인 자신에게 도움을 요청할 때는 내가 직접 도와주려 하기보다, 그 어른을 도와줄 수 있는 다른 어른을 데리고 오겠다고 하는 게 더 좋다고 말입니다. 아마도 아이는 그 내용을 떠올렸던 모양입니다.

그런데 우리 반을 웃음바다로 몰아넣은 아이의 답변도 있었습니다.
"못 빌려줘요. 설탕 아까워요."

"저는 빌려줄래요. 그냥 설탕만 주면 되는 거 아니에요?"
기꺼이 빌려주겠다는 용감한 아이도 있었습니다. 그깟 설탕만 전해주면 아무 문제가 안 일어날 텐데, 왜 그것이 무서운 일인지 이해가 안 된다는 생각이었습니다. 또 똑같이 빌려주겠다는 생각이지만 다른 이유를 댄 아이도 있었습니다.

"빌려줄래요. 늑대가 너무 무서워서 저는 그냥 달라는 거 다 줄래요."
저는 이 답변에 상당히 공감했습니다. 정말 그런 상황에 부닥친다면, 겁 많은 저는 정말 묻지도 따지지도 않고 무엇이든 다 줄 것만 같아요. 그런데 어떤 아이의 이 말은, 모든 아이를 끄덕이게 했습니다.

"빌려줄 거예요. 저는."
여기까지는 뭐 그럭저럭 평이했는데….
"누군가가 늑대에게 설탕을 빌려주면요. 늑대가 더는 설탕을 구하러 안 다닐 거 아니에요. 그럼 다들 안 무섭고 좋잖아요."

참으로 이타적인 생각을 한 어린이였습니다. 늑대를 무서워하는 많은 사람이 더는 공포를 느끼지 않게 그냥 내가 빌려주겠다는 이유를 말한 아이의 말은 우리 반 모두의 공감을 받았답니다.

이렇게 그림책 한 권으로 아이들과 생각을 나누다 보니 서로에게 배운 바가 바로 눈에 보이지는 않았지만, 분명 있다고 느낄 수 있었습니다. 우리의 정서 지능 역시 조금은 높아지지 않았을까요?

이 책도 아이들에게 읽어주길 추천합니다

『보글보글 마법의 수프』

클로드 부종 글과 그림, 웅진닷컴, 2000.05.05.

거울 속 자신의 모습이 너무 미웠던 마녀 라타투이. 어느 날 잡지에 실린 한 미녀의 사진을 보고 예뻐지는 마법의 수프를 만들기로 결심합니다. 완성된 마법 수프를 막상 먹으려니 마음이 불안해진 라타뚜이는 고양이, 박쥐, 부엉이에게 먼저 수프를 먹여봅니다. 그런데 웬걸요? 예뻐지는 마법 수프를 먹은 동물들이 다음날 모두 라타투이의 모습으로 변한 게 아니겠어요? 이 마법 수프는 정말 효과가 있는 걸까요, 없는 걸까요? 또 예뻐지는 마법 수프는 정말 필요한 걸까요? 아이들과 함께 이야기를 나눠볼 만하답니다.

『내 동생 싸게 팔아요』

임정자 글, 김영수 그림, 아이세움, 2006.06.06.

알랑방귀에 고자질쟁이, 욕심꾸러기에 먹보인 동생을 팔러 짱짱이는 시장에 갑니다. 그런데 아무도 동생을 사려고 하지 않네요. 그러다 보니 짱짱이도 내심 동생을 팔기 싫어집니다. 동생도 나름 예쁜 구석이 있긴 했거든요. 동생과 언니, 오빠, 누나의 입장에서 서로의 심리를 느껴보고 이야기 나누는 데 참 좋은 그림책입니다. 물론 아이들도 참 좋아하는 책이랍니다.

『슈퍼 거북』

유설화 글과 그림, 책읽는곰, 2014.01.25.

토끼와 거북이의 경주, 그 이후에 일어나는 이야기가 담긴 그림책입니다. 운 좋게 경주에서 토끼를 이긴 거북이는 영웅이 되었습니다. 1등이라는 최고의 자리를 놓치지 않기 위해 거북이가 얼마나 많은 노력을 기울이는지 알면 깜짝 놀라실걸요? 그 과정에서 거북이는 깨달은 바가 있는데요. 이에 대해 아이들과 이야기를 나누다 보면 아직 어린 초등학교 1학년이라도 서로 생각이 조금씩 다른 점에 놀라기도 합니다.

읽기에도 부진아가 있다고요?

책을 읽는 방식에는 여러 가지가 있지만, 대부분 어린이는 음독 과정을 거쳐 묵독할 수 있는 능력을 갖추게 됩니다. 아이들이 소리 내어 글을 읽을 줄 아는 능력은 텍스트 이해도 및 어휘력 신장 등을 위한 필수 과정이니, 충분히 연습할 수 있는 기간이 확보되어야 합니다.

문장은 문장 내에서 어떤 방식으로 띄어 읽는지에 따라 그 의미가 달라지기도 하고, '은, 는, 이, 가, 을, 를' 등 조사 한 글자에 문장의 어투가 확 달라지기도 합니다. 그래서 소리 내어 문장을 읽고, 그 소리를 내 귀로 직접 들어보는 활동이 중요합니다.

한글을 막 떼기 시작한 아이 대부분은 글자를 읽을 수 있다는 즐거움에 자기 스스로 소리 내어 읽는 일을 즐깁니다. 이 시기에 부모가 아이과 함께 글밥이 적은 그림책을 읽는 경험이 아주 유의미함을 더는 강조하지 않아도 되겠지요.

정리하자면, 내 입으로 정확한 소리를 내어보고 내 음성을 들어보는 활동과 부모님의 음성을 듣는 활동은 청지각*을 발달시키는 데 큰 도움이 됩니다. 반대로 이 시기에 듣는 경험이 부족하면 청지각이 또래보다 둔감해져 음운을 식별하는 능력이 떨어지게 됩니다. 그래서 청지각의 발달은 공부 내공의 성장을 의미합니다.

교실 속 읽기 부진아

몇 해 전, 교실 현장에서 초등학교 1학년 어린이들을 가르칠 때 실제로 청지각이 덜 발달하여 한글 습득이 어려운 아이를 만난 적이 있습니다.

"선생님! 선생님이랑 하는 공부는 정말 지겨워요."

밝은 얼굴로 너무나 해맑게 이야기하는 아이의 몸짓과는 분위

---

* Auditory perception, 음성 언어에 주의를 기울이고 그것의 요소를 변별하며 처리하고 검색하여 계열화하는 것.

기가 너무 다른 내용의 말이라, 아이에게 재차 물었습니다.

"응? 선생님이랑 하는 공부가 지겹다고?"

그러자 아이는 이렇게 말했습니다.

"네. 지. 겹. 다. 고. 요."

하지만 말과는 반대로 아이의 표정이 너무 밝은 게 아무래도 이상해서, 아이가 진짜 하고 싶은 말이 무엇인지 파악하기 위해 계속 이야기를 나눌 필요가 있어 보였습니다.

몇 번의 대화로 아이의 속마음을 알 수 있었는데, 그 아이는 '공부가 즐겁다!'라는 이야기를 하고 싶었던 모양이었습니다. 하지만 놀랍게도 아이는 '즐거워요'와 '지겨워요'를 같은 소리로 듣고 인식하고 있었습니다.

생계를 위해 늘 바쁜 부모와는 대화를 나눌 시간이 턱없이 부족했고, 가정 내에 독서 환경도 전혀 갖추어져 있지 않아 평소에도 한글 노출이 많지 않은 안타까운 아이였습니다. 아이는 초등학교 1학년 과정을 지내며 한글을 조금씩 습득할 수 있었지만, 또래 아이들과 비교하면 습득 속도가 현저히 느렸습니다.

지능은 정상 범위지만 환경적 요인 등으로 읽기 성취 수준이 해당 학년보다 평균 이하인 학습자를 '읽기 부진아'라고 합니다. '읽기 부진'은 '읽기 장애'와 혼용되기도 하지만, '학습 부진'과 '학습 장애'가 서로 그 의미가 다르듯 읽기 부진과 읽기 장애에도 차이점이 있습니다.

흔히 '읽기 부진아'라고 하면 한글 미 해득자解得者, 즉 문맹자文盲者만을 가리키는 용어라고 이해할 수 있지만, 반드시 그렇지는 않습니다. 읽을 수는 있지만 심하게 더듬거리거나 정확한 발음으로 읽을 수 없는 학습자도 읽기 부진아에 포함됩니다. 즉, 읽기 부진은 읽을 수 있는 잠재력은 충분히 있으니 교육적 지도로 발달이 가능한 상태를 말하기도 합니다.

읽기 부진아에 관한 초반 연구는 주로 의학자들에 의해 이루어졌다고 합니다. 1896년 영국의 안과 의사 모건W. Pringle. Morgan은 지능이 정상이고 수학도 잘하는데 간단한 단어조차 읽기 어려워하는 소년을 발견하고, 이를 '선천적 문맹'이라고 명명한 것이 가장 초반의 연구였다고 합니다. 하지만 그 후 신경학자와 심리학자들의 연구에 따르면 읽기 부진은 신체적인 결함 외에 심리적·교육적·사회적 결손 등 다양한 원인이 복합적으로 뭉쳐져 나타날 수 있다고 알려져 있습니다.* 즉, 인지적인 결함(사고 능력의 부족)뿐만 아니라 부정적인 자아개념을 지녀 자신감이 부족한 어린이와 과도한 부모의 압력까지도 읽기 부진의 원인이 될 수 있습니다.

읽기 부진아에 관한 연구는 우리나라에도 많이 있습니다. 그중 눈에 띈 연구는 우리나라 초등학생 중 읽기 부진아에 대한 특성을

---

* 김유미, "읽기 부진의 양상과 지도 방안 연구", (부설학교)교육논문집 제26집, 2005, pp.149-180.

연구한 논문이었습니다.* 이 연구에 따르면 우리나라 초등학교 읽기 부진아의 경우, 신체적 요소들은 읽기 부진과 크게 영향이 없었습니다. 이는 위에서 사례로 들었던 우리 반 아이처럼 읽기 부진아들의 32%가 발음 이상인 경우만 있었을 뿐, 지능적으로는 크게 뒤떨어짐이 없었음을 의미합니다.

부모의 관심과 독서

그런데 이 연구에서 주목할 만한 점은 읽기 부진과 가정환경의 연관성에 관한 부분이었습니다. 가정환경 요소와 읽기 부진과의 관련성을 분석한 결과, 놀랍게도 가정의 경제 수준이나 부모의 직업과 같은 지위 환경은 읽기 점수에 크게 영향을 미치지 않았습니다. 읽기 점수에 영향을 미친 것은 '아동에 대한 부모의 독서 관심도'였습니다.

부모가 자녀에 대한 독서 관심이 높을수록 자녀의 읽기 성취도가 높았는데, 이는 읽기 우수아와 읽기 부진아 간의 유의미한 차이를 만들어냈습니다. 여기서 말하는 '관심'이란 책 읽기를 통해 아이들이 어떤 교훈을 얻었는지, 내용을 잘 이해했는지, 독해력이 향상되었는지를 확인하는 행위가 아닙니다.

---

* 구용대, "초등학교 읽기 부진아의 특성 연구", 전남대학교 교육대학원, 2006.

아무리 좋은 그림책이 있다고 하더라도, 이를 교육적으로만 이용하여 아이들에게 이로운 점을 끌어내려고 한다면 그 그림책은 생명을 잃고 맙니다. 눈치 빠른 아이들은 책 읽기를 권하는 부모의 모습이 보이기라도 하면 재빨리 도망갈지도 모릅니다.

아이들의 책 읽기에 관심을 둔다는 의미는 아이들과 함께 (혹은 아이들보다 더) 그림책의 재미에 빠진다는 것을 뜻합니다. 읽어주는 사람이 즐겁고 권하는 사람도 신이 나야 아이들에게도 그 재미있음이 고스란히 전해지는 법이니까요.

읽기는 지식을 획득할 수단이 된다는 점에서 학령기의 어린이들에게 필수적으로 요구되는 발달 과업입니다. 학교에서 배우는 과목 대부분도 '읽기'가 기본적으로 요구되고, 내용을 이해하고 학업을 얼마만큼 성취할 수 있는지에도 큰 영향을 미칩니다. 읽기 실패의 경험으로 얻어지는 좌절감은 열등감으로 이어지고, 이는 곧 부정적 자아 개념을 형성하게 할지도 모릅니다.

초등학교 1~2학년 때는 주제통합 교육이 이루어지는 만큼 읽기 부진의 정도가 심하게 나타나지는 않지만, 초등학교 3학년부터 점차 그 격차가 눈에 띄게 벌어지기도 합니다. 여기에서 '한글은 우리의 모국어이니 자연스럽게 학습할 테고, 그러니 상급 학년으로 진급할수록 읽기 부진도 자연스럽게 해소될 것'이라는 이야기는 착각에 불과합니다.

많은 국어학자도 읽기 부진 아동은 고학년이 되어도 읽기 능력이 향상되기는커녕 오히려 읽기 발달이 지체되니, 초등학교 저학년 때부터 체계적인 지도가 필요함을 강조합니다. 공부 내공의 힘이 여기서부터 발휘되기 시작하는 것입니다.

듣는 내용을 메모하는 아이

초등학교 3학년 학급을 담임했을 때 만난 아이가 있습니다. 그 아이는 흔한 학원 한 번 다닌 적 없고, 어떠한 사교육도 받아보지 않았으며, 자신의 학습욕구를 오로지 독서로만 다지고 채우는 아이였습니다. 그 아이는 수학 단원 평가를 볼 때마다 한두 문제의 오류를 자주 범하곤 했습니다. 하지만 그 오류를 범한 이유가 문제를 푸는 스킬이 부족해서이지 문제 자체의 이해가 부족해서 틀린 것이 아니었기에, 걱정할 만한 일은 아니었습니다. 왜냐하면 그 아이는 해당 문제를 읽고, 또 읽고, 또 읽을 수 있는 독해의 의지를 충만히 가지고 있던 아이였기 때문입니다.

저는 이런 아이들의 잠재력이 아주 무섭습니다(아주 많이 기대가 된다는 뜻입니다.). 특별한 다른 노력 없이 오로지 독서로만 실력이 다져져 있고, 본인이 품고 있는 생각 자체가 아주 건강한 아이. 이런 아이들의 잠재력은 대단합니다.

이 아이가 가지고 있는 다른 특징 중 하나는 바로 '메모'였는데요. 어느 날부터인가 작은 수첩을 가지고 학교에 등교를 했는데, 수업시간에 제 말을 종종 받아 적는 모습을 보였습니다.

메모 초창기에는 제 말 중 아주 사소한 농담까지 받아 적을 정도로 두서없었던 메모 실력이, 어느 날부터인가 체계적인 노트필기를 하는 것처럼 짜임새 있게 되었습니다. 아이의 청각적 지각력이 눈에 띄게 발달한 것이지요. 물론 이제껏 쌓아왔던 그간의 독서가 두터운 밑바탕이 되었기 때문이기도 합니다.

아이는 이제 교사의 여러 말 중 중요도를 파악할 수 있고, 빠르게 받아 적을 수 있는 능력을 갖춘 것이지요. 독서 덕분이었습니다. 특히 듣는 독서 덕분이었습니다. 부모님이 읽어주시는 책을 편하게 들으면서도 내용을 이해하려고 집중할 때, 청각적 지각력은 발달합니다.

우리네 학창시절, 노트필기를 보기 좋게 정리했던 아이들을 떠올려봅시다. 그들은 교사의 말 속에서 키포인트를 다른 이들보다 빠르게 파악할 줄 알고, 그와 함께 글로 정리할 줄 알았습니다. 이러한 행동에는 뛰어난 청각적 지각력이 필수로 요구되는데, 이는 곧 '공부 내공'이 됩니다.

읽기 부진아를 위한 방법

취학 연령의 내 아이가 아직 한글을 미처 습득하지 못했는데, 혹시나 초등학교 입학 후 읽기 부진아가 되지는 않을까 걱정하고 조바심낼 부모님이 계실지 모르겠습니다.

한글을 일찍 뗴었다고 읽기 부진아가 되지 않는 건 아닙니다. 반대로 한글을 늦게 떼면 무조건 읽기 부진아가 되는 것도 아닙니다. 한글을 떼는 시기와 읽기 부진아의 관련성은 교실 현장에서 체감하기로 그다지 많지 않습니다. 한글을 떼지 않은 채로 입학했더라도 책을 많이 듣고 자란 아이들은 초등학교 1학년 1학기 국어 교과서로 한글을 배우며 유창한 책 읽기를 완성해갈 수 있습니다.

만약, 아이가 읽기 부진아라고 느껴진다면 평소 아이의 자아 존중감을 높여주려는 노력과 함께 독서 흥미를 북돋울 수 있도록 수준에 맞는 그림책을 함께 읽어보세요. 여기서 너무 강압적인 방식으로 읽는 연습을 시키지 않도록 주의해야 합니다.

쉬운 내용의 동시나 그림책을 '함께 읽는' 전략은 초등학교 읽기 학습 부진아의 읽기 유창성과 읽기 태도에 긍정적인 향상을 가져다 줍니다.* 읽기에 관한 저항감을 최소화하는 것이 읽기 부진을 지체하지 않는 가장 효율적인 방법임을 잊지 말아야 합니다.

---

* 최미라·강옥려, "동시에 활용한 또래 함께읽기 전략이 초등학교 읽기학습부진아의 읽기유창성과 읽기 태도에 미치는 영향", 『특수교육저널: 이론과 실천』, 제13권 4호, 2012.

개구리네 한솥밥

백석 글 | 유애로 그림 | 보림 | 2001.11.13.

우리에게 「북방에서」 「남신의주 유동 박시봉방南新義州 柳洞 朴時逢方」 등의 서정시로 유명한 백석 시인의 그림책, 『개구리네 한솥밥』을 소개합니다. 백석 시인이 동화책도 남겼다는 게 다소 의아하실지도 모르겠습니다. 사실, 이 책은 백석 시인이 지은 '동화 시'입니다. 여기에 그림을 덧입혀 그림책으로 만들었지요. 본래가 '시詩'이므로 아이들과 함께 낭송하기에도 참 좋습니다. 아이들과 함께 한 문장씩 번갈아 읽다 보면 어느새 낭송하는 재미도 느끼고 글자 읽는 연습도 된답니다.

"얘들아, 한솥밥이 무엇인지 아니?"

보림어린이문고
개구리네 한솥밥
백석 동화시 | 유애로 그림

초등학교에 갓 입학해 겨우 한 달 남짓 보낸 아이들에게 이 책의 표지를 보여주며 물었을 때, 많은 아이가 한솥밥이 무엇인지 잘 몰랐습니다. 그럴 만도 합니다. 요즘 시대에 가마솥에 밥을 지어 먹는 집이 어디 있을까요? 모르는 게 어쩌면 당연합니다. 한솥밥이 무엇인지는 잠시 후에 알려주기로 하고, 우선 책을 읽어주었습니다.

『개구리네 한솥밥』에 나오는 주인공 개구리는 가난한 형편에 당장 먹을 밥이 없어 형님에게 쌀을 구하러 갑니다. 빨리 쌀을 구해 와야 밥을 지어 먹을 텐데, 개구리의 여정은 하필이면 너무나 험난합니다. 개구리는 봇도랑에서 발을 다친 참게를 만나고, 길을 잃을 방아깨비를 만나고, 구덩이에 빠져 허우적대는 쇠똥구리를 만나고, 풀 덩굴에 걸린 하늘소를 만나고, 물에 빠져버린 반딧불이를 만납니다. 나의 앞길을 위해서는 이들을 무시하고 부지런히 형님의 집으로 가야 하는데, 그렇게 하기에는 개구리의 마음씨가 착해도 너무 착합니다. 이렇게 어려움에 부닥친 동물 친구들을 만나는 부분을 읽어줄 때마다 아이들에게 물어봅니다.

"얘들아, 지금 참게를 도와주어야 할까? 개구리는 지금 너무 배가 고프고 갈 길이 바쁜데?"

다행히도 우리 반 아이들은 마땅히 도와주어야 한다고 대답합니다. 만약 개구리가 도와주지 않는다면 참게를 비롯한 동물 친구들이 너무 슬플 테니 꼭 도와주어야 한다고 말이지요. "와~ 우리 반은 착한 아이들만 모였나 봐." 라고 칭찬을 듬뿍 담아주며 다음 장면을 이어갑니다.

개구리가 드디어 형님 집에 도착했습니다. 하지만 이미 날은 저물어 사방이 너무나 어둡습니다. 심지어 형은 쌀 대신 벼를 통째로 주어 손에 들기가 더 불편하고 무겁기까지 합니다. 다시 돌아갈 생각을 하니 너무 막막해 근심에 사로잡혀 있는 개구리에게 앞서 은혜를 입었던 동물이 속속들이 등장합니다. 반딧불이는 불을 밝혀주고 하늘소는 짐을 대신 들어 주었으며 쇠똥구리는 쇠똥 더미를 치워주었습니다. 방아깨비가 벼를 찧어주자 참게가 밥을 지어줍니다. 그리고 그렇게 완성된 큰 한솥밥을 마당에 놓고 그들은 맛있게 나누어 먹습니다.

책을 모두 읽고 아이들과 이야기를 나누어봅니다. '어려움에 빠진 친구를 본 적이 있는지' 물어보았는데요. 아이들은 넘어진 친구를 본 적이 있다거나 감기에 걸려 아픈 친구 정도를 떠올렸습니다. 아이들에게 이렇게 물어도 봅니다. '나는 친구에게 도움받고 싶을 때가 언제인지' 말이지요. 그때 어떤 아이가 이렇게 대답해 저를 놀라게 했습니다.

"놀고 싶은데 친구가 없을 때요. 나랑 같이 놀아주면 좋겠어요."

아이들에게 '도와준다.'라는 개념은 사실 '같이 논다.'라는 개념과 크게 다르지 않았습니다. 여러 친구에게 친절을 베풀며 두루 사이좋게 잘 노는 아이들은 이 책 속 개구리처럼 혼자 밥을 먹는 게 아닌 여럿이서 즐겁게 밥을 먹을 수 있겠죠. 그러니 친구를 도와주는 건 절대 손해 보는 일이 아닙니다. 이 책은 "착하면 손해를 본다."라는 요즘 어른들 사이의 말을 쉽게 뒤엎습니다.

아이들이 이따금 유독 본인 욕심만을 가득 채우려 할 때가 있을지도 모릅니다. 그럴 때 이 책 『개구리네 한솥밥』을 함께 읽어보세요. 자신이 어렵고 바쁜 와중에도 친구를 도와주었던 개구리가 아이들 마음에 따뜻한 씨앗 하나를 뿌리고 갈 수도 있답니다.

이 책도 아이들에게 읽어주길 추천합니다

『야호, 우리가 해냈어!』

엄혜숙 글 | 레지나 그림 | 주니어김영사 | 2017.11.08.

어느 날, 반달곰에게 두루미가 찾아와 사슴이 구덩이에 빠졌다는 사실을 알려줍니다. 곧장 사슴을 구하러 달려가지만, 반달곰 역시 여러 위기를 만나는데요. 사슴의 친구들의 도움으로 위기를 극복하며 드디어 사슴을 구하러 구덩이로 가는 동물 친구들의 모습을 담은 그림책입니다. 서로 도와가며 위기를 극복해가는 모습에 협동의 의미를 다시 한번 생각해볼 수 있고, 편안하고 귀여운 동물이 그려진 일러스트를 감상하는 재미도 크답니다.

『도깨비를 빨아버린 우리 엄마』

사토 와키코 글과 그림 | 한림출판사 | 1991.09.01.

아이들이 정말 많이 좋아하는 그림책입니다. 아이들이 계속 읽어달라고 조를지도 모를 걸요? '빨래하기 대회'라도 열리면 아마 금메달을 딸 만큼 빨래를 좋아하고 잘하는 엄마가 지저분한 도깨비를 발견하곤 사정없이 빨아버립니다. 엄마 덕분에 예뻐진(?) 도깨비들을 보자 다른 도깨비들이 너도나도 엄마에게 빨아달라고 아우성치는 모습이 재미있답니다. 시리즈인 『달님을 빨아버린 우리 엄마』(한림출판사)도 정말 재미있어요.

영재의 독서는 어떻게 다른가요?

평균 이상의 능력

높은 과제 집착력

그리고 뛰어난 창의성

미국의 코네티컷 대학 교수이자 국립 영재교육 연구소 소장인 조셉 렌쥴리Joseph S. Renzulli 박사는 위의 세 가지가 상호작용하여 나타나는 뛰어난 재주를 가진 어린이를 가리켜 '영재'라고 정의했습니다. 즉, 조셉 렌쥴리는 영재란 선천적으로 타고난 유전적 요소와 후천적 환경의 복합체라고 말했습니다. 이는 똑똑한 두뇌를 가지고 태어났어도 어떤 환경을 접하느냐에 따라 영재가 될 수도 있고 평범한 아이가 될 수도 있다는 뜻입니다.

아이들은 그들을 둘러싸고 있는 환경 안에서 성장합니다. 인간의 뇌는 가소성을 가지고 있습니다. 우리가 어떻게 쓰느냐에 따라 뇌의 능력이 충분히 달라지지요. 따라서 많은 부모가 아이들에게 더 유의미한 환경을 노출해주고자 많은 노력을 기울입니다. 영재로 타고나지 않았더라도, 유의미한 환경에서의 지속적인 노출은 분명 아이에게 도움이 되리라고 생각하기 때문입니다.

아이가 초등학교에 입학하면 '학습'이라는 것을 체계적으로 시작하게 됩니다. 학습은 아이들이 본래 가지고 있는 내재적인 호기심이나 동기가 스스로 발현될 때 효과가 가장 큽니다. 이것을 두고 흔히 '자기 주도적 학습'이라고 부릅니다.

자기 주도적 학습은 효율성과 경제성의 측면에서 억지로 시켜서 하는 강제적인 학습과는 차원이 명확하게 다릅니다. 학습을 '즐기는' 자를 '억지로' 하는 자가 절대 이길 수 없는 법입니다. 영재성이 있는 아이들은 자기 주도적 학습능력이 탁월합니다.

영재 어린이들의 독서 성향

컴퓨터와 정보 통신 기술의 발달은 매 순간 우리에게 다량의 정보를 다각도에서 쏟아내고 있습니다. 이제는 많은 정보 속에서 내게 필요한 정보를 스스로 선택하여 학습하려는 의지가 필요하게 되었습니다. 따라서 이 시대를 사는 우리 아이들에게는 자기 주도적인 학습 성향이 필수 덕목으로 꼽힙니다.

영재 어린이들은 일반 어린이들보다 자기 주도성이 탁월하다는 특징을 보입니다. 영재 어린이들이 후천적으로 영향을 받은 환경 중 특히 독서 환경이 일반 어린이들과 어떻게 다르며, 그들의 독서 성향은 어떠한지 알아볼 필요가 여기에 있습니다.

이와 관련해 국내 연구에서 눈에 띄는 학술지 논문*이 있습니다. 이 논문에서는 영재아와 일반아의 독서 성향과 자기 주도적 학습 특성을 비교 분석했는데요. 책을 좋아하는지, 책 읽는 것이 즐겁고 재미있다고 생각하는지, 신문을 자주 읽는지, 책을 읽으면 공부에 도움이 된다고 생각하는지, 친구가 권해준 책을 읽을 의향이 있는지 등의 문항에서 영재아는 일반아보다 유의미하게 더 높은 긍정형 결과를 얻었습니다. 이는 지적 호기심이 더 왕성한 영재 어린이들은 이를 만족시키는 방법으로 '독서'를 사용하고 있음을 의미한다고 해석할 수 있습니다.

---

* 권혁민, "영재아와 일반아의 독서성향과 진로 태도 성숙 및 자기 주도적 학습 특성의 관계", 경원대학교 교육대학원, 2011.

자기주도적 독서

주목해야 할 점은 독서 계획을 세우고 책을 읽는지, 목적에 알맞게 책을 고를 수 있는지, 다른 사람들에게 책의 내용에 대해 이야기하는지, 독후 활동을 하는지에 대한 질문에도 영재아는 일반아보다 더 높은 점수를 얻었다는 지표입니다.

일반 어린이들과 비교했을 때 영재 어린이들은 독서에도 자기주도적인 성향을 드러냈습니다. 특히, 독서 계획을 세우거나 지금 나에게 필요한 책이 어떤 책인지를 알고 그 조건에 적합한 책을 고를 수 있는 능력에 주목해야 합니다. 이것이 곧 '공부 내공'입니다. 이는 지금 내가 알고 있는 것은 무엇이며, 반면 내가 모르고 있는 것은 무엇인지를 인지하는 능력과 연관이 있습니다.

'무엇을 알고 있는 것'을 인지Cognition라고 합니다. 반면 '무엇을 알고 있는지를 알고 있는 것'을 초인지Meta-cognition라고 합니다. 메타인지라고도 하는 이것은, 다시 말해 '내가 지금 무엇을 모르고 있는지'를 인지하는 것을 말합니다. 내가 지금 모르고 있는 것 때문에 발생할 수 있는 가까운 미래의 일을 예측하는 능력이 바로 '메타인지', 즉 '초인지' 능력입니다. 발달심리학의 거장 존 플라벨John Flavell은 인간의 인지능력 중 메타인지의 발달이 가장 중요하다고 말했습니다. 메타인지는 인지를 뛰어넘었기에 '초인지'라고 하는데, 인지능력보다 상위의 인지능력이라고도 했습니다.

초인지 능력이 학습에 끼치는 영향

초인지 능력이 학습에 미치는 영향은 상당히 대단합니다. 누군가가 만든 커리큘럼으로 정해진 시간에 정해진 양만큼 학습하면, 인지 능력이 좀 더 활성화될 수 있을 것입니다. 하지만 초인지 능력이 없다면, 그 인지를 절대 '스스로' 이룰 수는 없습니다. 나 자신이 그것을 인지하기 위해 자기 스스로 계획할 줄 알고, 그 계획을 실행에 옮길 줄 알아야 합니다. 또 실행에 옮기는 도중 그 계획이 잘 실천되고 있는지 뒤돌아보며 점검할 줄도 알아야 하며 나의 계획에는 어떤 부족한 점이 있었는지 확인하고 전략을 변경할 줄도 알아야 합니다. 이 모든 것은 초인지 능력이 뒷받침됩니다. 따라서 초인지 능력이 발달한 사람일수록 그렇지 않은 사람보다 좀 더 자기 주도적인 학습이 가능합니다.

초인지 능력은 영재 어린이들에게서 주로 보이는 특징이자 능력이지만, 그렇다고 꼭 그들의 전유물만은 아닙니다. 또 학습자의 나이와도 크게 상관없습니다. 학습자의 나이가 어려도 초인지 능력의 발달은 가능합니다. 초등학교 1학년 어린이 중 꼭 영재가 아니더라도 또래보다 초인지 능력이 발달한 아이가 많이 있습니다.

예를 들어, 이 어린이들은 선생님에게 자화상을 그리라는 지시를 받으면 그 과제를 해결하는 데 얼마의 시간이 주어졌는지를 확인할 줄 압니다. 그리고 정해진 시간 동안 스케치를 하고 색칠을 하며 바탕을 칠한 후 도구를 정리할 시간을 적당히 분배할 줄 압니다. 또 어떤 도구를 사용할지 계획하고, 적기에 그 도구를 투입할 줄도 알지요.

결과가 만족스럽다면 어떤 점이 이 과제를 성공적으로 이끌었는지를 판단할 수 있으며, 결과가 만족스럽지 않다고 하더라도 실망하지 않습니다. 대신 어떤 점이 부족했고, 미흡했는지를 찾아내려 애씁니다. 따라서 초인지가 우수한 아이일수록 읽기, 쓰기, 토론 등의 과제 해결이 필요한 학습 영역에서 우수한 결과를 끌어낼 수 있습니다.

학급 상황	초인지 능력이 출중한 아이	초인지 능력이 부족한 아이
10시까지 자화상을 완성하라는 주문	과제 중 틈틈이 시계를 확인하면서 페이스를 조절할줄 안다.	시간 약속의 중요성을 잘 모르고 있으므로 시간 안에 완성해내기 어렵다.
그림을 그릴 때 필요한 도구 선택	교사가 제시한 도구 말고, 다른 여러 도구를 함께 사용할 줄 안다.	선생님이 제시한 도구만을 사용하려는 경향이 있다.
그림을 망쳤을 때	어떤 점 때문에 그림을 망쳤는지 찾아내어 같은 실수를 반복하지 않으려 노력한다.	타인의 작품과 내 작품을 비교하며 쉽게 좌절한다.
그림의 완성도	시간을 알차게 사용했기에 전반적으로 완성도가 높다.	똑같은 시간을 썼으나 효율적으로 쓰는 능력이 부족하므로 완성도도 낮다.

반대로 초인지 능력이 부족한 아이는 시간 내에 왜 자화상을 그

려야 하는지 그 이유를 명확히 인식하지도 못하고, 적당한 도구를 선택할 줄 모르며, 완성도 있는 결과물을 만들어내는 데 미흡합니다. 그리고는 자신의 결과물에 대해서도 아주 많이 실망합니다.

독서 초인지 능력

그렇다면 영재들이 독서를 할 때 사용하는 '독서 초인지 능력'은 어떤 모습일까요? 그리고 이는 무엇을 의미하는 것일까요? 일단 자신에게 부족한 점이 무엇인지를 알고 있습니다. 그리고 당위성에 이끌려 독서를 하는 게 아니라 지금 내게 필요한 책이 무엇인지를 판단할 줄 알기에 직접 고르고자 하는 의지도 있지요. 또한 어떤 문제를 만났을 때 '독서'라는 방법을 떠올릴 수 있는 것도 독서 초인지 능력 중 하나입니다.

"선생님! 책을 찾아보면 책에 분명히 나와 있을 것 같아서 몽땅 빌려봤어요!"

3학년 국어 시간이었습니다. '중요한 말을 받아 적으며 듣기'가 그날의 국어 수업 주제였습니다. 그다음 국어 시간에는 교사가 들려주는 이야기를 듣는 도중에 중요한 말을 받아 적어보는 것이 수행 평가로 예정되어 있었지요. 아이들과 중요한 말을 받아적으며 듣는 요령에 대해 한 시간 정도 공부를 한 뒤 도서실에 아이들을 데리고 가서 자율독서를 시켰는데, 한 아이가 '메모'에 관한 책 대여섯 권을 쌓아놓고 보는 게 아니겠습니까.

"선생님이 아까 수업시간에 중요한 말을 받아 적는 것이 '메모'라고 하셨잖아요. 그래서 메모 잘 하는 법에 대해서 책을 찾아봤더니, 은근히 어린이 책에도 메모하는 법이 나와 있는 책이 많더라고요! 내일이 수행 평가라서 한 번 읽어보려고요."

이것이 바로 독서에 있어서의 '초인지 능력'입니다. 내가 알고 있는 것과 모르고 있는 것의 경계를 명확히 하여 내게 부족한 부분을 책을 통해 채우려는 의지와 마음, 그것이 바로 독서에 있어서의 초인지 능력입니다.

한 국내 연구*에 따르면, 영재 아이들이 사용하는 독서 초인지 능력은 크게 여섯 가지였습니다.

첫째, 예측하고 확인하기

둘째, 미리 보기

셋째, 목적 설정하기

---

* 김지은, "초등 영재학생과 일반학생의 독서 성향 및 독서 초인지 비교·분석", 아주대학교 교육대학원, 2013.

넷째, 자기에게 질문하기

다섯째, 배경지식 활용하기

여섯째, 요약하고 전략 수정하기

이 중 영재 학생과 일반 학생이 가장 유의미한 차이를 보이는 능력은 두 번째인 '미리 보기 전략'이었습니다. 미리 보기 전략은 책을 읽기 전에 사용하는 전략으로서 책을 읽기 전에 표지나 목차, 제목 등을 보고 내용을 유추해내는 스키밍skimming 과정이 담긴 것입니다. 영재 아이들은 일반 아이들보다 이 능력이 탁월했습니다.

세 번째 '목적 설정하기 전략'도 유의미한 차이를 보였습니다. 내가 이 책을 읽는 목적은 무엇인지를 확인하는 것과, 내 목적을 이루기 위해 이 책을 읽는 것이 적합했는지를 확인하는 능력 또한 영재 어린이들이 훨씬 탁월했습니다.

마지막이었던 '요약하고 전략 수정하기 전략'에서도 유의미한 차이를 보였습니다. 이는 영재 어린이들이 책을 읽으면서 책의 내용을 내가 바르게 이해하고 있는지, 지금까지 읽은 내용 중에서 가장 중요한 부분은 무엇인지를 점검하는 능력이 탁월함을 의미합니다. 또한, 책을 다 읽은 후에도 책의 내용을 요약해보는 능력이 일반 어린이들보다 우수함을 의미합니다.

독서 초인지 능력은 다른 초인지 능력이 그렇듯 영재 어린이들만이 갖는 전형적인 특징도, 영재 어린이들만의 전유물도 아닙니다. 그러니 우리는 아이들에게 책을 읽어줄 때 위에서 언급한 여러 가지 독서 초인지 능력을 적극적으로 활용하는 본보기를 보일 필요가 있습니다. 예를 들면 이렇게 말입니다.

"지윤아, 오늘이 무슨 날인지 알아? 오늘은 경칩이래. 경칩이 뭘까? 도서실에 가서 우리 '경칩'에 대한 책을 최대한 많이 찾아서 빌려보자."

이처럼 책을 읽는 목적을 함께 설정하고 표지와 목차, 삽화 등을 미리 훑어보며 책을 읽기 전 기존에 내가 가지고 있던 배경지식을 끌어낼 수 있도록 도움을 주는 질문을 함께 해줄 필요가 있습니다.

"겨울잠을 자는 동물에는 무엇이 있었더라?"
"개구리는 왜 겨울잠을 잘까?"
"왜 하필 겨울잠을 자는 많은 동물 중 개구리를 선택해서 '경칩'이라고 했을까?"

또 책의 내용을 요약해보는 활동도 종종 해보길 추천합니다. 부모님과 함께 하는 독서 초인지 전략 연습은 아이들을 보다 자기 주도적인 독서와 학습을 가능하게 하는 첫걸음이 될 수 있습니다.

"무지개 물고기는 왜 이름이 무지개 물고기였을까?"

"무지개 물고기는 주변 물고기들에게 왜 그렇게 무뚝뚝하게 대했을까?"

"그 다음엔 어떤 이야기가 나왔었지?"

"마지막에 무지개 물고기는 어떤 마음이었지?"

책에 대해 나누는 대화를 마냥 어려워할 필요는 없습니다. 그저 책에 대해 최대한 수다쟁이가 되면 됩니다. 우리 자체가 그림책에 어색할 필요는 없습니다. 책을 들려주고 편안히 대화부터 나눠보세요. 그것으로도 공부 내공을 쌓는 초인지 학습이 됩니다.

밤을 켜는 아이

레이 브래드버리 글 | 리오 딜런·다이앤 딜런 그림 | 국민서관 | 2005.07.15.

레이 브래드버리가 글을 쓰고 리오 딜런과 다이앤 딜런이 그림을 그린 『밤을 켜는 아이』라는 그림책을 소개합니다.

밤을 좋아하지 않는 아이가 있었습니다. 아이는 손전등, 램프, 호롱불, 모닥불 등 세상의 모든 빛을 사랑했습니다. 단지 밤이 싫을 뿐이었어요. 해가 져서 어둑해지면, 아이는 집 안의 온갖 불을 켜느라 바빴습니다. 덕분에 아이의 엄마와 아빠는 아이가 잠들면 온 집안의 스위치를 내려 불을 끄느라 바빴고요. 아이의 방만 빼고 말입니다. 오로지 아이의 방만큼은 절대 불을 끄지 않습니다.

아이는 온종일 환한 방에 있지만, 그렇다고 행복한 건 아니었습니다. 한여름 밤 잔디밭에 나와 뛰노는 아이들이 솔직히 부럽습니다만, 어쩔 수 없습니

밤을 켜는 아이
리오 딜런·다이앤 딜런 그림 | 레이 브래드베리 글 | 이상희 옮김

다. 아이는 깜깜한 밤이 정말 싫었으니까요. 이 부분에서 아이들과 "아이는 왜 밤이 싫은 걸까?"에 관한 이야기를 나누어 보아도 좋습니다. 또 아이들 역시 자신도 밤이 싫었던 경험이 있는지에 관해서도 이야기를 나누어 보면 좋겠습니다.

어느 날, 아이는 부모님이 잠시 여행을 간 사이에 집에 있는 불이란 불은 모조리 다 켜보기로 해요. 하지만 아이는 여전히 외롭고 불행합니다. 바깥에서는 신나게 뛰어노는 아이들의 목소리가 계속 들렸으니까요. 바로 그때, 아이에게 '어둠'이라는 이름의 요정이 찾아옵니다. 어둠은 아이에게 밤을 좋아하게 만들어주겠다며 손을 내밀었습니다. 요정이 아이에게 내린 처방은, 아이러니하게도 아이가 그토록 싫어하는 '스위치를 내리는 것'이었습니다. 스위치 내리는 일이 세상에서 제일 싫은 아이는 망설이고 망설이다 스위치를 내립니다. 그러자 '어둠 요정'은 말합니다.

"너는 지금 불을 끈 게 아니야, 너는 지금 밤을 켠 거야."

요정의 도움으로 스위치를 내린 아이는, 낮에는 환한 빛 때문에 보이지 않았던 별들이 스위치를 내려 밤을 켜니 너무나도 아름다운 모습으로 보인다는 사실을 깨닫습니다. 이처럼 아이는 자신의 문제를 직접 마주하며 이겨내는 모습을 보입니다. 이야기를 끝까지 들은 우리 반 아이들은 자신의 집 안방 천장에 붙어있는 야광별 스티커도 낮에는 빛나지 않다가 밤이 되면 반짝인다며, 밤이 되면 더 잘 보이는 것이 있다는 생각을 나누어주었습니다.

하루를 살고 일 년을 살며 십 년을 살 동안 늘 밝은 날만 있을 수는 없습니다. 너무 어두워 앞이 보이지 않는 날도 분명 있을지 모릅니다. 앞이 안 보이니 어디로 가야 할지도 모르겠고, 막막함에 눈물이 나는 날도 있을 겁니다. 그럴 때마다 이 책 『밤을 켜는 아이』를 기억해주면 좋겠다고 아이들에게 이야기해 주었습니다. 처음에는 너무 무서워 스위치도 내리지 못했던 겁쟁이 아이가 어둠 속에서도 밤을 켜서 별을 찾아냈던 이야기처럼, 힘든 상황에서도 분명히 빛나는 무언가가 있다고 말입니다. 그걸 찾아보려는 생각, 그 생각을 하면 참 좋겠다는 바람도 전해봅니다.

이 책도 아이들에게 읽어주길 추천합니다

『생각이 켜진 집』

리샤르 마르니에 글 | 오드 모렐 그림 | 책과콩나무 | 2017.03.25.

똑같이 생긴 지붕에 똑같이 생긴 굴뚝과 창문까지, 모두 똑같은 모양의 집으로 구성된 마을이 있습니다. 어느 날, 마을에 홀로 다른 모양의 집을 짓는 사람이 생겼습니다. 그러자 모두 똑같은 모습만이 좋다고 생각했던 마을 사람들은, 개인 나름의 개성을 표현하는 것도 좋다는 유연한 생각을 하게 됩니다. 획일성을 버리고 유연한 창의성을 발휘하는 것이 얼마나 중요한지를 알려주는 그림책입니다.

아이가 무슨 말인지 이해가 안 된다고 하나요?

"선생님~ 무슨 말인지 모르겠어요!"

초등학교 1학년을 다년간 담임했어도, 아이들 눈높이에 맞춰 무언가를 설명하는 일은 여전히 정말 어려운 일입니다. 아이들의 입에서 위의 말이 하루에 기본 열 번은 족히 나오는 걸 보면, '아, 나는 아직도 멀었다.'라며 자책하는 마음이 들기도 하지요.

그럴 때마다 "그것도 몰라? 종소리가 울려 쉬는 시간이 되면, 우유도 마시고 화장실에도 다녀오라고 말씀하신 건데!"라는 완벽한 이해도를 뽐내는 아이들도 있습니다. 바로 이 부분이 초등학교 1학년 아이들의 지도를 힘들게 하는 부분입니다. 즉, 아이마다 가지고 있는 어휘력의 수준 차이가 다른 학년과 비교했을 때 아주 크다는 점 말입니다.

학교에서는 단 한 순간도 쉬지 않고 끊임없이 의사소통이 이루어집니다. 의사소통이 없는 교실은 상상할 수 없습니다. 아이들은 의사소통을 통해 배우고 즐기러 학교에 옵니다. 의사소통의 사전적 의미는 '가지고 있는 생각이나 뜻이 서로 통함'입니다. 그리고 이러한 의사소통은 거의 매 순간 '언어'를 매개로 이루어집니다.

의사소통이 학교 적응력을 결정한다

"선생님. 저 어제 학교운동장에서 우산을 잃어버렸어요."

"음, 그랬구나. 그럼 본관 1층에 분실물보관소가 있으니까 거기에 가서 한 번 찾아보렴."

"분실물보관소가 뭔데요? 거긴 어딘데요?"

"1층에 방송실 어딘지 알지? 그 옆에 인쇄실이 있고, 그 옆이 바로 분실물보관소야. 어딘지 알겠지?"

"아… 네…."

우산을 잃어버렸다는 아이에게 분실물보관소에 가보라고 이야기했는데, 분실물보관소가 무엇이며 어디에 있는지 몰랐던 아이가 재차 질문을 합니다. 제 대답을 들은 아이가 "네."라고 대답은 했지만 자신이 없어 보였는데, 역시나 분실물보관소를 찾아가지 못했다고 합니다. 그런데 놀랍게도 비슷한 상황에 놓인 같은 학년의 다른 아이는 이렇게 말했습니다.

"선생님, 제가 어제 장갑을 철봉 옆에다 두고 그냥 집에 가서 잃어버렸는데요, 지금 분실물보관소에 다녀와도 될까요?"

독서와 어휘력

자신의 생각이나 뜻이 잘 통하는 기쁨을 누리는 아이는 학교생활이 즐겁습니다. 내 말이 잘 전달되고 받아들여지며 다른 사람의 말 또한 잘 들릴 때, 편안함 또는 즐거움과 같은 긍정적인 감정이 생산되니까요.

반대로 내 생각과는 다르게 말이 표현되고 내 생각이 받아들여지지 않는 분위기가 형성되며 다른 사람의 말 또한 제대로 이해하는 경험을 하지 못할 때, 아이는 불편함과 답답함 그리고 불안감과 불만족을 표출합니다. 이처럼 의사소통이 원활한지 아닌지에 따라 아이들의 학교생활 적응력의 발휘 또한 명백히 달라집니다.

이러한 의사소통의 원활함은 '어휘력'으로 결정된다고 해도 과

언이 아닙니다. 어휘력은 크게 두 가지 종류로 나누어 생각할 수 있는데요. 첫째, 내 입으로 직접 말할 수 있는 어휘. 둘째, 내 귀로 들어 이해할 수 있는 어휘입니다.

내 입으로 어떤 낱말을 직접 말할 수 있으려면 그 낱말의 의미를 완전하고 정확하게 파악해야 합니다. 완전히 내 것으로 소화시킨 낱말만을 내 입으로 말할 수 있는 것이지요.

그런데 내 귀로 들어 이해할 수 있는 어휘는 조금 다릅니다. 100% 이해하지는 못했다고 하더라도, 문맥과 정황상으로 그 의미를 대략적으로 추측해낼 수만 있으면 됩니다. 따라서 귀로 이해할 수 있는 어휘는 입으로 말할 수 있는 어휘를 포함하고 있고, 범위 또한 더 넓습니다.

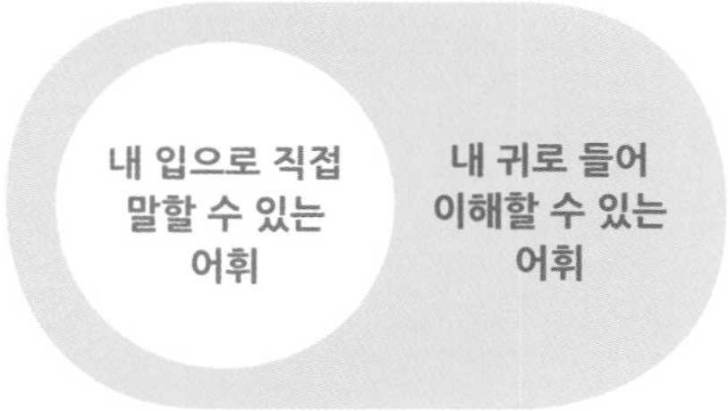

내 입으로 직접
말할 수 있는
어휘

내 귀로 들어
이해할 수 있는
어휘

어휘력은 밭에 뿌려져 있는 씨앗과도 같습니다. 어휘력 씨앗들이 자라 생각 주머니를 빽빽이 채웁니다. 따라서 머릿속 어휘력 밭이 넓은 아이들은 말을 들어 이해하는 경험도 풍부하니, 자신의 생각과 마음을 표현하는 능력도 훌륭할 수밖에 없습니다.

취학 전
어휘력을 쌓는 방법

아이들에게 소리 내어 책을 읽어주기를 강조하는 짐 트렐리즈*는 아이가 초등학교에 입학할 때 이해할 수 있는 단어의 개수가 이후의 학교 성적을 가늠하는 매우 중요한 척도가 된다고 말하며, 취학 전에 아이의 어휘력을 충분히 키워놓아야 한다고 주장했습니다.

그렇습니다. 결국 선생님의 입에서 나온 이야기를 어느 정도 수준으로 이해하고, 더 나아가 말한 사람의 의도까지 파악할 수 있는 능력이 학교생활 적응과 성적에까지 영향을 미칩니다. 선생님의 같은 말을 듣고도 아이들 각자의 어휘력에 따라 이해도에의 차이가 달라지면, 생각하고 행동하는 패턴 또한 완전히 달라질 테니까요.

우리는 아이들이 귀로 듣는 어휘력을 향상할 수 있는 방법을 생각하는 데 적극적인 노력을 기울일 필요가 있습니다. 언어적으로 빈곤한 아이들에게는 백 권의 국어 문제집을 푸는 일이 모두 헛수고입니다. 구멍 뚫린 언어적 빈곤감을 채우기 위한 방법은 바로 '듣는 독서' 그리고 '대화'입니다. 이것이야말로 바로 취학 전 어휘력을 잡고 공부 내공을 쌓는 방법입니다.

---

* Jim Trelease, "The Read-Aloud Handbook", Penguin Books, 2013.06.25.

부모의
폭넓은 어휘 사용

아이는 새로운 어휘를 언제 어떻게 습득할까요? 새로운 어휘 습득은 부모와 아이 간의 사회적 상호작용을 통해 이루어지는 경우가 많습니다. 아이들은 일상생활에서 어른과 나누는 대화를 통해 자신의 머릿속 어휘력 밭을 점차 넓혀가고, 더욱 빽빽하게 씨앗을 뿌립니다.

우스갯소리로 '수다쟁이 부모'가 되어야 한다는 말이 있습니다. 어휘 노출이 많았던 아이들은 밭에서 꺼내 쓸 수 있는 어휘의 종류와 양이 많을 수밖에 없겠지요.

아이와의 많은 '대화'는 귀로 들어 이해할 수 있는 어휘의 범위를 넓혀주는 데 분명 도움이 됩니다. 하지만 이는 부모가 아이와 대화를 나눌 때마다 매번 새로운 어휘를 사용하려는 노력을 적극적으로 기울일 때 더욱더 효과가 있습니다. 매일의 일상에서, 우리는 아이들에게 얼마만큼의 폭넓은 어휘 사용을 보여주고 있을까요?

아이와 나누는 우리의 대화를 거슬러 생각해봅시다. 평소 일상생활에서 대화에 사용하는 어휘가 거의 정해져 있는 편임을 깨닫게 될 것입니다. 그중 "밥 먹자." "손 씻고 올래?"와 같은 부모의 간단한 명령이나 지시, 명료한 의사 전달이 가장 많았는데요. "고마워!" "참 예쁘다."와 같이 비슷한 패턴의 감정표현이 다음으로 많습니다.

우리가 쓰는 생활어휘는 이렇게 한정적입니다. 그렇다면 부모가 가진 어휘력 밭이 넓으면 넓을수록, 아이가 가진 어휘력 밭도 함께 넓어지는 것일까요? 어휘력은 부모에게서 아이에게로 대물림되는 것일까요?

어휘력의 청출어람

위의 물음에 대답부터 하자면, 어휘력은 부모에게서 대물림될 수는 있지만, 반드시 그렇지는 않습니다. 물론 부모의 어휘력 밭이 넓으면 어휘 노출 또한 그만큼 많으니 아이의 어휘력 밭도 넓어지겠지요. 하지만 부모의 어휘력 밭이 좁다고 하더라도 너무 걱정할 필요는 없겠습니다. 어휘력의 청출어람을 가능하게 하는 방법이 있으니까요. 바로 '듣는 독서'입니다. 책을 읽어줄 때, 우리는 아이들에게 이런 질문을 종종 받습니다.

"엄마, 이게 무슨 뜻이에요?"

이 질문에 관해 대화를 나누는 바로 그 때가 아이의 어휘력 확장이 이루어지는 순간입니다. 책에는 일상생활에서는 잘 언급하지 않는 어휘가 자주 등장합니다. 책을 읽으면서 누군가의 목소리로 듣는 경험까지 한다는 것은, 아이에게 청자聽者의 역할이 더해졌음을 뜻합니다. 여기서 이야기를 읽어주는 어른인 화자話者는 이야기를 읽어주는 역할과 함께 청자인 아이의 질문과 반응을 살피는 역할을 하게 되는 것이지요. 아이가 혼자 책을 읽었을 때는 그냥 넘어갈 법한 생각이나 질문을 이때는 어른에게 표현할 수 있습니다. 이 과정에서 부모와 자녀 간에 나누는 대화를 일상생활 속에서 나누는 평범한 대화와 비교해보면 질적으로 다릅니다.

새로운 어휘를 찾아서

아이에게 책을 읽어주거나 들려줄 때, 아이의 어휘력을 더욱 향상할 수 있는 몇 가지 방법을 알려드릴게요. 새로운 어휘를 알려줄 때 아이들과 함께 사전을 찾아보며 알아보는 방법도 물론 유의미하지만, 본문 내에서 앞뒤 문맥을 통해 어휘의 뜻을 이해하는 일 또한 가치가 있습니다.

왜냐하면, 책에 나타난 그 문장이 생생한 예문 그 자체로 활용될 수 있기 때문입니다. 책의 문맥을 느끼는 경험을 통해 아이들은 비로소 그 어휘가 가지고 있는 함축적 의미를 더 잘 이해할 수 있습니다.

앞서 소개했던, 사라 스튜어트와 데이비드 스몰 부부가 만든 그림책 『리디아의 편지』 마지막 장면에 등장하는 한 구절을 예로 들어보겠습니다.

"그리고… 그리고 외삼촌이 주머니에서 편지를 꺼내셨어요. 아빠가 취직을 하셨다는 소식이 담긴 편지였어요. 저, 이제 집으로 돌아가요."

'취직'이라는 낱말의 뜻을 모르고 있던 딸은 제게 '취직'의 뜻을 곧바로 물었습니다. 저는 "저, 이제 집으로 돌아가요."라는 다음 구절을 읽어주며, 왜 리디아가 집을 떠났었는지를 아이에게 물었습니다. 이로 인해 아이는 '취직'이라는 어휘의 뜻을 대략 유추할 수 있었고요. 리디아가 집을 떠날 수밖에 없던 이유는 아빠가 일자리를 잃어 돈을 벌 수 없었기 때문이라는 것을 이미 이 책의 첫 장면에서 파악했기 때문입니다.

어휘력을 키우기 위해서는 그림책 속 낱말을 다른 낱말로 대체하는 대화를 나눠보는 것도 도움이 됩니다. 다음은 『백점빵』(책과콩나무)이라는 그림책의 한 부분입니다. 주인공 어린이가 제빵사인 아빠의 연구실에 몰래 내려가는 장면인데요. 이 장면을 읽어준 뒤, 아이와 이런 대화를 나눠보세요.

우와! 여기가 바로 아빠 연구실!
세상에서 가장 맛있는 빵들이 탄생하는 곳이에요.
빵은 그냥 밀가루를 반죽해서 만들면 되는 줄 알았는데,
이렇게 연구도 많이 해야 하는가 봐요.

엄마: (그림을 가리키며) 와~ 여기가 아빠가 빵을 만드는 곳이구나? 빵이 탄생하는 곳이래. 지윤아, '탄생하는' 대신에 무슨 말로 바꾸어 넣을 수 있을까?

지윤: 태어나는 곳!

엄마: 그런데 '연구'가 뭐지? 여기서 아빠가 연구를 하니까 연구실이라고 부르나봐. 연구가 뭐지?

지윤: 공부? 연구는 공부하는 것 같아.

책을 읽어주려는 노력으로 단기간에 눈에 보이는 성과를 내기는 어렵습니다. 하지만 아이에게 해줄 수 있는 아주 소중한 일임은 분명합니다. 기억해주세요. 언어적 빈곤은 듣는 독서로 충분히 해결 가능합니다.

할아버지의 바닷속 집

히라타 겐야 글 | 가토 구니오 그림 | 바다어린이 | 2010.04.15.

히라타 겐야 작가가 쓰고 가토 구니오가 그린 그림책 『할아버지의 바닷속 집』을 소개합니다.

'바닷속 집'이라는 제목과는 다르게, 표지에는 바다 위에 둥둥 떠 있는 집이 한 채 그려져 있습니다. 집에는 할아버지 한 분이 계시고, 예쁜 돛단배 한 척이 머물러 있습니다. 한 번쯤 물 위에서 사는 상상을 해봤던 아이들은, 자동차 대신 돛단배를 타고 다녀 걸어 다닐 필요 없는 할아버지네 마을이 내심 부러웠나 봅니다. "저도 저기서 살고 싶어요."라는 바람을 이야기해주는 걸 보니 말입니다.

이 그림책은 일본에서 큰 인기를 끌었음과 동시에 14분 남짓의 단편 애니메이션으로도 제작되었는데, 〈2008 프랑스 앙시 국제애니메이션 영화제〉에

할아버지의
바닷속 집
가토 쿠니오 그림 · 히라타 겐야 글 · 김인호 옮김
바다어린이

서 '앙시크리스털 상(최고상)'과 '아동심사위원상'을 동시에 수상한 바 있다고 합니다. 더불어 국내외 12개 영화제에서 19개의 상을 받았으며, 〈아카데미 단편 애니메이션 작품상〉 역시 수상했다고 합니다.

할아버지가 바다 위에 있는 집에서 사는 이유는, 점점 차오르는 물 때문입니다. 마을 전체에 바닷물이 점점 차오르고 있어 살던 집이 물에 잠기면 위에 또 하나의 집을 짓고, 또 그 집이 물에 잠기면 그 위에 다시 집을 지으며 살게 되었던 것입니다. 그래서 할아버지의 집은 나무 상자를 몇 개씩이나 쌓아 올린 모양의 집 같았습니다.

할아버지는 혼자 살고 있습니다. 할머니는 3년 전에 돌아가셨고요. 할아버지는 비록 혼자이지만 요리도 하고 옆집 아저씨도 만나며 자식들에게서 온 편지를 읽기도 하는 등 즐겁게 지냅니다. 그런데 다시 물이 차오르기 시작했습니다. 할아버지는 또다시 새집을 지어야겠다고 결심합니다. 다른 곳으로 이사를 할 수도 있을 텐데, 할아버지는 고집스레 새집 짓는 공사를 시작합니다.

하지만 예상치 못한 일이 일어났습니다. 할아버지가 그만 무거운 망치를 떨어뜨리고 말았습니다. 망치는 점점 바닷속으로 가라앉고 맙니다. 할아버지도 잠수복을 입고 망치를 찾으러 점점 아래로, 아래로 내려갑니다.

아래층 집으로 내려가니 할아버지와 할머니가 살던 집이 나왔습니다. 그 집에서 할머니는 돌아가셨습니다. 한 층 더 아래에 있는 집으로 내려가니, 할아버지의 자식들이 손자들을 데려와 파티를 했던 추억이 생각났습니다.

바로 한 층 더 아래에 있는 집에서는 할아버지와 할머니의 맏딸이 새 신부가 되어 결혼을 했었습니다. 한 층 더 아래에 있는 집에서는 어렸던 자식들이 키우던 고양이가 없어졌던 일이 생각났습니다. 그보다 한 층 아래에 있는 집은 할아버지와 할머니에게 처음으로 아기가 태어난 곳이었습니다.

그렇게 아래로 아래로 헤엄쳐 갈 때마다, 할아버지는 과거의 추억을 마음속으로 곱씹어봅니다. 집마다 고유의 아름다웠던 기억이 있었습니다. 비로소 맨 아래 마지막 집에 다다랐을 때, 할아버지는 소녀였던 할머니를 떠올립니다. 할아버지는 이사를 할 수가 없었습니다. 겹겹이 쌓인 그곳에서의 추억을 버린 채, 살 수 없었던 것이지요. 할아버지에게 나무 상자 같은 저 집은, 할아버지의 과거이자 역사 그 자체였습니다. 할아버지는 망치를 찾아 다시 새 집을 지었습니다. 그리고 평온하고 즐거운 일상을 되찾습니다.

Tempus fugit, amor manet. (템푸스 푸지트, 아모르 마네트.)
'시간이 흘러도 사랑은 남는다.'

이 장면을 보며 유명한 라틴어 경구 한 구절이 떠올랐습니다. 시간이 흘러도 결코 사라지지 않는, 우리가 사랑했던 기억과 사랑받은 추억인 바닷속 집을 함께 여행하며, 다시 한번 마음에 남는 생각이 있었습니다.
'사랑을 나누는 데 게으름을 피우지 말자.'

이 그림책을 읽어준 후 두 딸과 가족 앨범을 펼쳐보며 우리 가족의 역사에 관해 이야기를 나누었습니다. 엄마 아빠의 마음속에는 이런 집들이 있었다고 이야기해주니, 눈이 반짝반짝해지는 아이들입니다. 결국, 추억을 먹고 사는 우리네 삶입니다. 이 그림책을 함께 읽었던 지금 이 순간도 언젠간 추억 한 조각이 되어있겠지요. 하지만 시간이 흘러도 분명 사랑은 남을 것입니다.

이 책도 아이들에게 읽어주길 추천합니다

『오스카만 야단 맞아!』

토니 로스 글과 그림 | 한국프뢰벨 | 1997.08.19.

제목을 보여주었더니, 초등학교 1학년 아이 중에는 '야단맞다'는 어휘가 무슨 뜻인지 파악하지 못하는 아이가 더러 있어서 놀랐습니다. '야단맞다'라는 말의 뜻을 그림책을 읽어가면서 직접 알아보자고 하고 그림책을 읽어주었더니, 아이들이 '꾸중 듣다'는 뜻으로 유추해내는 과정이 참 의미 있었던 그림책입니다.

『단어수집가』

피터 H. 레이놀즈 글과 그림 | 문학동네 | 2018.06.20.

동화작가 피터 레이놀즈의 그림책은 사실 어른에게 더 취향저격인 그림책인데요. 그림책 속 깊은 뜻을 찾아낼 수 있는 아이들에게는 아주 인기인 책입니다. 특히 이 그림책에는 여러 낱말이 아주 많이 등장하는데요. 그 낱말을 하나씩 번갈아가며 읽어보는 것만으로도 충분히 훌륭한 어휘공부 시간이 된답니다.

Part 04

듣는 독서로 향하는 지름길

왜 직접 고른 책이 더 재미있을까요?

문화체육관광부는 2018년 2월, 재미있는 조사 결과를 발표했습니다. 바로 〈2017년 국민 독서 실태 조사〉*였지요. 한국출판연구소가 2년마다 실시하는 이 조사에는 우리나라 학교의 '아침독서 시행률'도 포함되어 있습니다.

학교에 아침독서 시간이 있다는 응답은 41.8%였습니다. 꾸준히 상승했던 과거 조사 결과와 달리 크게 낮아졌는데, 이는 2014년 하

* 전국의 만 19세 이상 성인 남녀 6천 명과 초등학생 4학년 이상 및 중·고등학생 3천 명을 대상으로 시행.

반기부터 시작된 '9시 등교제'의 영향이 크리라 예측합니다. 기존에는 오전 8시 40분 정도에 등교 후 1교시가 시작되기 전까지 책 읽는 시간이 확보되었지만, 이제는 오전 9시에 등교하자마자 1교시가 곧장 시작되니 아침독서 시간이 아예 사라져버린 셈입니다.

이 조사에서 또 주목할 만한 점은 아침독서 시행률이 높을수록 그 학교 재학생의 연간 독서율 역시 높아졌다는 것이었습니다. 반대로 아침독서 시행률이 낮을수록 연평균 독서율도 함께 낮아졌지요.

스스로 책을 골라 읽기

저는 학교에서의 시작을 독서로 열 수 있는 아침독서 시간이 아주 유의미하다고 생각하는 교사입니다. 그래서 오전 9시 등교이지만, 우리 반 아이들에게는 오전 8시 45~50분 사이에 등교하길 권장합니다. 그래서 오전 8시 45분~9시 10분까지의 시간 동안 조용하게 독서를 하며 하루를 엽니다.

아침독서 시간에 아이들은 '스스로' 책을 골라 읽습니다. 공통된 주요 원칙이지요. 덕분에 아이들은 15분 동안 '자율적 독서'를 경험합니다. 짧은 시간이지만 흡입력 있게 집중하고 몰입한 모습을 많이 볼 수 있습니다.

자신이 읽을 책을 스스로 고르는 행동은 독서의 내적 동기를 일으키는 데 아주 중요한 역할을 합니다. 즉, 내가 읽고 싶은 책을 읽는 행동이야말로 우리 아이들을 평생 독자로 만들 가장 확실한 방법입니다. 성인인 우리도 '읽어야만' 하는 책을 읽을 때와 '읽고 싶은' 책을 읽을 때의 마음 상태가 다름을 많이 경험합니다. 아이들이라고 다르지 않습니다. 읽고 싶은 책을 읽을 때 얻는 마음속 감동의 크기가 훨씬 큰 법이지요. 아이들도 자신이 읽을 책을 직접 고를 권리가 있습니다.

아이가 고른 책을 대하는 태도

초등학교 1학년인 선우는 우리 반에서 제일 책에 관심이 없어 보이는 아이였습니다. 입학하고 얼마 지나지 않아 처음 책 읽어주는 시간이 되었을 때, 대부분의 아이가 초롱초롱한 눈빛을 보이는데, 선우는 그야말로 시큰둥했으니까요. 심지어 선우는 이렇게도 말했지요.

"지겨워요. 움직이고 싶어요. 재미없어요."

"엎드려 있어도 돼요?"

저는 이렇게 대답해주었지요.

"사람마다 좋아하는 것과 싫어하는 것이 다르니, 선우 생각이 결코 잘못된 건 아닐 거야. 그렇지만 가만히 자리에 앉아서 선생님이

들려주는 이야기를 눈으로 보고, 귀로만 들으면 되니, 막 어려운 일은 아닐 거야. 그렇지? 어렵지 않은 일이니까 우리 한 번 해보자. 정 힘들면 엎드려 있어도 돼."

선우는 정말 한동안은 책상 위에 엎드려 있기만 했습니다. 그러던 어느 날, 선우가 말했습니다. 책을 불쑥 내밀면서요.

"선생님! 오늘 이 책 읽어주시면 안 돼요?"

그 책은 유아용 그림책이라고 해도 될 만큼 빳빳한 보드북에 활자도 몇 개 되지 않는 그림책이었습니다. 그렇지만 선우가 먼저 읽어달라고 말한 것이 기뻐 다음과 같이 말해주며 책을 읽어주었습니다.

"어? 이 책은 선생님도 무지 좋아하는 그림책이야! 지금 당장이라도 선우한테 읽어줄 수 있어. 선생님은 이 그림책을 거의 다 외울 정도야."

당연히 길지 않은 시간이 걸렸고, 다 들은 선우는 책을 안고 배시시 웃으며 자리로 돌아갔습니다. 제가 본 선우의 자발적인 책 읽기는 그날이 거의 처음이었습니다. 그날 이후 선우는 종종 비슷한 수준의 쉬운 그림책을 가지고 와 읽어 달라곤 했습니다.

책 읽기 시간에 하품만 하던 아이에게 일어난 아주 큰 변화였지요. "이 책은 선우가 읽기에 너무 쉽고 어리니, 우리는 좀 더 1학년

다운 그림책을 읽는 건 어떨까?"라고 말했다면, 선우의 마음은 과연 어떠했을까요? 과연 배시시 웃으며 책을 안고 자리로 돌아갔을까요? 아이가 읽어달라고 가지고 온 책은 쉽든 어렵든 난이도에 상관없이 무조건 읽어주어야 합니다.

자신이 읽을 책을 아이 스스로 선택하기

아이들에게 자율적인 책 선택권을 부여하면 재미있는 장면을 목격할 수 있습니다. 책을 고르는 아이들을 가만히 지켜보세요. 모습이 제각기 다름을 금방 알 수 있답니다.

어떤 아이는 표지나 제목을 보고 자신의 본능에 의지해 직관적으로 재미있겠다고 빠르게 판단해서 책을 고르기도 하고(때로는 그 모습이 고민 없이 아무 책이나 고르는 듯이 보이기도 할 거예요), 어떤 아이는 또래 수준보다 읽기 쉬운 책을 고르기도 합니다. 새로운 책을 시도해보려고 머뭇거리다 결국 이미 여러 번 읽은 책을 다시 고르는 아이도 있습니다. 또 어떤 책을 골라야 할지 몰라 서가 근처에 가는 것도 어려워하는 아이도 있습니다. 아이들은 이렇게 각기 다른 모습입니다.

아이들의 이러한 모습을 보고 일부 어른은 미숙한 모습이라고 섣불리 판단하는 경우가 있습니다. 아이의 행동에 이내 답답한 표정을 짓고는 "많이 생각해서 읽을 책을 골라야지."라고 이야기하며 부모가 직접 책을 골라주는 모습을 서점이나 도서관에서 심심찮게 볼 수 있지요. 또 쉬운 책보다 또래 수준에 맞는 책을 읽었으면 좋겠다고 권장하며 책에 적힌 읽기 레벨을 아이에게 확인시켜주기도 합니다. 아직 읽지 않은 수많은 책을 놔두고 왜 읽었던 책만 매번 고집해서 읽느냐며 핀잔을 주는 분도 계시지요. 학습만화만 너무 많이 읽는 게 아니냐며 문학 서적을 들이밀기도 합니다.

자신이 읽을 책을 아이 스스로 선택하는 행위에 부모와 교사가 적당히 개입하는 것은 좋습니다. 하지만 그러한 경우가 너무 잦다면 자칫 아이의 독서 내적 동기를 옥죄는 일이 될 수도 있으니 주의해야 합니다.

> "학습 독자의 경우, 책 읽기 습관을 형성하는 단계에 있어 '긍정적인 독서 경험'을 쌓아가는 것이 평생 독자로 나아가는 매우 중요한 요인이 될 수 있다."*

이때 언급한 '긍정적인 독서 경험'이란 단순히 책을 많이 읽은 경험이 아닌, '책을 읽는 행위 자체가 즐거웠던' 독서 기억**입니다.**

---

* 김지희, "자율적 독서 능력 신장을 위한 독서정보 제시 체계화 방안 연구", 이화여자대학교 대학원, 2012.

내가 고른 책을 나를 돌봐주는 사람의 목소리로 듣는 경험도 당연히 '긍정적인 독서 경험'에 포함되겠지요. 다독도 중요하지만, 아이 스스로 고른 책 한 권으로 아이에게 독서의 참맛을 느낄 수 있게 하는 것도 잊어서는 안 됩니다.

내가 고른 책이 '정말 재미있는 성공'이 된다면 아이의 독서 내적 동기는 자연스레 상승합니다. 반대로 내가 고른 책이 '다소 재미없는 실패'였다면 아이의 독서 내적 동기는 깎일 수밖에 없겠죠. 이처럼 다양한 분야의 책을 두루 읽어 책에 대한 넓은 시야를 가진 아이는 책을 고를 때 나의 어휘 수준과 관심 분야 및 작가의 스타일 등을 쉽게 파악할 수 있으므로 책을 성공적으로 골라 읽기 쉽습니다.

권장도서가 가진 맹점

아이들이 권장도서를 읽는 데는 여러 장점이 있습니다. 권장도서에 있는 여러 종류의 글과 그림을 보며 세상에 있는 다양한 문화와 분야를 간접적으로 경험할 수 있고, 무엇보다 편독하는 아이들에게 좀 더 넓은 책의 세계가 있음을 보여줄 수 있습니다.

역설적이게도 다양한 분야의 책을 읽은 경험은 자율적인 책 읽기에도 많은 도움이 됩니다. 내가 자율적으로 책을 골라 읽어야 하는 상황에서 나에게 더 적합한 책을 요령껏 잘 고를 수 있는 능력을 갖출 수 있게 하지요.

그런데 문제는, 권장도서를 읽는 경험이 '강제적'이 될 때입니다. 다소 강압적인 분위기에서는 책 읽는 경험이 결코 즐거울 수 없습니다. 즉, 교사나 부모가 무조건 읽어야 한다고 여러 권의 권장도서 목록을 강요하는 분위기 속에서는 독서가 숙제나 의무 이상의 의미를 넘어설 수 없습니다. 권장도서 중 취향에 맞는 재미있는 책이 있다고 하더라도, 무조건 읽어내야만 한다는 중압감에 책을 손에 쥔 아이들은 그 재미를 발견하지 못하고 그냥 지나쳐버릴 수 있습니다. 어떤 책을 어떻게 읽어야 할지 고민하는 과정이 생략된 책 읽기에서는 독서의 즐거움을 느끼기가 어려울 테니까요.

아이 스스로 자신이 읽을 책을 고를 수 있게 하는 건 아이를 인격적으로 존중해주는 행위이기도 합니다. 특히 연령이 어릴수록 권장도서 목록을 아이들에게 직접 강요하는 행동은 피해야 합니다.

『책은 도끼다』(북하우스) 『여덟 단어』(북하우스) 등을 쓴 작가로 유명한 광고 크리에이터 박웅현 씨는 『생각 수업』(박웅현·진중권 외 7명 저, 알키)이라는 책에서 "책의 권위에 짓눌리지 말라." "아무리 좋은 책이라도 내 안에서 의미가 생기지 않는다면, 그 책은 읽으나 마나"라고 썼습니다. 덧붙여 이런 문장도 남겼습니다.

"아무리 많은 석학이 별로라고 했어도 그 책을 읽고 내 안에서 의미가 생긴다면 그 책은 좋은 책이고요. 이것이 나에 대한 존중, 곧 자존自尊입니다."

그는 이 책에서 "서울대학교 권장도서 100권이 모든 사람에게 권장될 수는 없다."라고도 말합니다. 그러면서 타인의 권장도서를 쫓기보다 나만의 권장도서를 찾으려는 노력을 기울이길 조언합니다. 우리 아이가 권장도서를 읽지 않아 뒤처지고 있는 듯한 불안감은 어쩌면 아이보다 우리 어른이 소유하는 감정은 아닐지 생각해볼 필요가 있는 대목입니다.

우리가 아이들에게 알려주어야 할 점은 책의 요약된 줄거리나 책을 빠르게 많이 읽는 방법이 아닙니다. 아이들이 권장도서를 몇 권이나 읽었는지 확인하는 감시자의 역할을 하고 있다면 여기서 그만두어야 합니다. 오히려 아이들이 평생 독자이자 독립된 독자가 될 수 있도록 도움을 줄 방법을 한 번 더 생각해보는 노력을 기울이는 편이 훨씬 좋습니다.

무엇을 배우는 데 있어 한 단계 위로의 성장은 아이가 자신의 학습에 대해 절대적인 주도권을 가지고 있을 때 더욱더 효과적으로 나타납니다. 이는 뚜렷한 목적의식과 동기를 중요시하는 '자기 주도적 학습'과도 상당히 일맥상통하는 부분입니다.

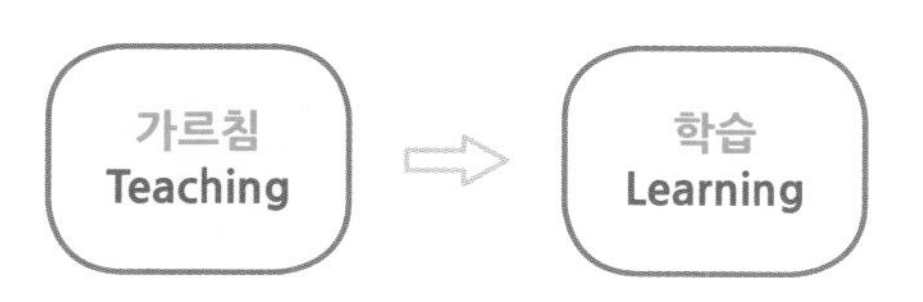

가르침Teaching에서 학습Learning으로 이동하는 순간 배움의 의미가 더 깊어지듯, 독서의 깊이와 공부 내공 역시 아이 스스로가 고른 한 권의 책에서 시작됩니다. 그러니 아이들이 서점이나 도서관에서 직접 골라온 그 책을 읽어달라고 눈을 반짝이며 다가올 때, 망설여야 할 어떠한 이유도 우리에게는 없습니다.

말하는 인형 미라벨

아스트리드 린드그렌 글 | 피자 린덴바움 그림 | 보물창고 | 2007.05.10.

인형이 소재로 등장하는 책이라, 인형을 좋아하는 아이라면 금방 호기심을 가지고 집중할 수 있는 책입니다. 우리 반 아이들에게 읽어주었을 때도 반응이 폭발적이었어요.

『말하는 인형 미라벨』을 소개하기에 앞서, 이 책의 작가 소개를 하지 않을 수 없는데요. 아스트리드 린드그렌은 1907년에 태어난 스웨덴의 유명한 그림책 작가입니다. 그녀가 유명한 이유는 우리가 책이나 영화로도 익히 알고 있는 『삐삐 롱스타킹』의 원작자이기 때문입니다. 얼굴의 주근깨를 자랑하며 머리카락을 양 갈래로 쫑쫑 땋아 내린 말괄량이 삐삐 말입니다. 엄마 아빠 없이 혼자 살지만, 자유분방하고 거침없이 역경을 헤쳐나가는 즐거운 아이 삐삐를 모르는 사람을 찾기가 오히려 어려울 정도이

말하는 인형 미라벨
아스트리드 린드그렌 글 | 피자 린덴바움
보물창고

지요. 이처럼 전 세계적으로 유명한 『삐삐 롱스타킹』은 그녀가 딸 카린에게 잠자리에서 자장가 대신 들려주었던, 즉석에서 지어낸 이야기라고 합니다.

글솜씨가 좋기로 유명했지만, 작가로서의 삶과는 거리가 멀었던 그녀가 작가의 길을 걸은 첫 계기는 다소 황당합니다. 그녀가 눈길에 미끄러져 다리를 다친 일 때문이었는데요. 움직이지 못해 아무것도 할 수 없으니 딸 카린에게 들려주었던 이야기를 글로 옮겨 써보기로 했다는군요. 그러다 공모전에 당선되어 책으로 출간된 『삐삐 롱스타킹』은 폭발적인 인기를 얻게 되었습니다.

아스트리드 린드그렌은 2002년 세상과 이별할 때까지 『삐삐 롱스타킹』 시리즈 말고도 꽤 많은 그림책을 출간했는데, 그중 하나가 바로 『말하는 인형 미라벨』입니다. 『삐삐 롱스타킹』 시리즈가 그러했듯 딸 카린에게 들려주는 마음으로 만들었을 책이라, 우리 아이들의 마음도 움직이게 하는지도 모르겠습니다.

책의 주인공은 '브리타'입니다. 처음부터 끝까지 브리타의 목소리로 이루어진 책입니다. 따라서 이 책을 읽어주는 사람도 브리타가 되어야 합니다. 브리타는 귀엽고 상냥하며 수다스러운 아이입니다. 안타깝게도 브리타의 집 형편은 넉넉하지 못합니다. 아빠가 버는 돈으로는 꼭 필요한 물건만 살 수 있는 정도예요. 브리타가 갖고 싶은 인형 같은 건 살 형편이 되지 못합니다.

그러던 어느 날, 브리타는 낯선 할아버지를 만납니다. 낯선 할아버지에게 작은 친절을 베푼 브리타는 할아버지에게서 '황금처럼 빛나는 작은 씨앗'을 선물 받게 되지요. 브리타는 그 씨앗을 텃밭에 심고 정성껏 물을 주며 가꾸기 시작합니다. 그런데 정말 신기한 일이 일어납니다. 씨앗에서 돋아난 것은 새싹이 아니라, 놀랍게도 브리타가 그토록 갖고 싶었던 '인형'이었거든요.

인형의 모자가 땅 위로 빼꼼 나오더니, 뒤이어 뽀글거리는 노란 머리카락이 보이기 시작합니다. 곧 허리까지 보이더니 이제는 무릎까지 보일 만큼 인형이 쑥쑥 자랍니다. 귀엽다며 어쩔 줄 몰라 하는 제 딸 지윤이의 모습이, 우리 반 교실에서도 그대로 재연되었습니다. 땅에서 자라난 귀여운 인형이라니, 책을 읽어주는 저는 작가의 상상력에 그저 감탄만 할 뿐입니다. 인형을 수확(?)한 브리타는 인형에게 '미라벨'이라는 이름을 지어줍니다. 그리고 곧 인형과 제일 친한 친구가 됩니다.

아이들이 이 책을 그리도 재미있어하는 또 다른 이유는 인형 미라벨이 말을 하고 춤도 추며 웃기도 하고 먹기도 한다는 겁니다. 물론 브리타의 엄마 아빠가 없을 때만이지만요. 아이들은 이 장면이 말도 안 되는 줄 알면서도 눈을 반짝이며 행복해했습니다. 아마도 린드그렌은 아이들의 이런 마음을 꿰뚫고 있었나 봅니다.

"맞아, 맞아! 엄마는 우리 숑이가 말도 못하는 인형이라고 그랬지? 거봐~ 이 책 좀 봐. 아니라니까? 우리 숑이도 웃고 먹고 춤도 춘다니까? 진짜야~"

이 그림책을 읽을 때마다 아이는 평소 자신이 좋아하는 인형 숑이의 이름을 대며 몹시 흥분합니다. 그동안 엄마인 제가 숑이를 너무 푸대접했다면서요. 우리 반 아이들도 자신의 집에 있는 인형들의 애칭을 읊어가며 보고 싶다고, 사랑한다고 서로 고백을 하기 시작합니다.

책 읽기는 작가와 독자가 주고받는 대화입니다. 작가는 한 명이지만, 독자는 불특정 다수라 어떤 식의 대화가 오고 갈지는 독자가 직접 책을 펼쳐 읽기 전까지는 알 수 없지요. 책장을 넘기며 책과의 대화에 '능동적'으로 빠져드는 신비한 체험은 책 읽기의 참맛을 느끼게 합니다. 같은 책이라 하더라도 독자의 상황과 마음가짐 등에 따라 다르게 와 닿을 수 있는 점이 바로 독서의 재미입니다. 그래서 독서는 개인적인 대화이며 체험입니다. 이 책을 읽는 부모님과 아이의 마음속에는 어떤 신비한 반응이 일어날지 궁금합니다.

이 책도 아이들에게 읽어주길 추천합니다

『은지와 푹신이』

하야시 아키코 글과 그림, 한림출판사, 1994.12.01.

제목에 '은지'라는 한국 아이의 이름이 등장해 다소 의외이긴 하지만, 일본의 동화작가 하야시 아키코가 쓰고 그린 그림책입니다. 푹신이라는 이름의 곰 인형이 은지와 함께 지내는 내용이 담겨 있는데요. 아이가 인형을 선택한 것 같지만 어쩌면 인형이 아이를 선택한 것일 수도 있겠다는 엉뚱한 생각이 드는, 아주 사랑스러운 그림책입니다.

『올리비아의 잃어버린 인형』

이안 팔코너 글과 그림, 주니어김영사, 2014.05.25.

올리비아는 개성 넘치고 좋고 싫음을 분명하게 말할 줄 아는 당돌한 말썽꾸러기 꼬마 돼지입니다. 올리비아가 아끼는 인형을 잃어버리자 온 집안을 헤집으며 인형을 찾는 장면에서는 우리 아이들이 애착인형을 찾는 모습이 그대로 보인답니다. 아빠가 새 인형을 사주셨지만, 원래의 인형을 세상에서 가장 사랑했던 올리비아가 인형의 망가진 곳을 직접 실로 꿰매주는 장면에서는 따뜻한 마음씨의 올리비아를 엿볼 수 있어요.

“

발표력을 키우는 방법이 있다고요?

”

‘침묵의 교실’인 상태에서 읽어주어야 몰입도가 올라가는 그림책도 분명 있지만, 모든 책이 그런 건 아니지요. 오히려 책의 내용과 느낌을 자유롭게 나눌 수 있는 ‘허용적인 분위기’가 되어야 개인의 텍스트 이해력과 감상력, 그리고 비판력까지 향상되는 그림책도 분명히 존재합니다.

이렇게 책을 읽어준 후 아이들에게 자연스러운 반응과 자기주도적인 목소리를 허용했더니, 가장 좋았던 점은 텍스트 이해력도 아니고 감상력도 아니며 비판력도 아니었습니다. 바로 내성적이고 수줍음이 많은 아이가 자신의 목소리를 내는 것이었습니다.

다른 사람들에게 자기 생각을 말해본 경험은 풍요로운 언어생활을 할 수 있는 기본 초석이 됩니다. 우리는 토론, 발표와 같은 다소 공식적이고 딱딱한 상황에서 말을 유창하게 하는 사람들을 보며 감탄합니다. 내 아이 역시 이와 같은 상황에서 유창하게 말할 수 있도록 연습을 시키는 스피치 학원도 성행하고 있고요. 하지만 스피치 학원보다 더 좋은 말하기 연습 방법은 바로 자연스러운 맥락과 비공식적인 상황에서 말을 많이 해보는 경험을 쌓는 것입니다.

자유롭게 이야기해보는 경험

우리나라의 도서관과 유대인의 도서관을 비교해보면 가장 큰 차이점이 하나 있다고 합니다. 바로 '정숙'의 여부입니다. 우리나라 도서관은 정숙을 최우선으로 유지해야 하지만, 유대인의 도서관은 기본적으로 시끌벅적한 토론 분위기라고 합니다. 주제를 두고 이야기하는 행동이 곧 토론 문화였던 셈이지요. 이런 점이 노벨상을 받은 유대인의 비율이 높은 이유(전 세계 인구의 2% 정도인 유대인이 역대 노벨상 수상자의 20%를 차지하고 있다는 건 결코 과장이 아닙니다)라고 여겨도 무방할 듯합니다.

정숙한 분위기에서 내 목소리를 내는 것과 허용적인 분위기에서 내 목소리를 내는 것은 다릅니다. 스피치 학원에 다니기보다 한 권의 책을 읽은 후 그 내용을 부모와 형제자매, 또래와 이야기 나누는 생활 속 경험이 훨씬 더 좋은 방법이라 할 수 있는 이유이지요. 결국 부모님과 이야기 나누어본 경험, 친구들과 이야기 나누어본 경험은 앞서 소개한 교육심리학자 레프 비고츠키의 사회문화적 인지이론에 나온 내용처럼 그 자체로 언어를 유창하게 사용하는 연습 과정인 셈입니다.

살아 있는 독후활동

책을 읽는 도중이나 다 읽고 난 후 그 순간의 감정을 자유롭게 이야기해보는 경험은 그야말로 '살아있는 독후활동'입니다. 저는 블로그나 강연장 등에서 부모님들께 이런 질문을 많이 받습니다.

"7~8세 아이들에게 독서 논술 수업을 본격적으로 시작해야 할까요?"

이 질문에 대해 저는 자신 있게 답할 수 있습니다.

"이 시기에는 책을 읽을 때 자유롭게 자기 생각과 느낌, 의견을 말하는 것만으로도 충분한 독서 논술 수업을 받고 있습니다!"

나아가 초등학교 3~4학년일지라도 학원에서 독서 논술 수업을 따로 받게 하기보다, 책을 읽고 함께 수다 떠는 모임을 만드는 편이 더 좋다고 조언하고 싶습니다. 그럼 또 많은 학부모님께서 이렇게 말씀하십니다.

"저는 아이에게 책을 많이 읽어주는 편이기는 해요. 그런데 아이가 자기 생각을 잘 말하지 못하는 것 같아요. 우리 아이는 그냥 입을 꾹 다물어 버리기만 해서 답답하네요."

네, 그럴수록 자유롭고 허용적인 분위기의 책 읽기와 책 읽어주기를 조성해야 합니다. 자유롭고 허용적인 분위기를 형성하려면 다음의 두 가지 조건이 충족되어야 하고요.

첫 번째, 어른의 강압적인 침묵이 없어야 합니다. 두 번째, 책을 읽어주는 사람은 독자를 절대 '평가'해서는 안 됩니다.

책을 읽어주는 시간만큼은 어른에게 어떠한 권위도 있어서는 안 됩니다. 아이들은 어른의 권위대로 책을 해석 당해 주입받는 게 아닌, 자기 스스로 나름의 방법을 통해 직접 책을 느낄 수 있어야 합니다. 내가 한 말이 누군가에게 평가받지 않을 때 아이들의 진짜 마음이 말로 표현되고, 이런 경험이 부단히 쌓인 아이는 그렇지 않은 아이보다 훨씬 유창하고 풍요로운 언어생활을 할 수 있습니다. 즉, 비공식적인 상황에서 유창하게 말하는 아이는 공식적인 상황에서도 자기 목소리를 내는 데 자신감이 있습니다.

아름다운 대화를 나눌 수 있는 시간

어른이 아이에게 책을 읽어주는 상황이 절대로 학교 수업 시간의 연장처럼 느껴지지 않기를 바랍니다. 읽어주는 책을 듣는 일이 아이들에게 공부와 학습의 연장선이라고 느껴져서는 안 됩니다. 자연스럽게 아름다운 대화를 나눌 수 있는 행복한 시간이라고 느껴지도록 노력해주세요.

아이들이 책을 읽거나 듣는 시간은 국어 공부를 하는 시간이 아니어야 합니다. 아이들이 어른의 숨겨진 의도를 눈치채는 순간, 함께 책을 읽고 나누는 시간은 시키니까 해야만 하는 하나의 숙제로 전락하고 맙니다.

부모와 교사 등 어른의 질문에 얼마나 빠르게 가장 정확한 정답을 말하느냐가 아니라, 이야기에 대한 자신만의 생각을 스스로 자유롭고 거침없이 구성할 줄 아느냐가 더 중요한 점입니다. 특히 독서를 꺼리는 아이들일수록 책을 읽어주는 시간이 더욱더 자유롭고 허용적이어야 합니다.

책을 읽어주는 사람은 아이의 반응에는 주목하되 그것이 옳고 그름을 임의로 판단해서도 안 되고, 책의 내용과는 관계없는 장난스러운 감상으로 치부해서도 안 됩니다. 오히려 아이들의 다양한 해석이 어른들에게도 책 읽기의 재미를 가져다줄 수 있답니다.

책을 통해 우리는 과연 무엇을 '성취'해야 할까요? 물론 독서를 통해 우리는 많은 유익한 점을 충분히 '성취'할 수 있음을 알고 있습니다. 책을 통해 성취할 수 있는 장점을 나열하자면 아마 지면이 모자랄 거예요. 하지만 적어도 초등학생들에게 책이란, 굳이 무언가를 얻기 위한 도구가 될 필요는 없습니다. 그저 재미있는 시간임을 느낄 수 있는 추억으로 만족해도 충분하지 않을까요? 그 시간이 재미있다고 느낀 어린이는 책을 읽는 시간을 스스로 점차 늘리며 향유할 수 있습니다.

지금은 책을 향유할 수 있는 것만으로도 큰 성과이자 행운입니다. 이것이 가능해지면, 공부 내공은 덤으로 얻는 보너스가 되겠지요. 우리 아이들이 평생 독자가 될 수 있는 첫 번째 관문, 바로 지금입니다.

하지만 하지만 할머니

사노 요코 글과 그림 | 상상스쿨 | 2017.02.25.

생각과 느낌을 자유롭게 나누기에 아주 탁월한 재미가 있는 그림책을 소개합니다. 일본의 동화작가 사노 요코의 『하지만 하지만 할머니』입니다.

제가 처음 읽은 사노 요코의 책이 저에게는 무한한 감동을 주었던 『100만 번 산 고양이』(비룡소)였기에, 사노 요코를 굉장히 서정적이고 얌전하며 생각이 깊은 차분한 이미지의 여성이라고 생각했었습니다.

하지만 그녀의 에세이집을 읽고 나니 생각이 바뀌었습니다. 그녀는 서정적이기는커녕 오히려 박력 넘치고 엉뚱하기까지 한, 조금은 별난 이미지의 작가였습니다. 그녀는 1938년에 태어나 2010년, 이 세상과 이별하기 직전까지 많은 에세이를 썼습니다. 우리나라에도 그녀의 에세이가 많이 번역 출

상상 그림책 학교 16

하지만 하지만 할머니

사노 요코 글·그림 | 엄혜숙 옮김

상상스쿨

간되어 있는데, 책 제목부터 아주 독특해 눈길을 사로잡습니다.

『사는 게 뭐라고』(마음산책) 『열심히 하지 않습니다』(을유문화사) 『아니라고 말하는 게 뭐가 어때서』(을유문화사) 『죽는 게 뭐라고』(마음산책) 『자식이 뭐라고』(마음산책) 『문제가 있습니다』(샘터사)라니, 정말 그렇죠?

사노 요코의 수많은 작품 중 『하지만 하지만 할머니』는 사노 요코의 평소 성격을 가장 많이 담아낸 작품 같습니다. '98세 할머니'와 '어린 고양이(사노 요코의 다른 그림책에도 고양이가 자주 등장합니다)'가 사는 작은 오두막집이 이 책의 첫 장면입니다. 그림에서 느껴지는 할머니의 온화한 성품이 독자의 마음을 더욱 편안하게 만들어주는데요. '98세 할머니'라고 했을 때 머릿속에 떠오르는 그런 유약함보다는 오히려 풍채 좋은 넉넉함이 느껴집니다.

할머니의 어린 고양이는 할머니에게 어떤 일이든 즐겁게 해보자고 제안합니다. 그럴 때마다 할머니는 늘 자신의 나이를 언급하며 그 가능성을 덮어요. 98이라는 숫자 안에는 "하지만…"이라는 말과 함께 할머니의 가능성들이 숨겨져 있습니다.

이야기의 흐름은 할머니께서 99살 생일이 되자 새롭게 달라집니다. 99개의 초를 산 어린 고양이가 그만 5개의 초를 제외한 나머지 전부를 강물에 빠뜨려버린 겁니다. 졸지에 다섯 살 생일 케이크의 촛불을 꺼야 했던 할머니는 마법에 걸린 듯 변하기 시작합니다. 무슨 일이든 다섯 살 아이의 마음가짐으로 임하기로 한 거죠. 할머니의 바뀐 마음가짐은 그동안 불가능하다고 여겼던 모든 일을 가능케 했습니다.

숫자 앞에 자신을 가두는 모습보다, 무엇을 하든 다섯 살 어린이의 마음가짐으로 한다면 즐겁지 않은 일이 없다는 『하지만 하지만 할머니』의 내용에서도 사노 요코의 이런 태도를 엿볼 수 있습니다.

책을 다 읽은 후 아이들은 서로 자기의 감상을 나누느라 바쁩니다. 특히 자신의 다섯 살 시절 이야기를 너나없이 쏟아내었는데, 그 내용이 참 재미있고 귀여웠어요.

"선생님, 저는 다섯 살 때 침대 아래에서 귀신이 나올까 봐 밤마다 진짜 무서웠어요!"
"선생님! 저도 다시 다섯 살이 되고 싶어요. 저 그때 지인~짜 귀여웠거든요!"
"그런데 우리가 진짜 다섯 살처럼 행동하면 엄마한테 진짜 혼날 걸? 아기짓 한다고!"

아이들의 발표를 듣느라 시간이 모자랄 지경입니다. 발표하는 아이들도, 이야기를 듣는 아이들도 까르르 웃느라 정신없었거든요. 이렇게 여럿이 이야기를 나누며 읽었을 때 곱절 이상으로 재미있는 책이 있답니다. 책을 읽고 이야기를 공유하며 함께 생각을 나누는 행위를 즐거운 일로 인식하는 순간이야말로, 독서 토론의 첫걸음이 아닐까요?

이 책도 아이들에게 읽어주길 추천합니다

『두고 보자! 커다란 나무』

사노 요코 글과 그림 | 시공주니어 | 2018.05.01.

커다란 아름드리나무가 있습니다. 하지만 이 나무의 주인인 아저씨에게는 귀찮고 성가신 나무일 뿐입니다. 나무에 놀러 오는 새들도, 바람이 불 때마다 자꾸만 떨어지는 잎사귀들도 아저씨에게는 화가 나고 짜증이 나는 일이었거든요. 결국 아저씨는 나무를 베어버리고 말지만, 곧 그동안 누렸던 일상이 나무 덕분이었음을 깨닫게 됩니다. 뒤늦게 나무의 소중함을 알게 된 아저씨처럼, 우리도 우리 곁에 언제나 있지만 소중하다고 느끼지 못하는 존재는 무언지 생각해볼 만한 그림책입니다.

『산타클로스는 할머니』

사노 요코 글과 그림 | 나무생각 | 2008.12.17.

크리스마스이브입니다. 하나님은 아이들에게 선물을 배달할 산타클로스를 공개 모집하는데요. 할머니는 손주를 위해 산타클로스에 지원하게 됩니다. 주변 베테랑 산타클로스가 이런 할머니를 걱정하며 만류하는데도, 할머니는 꿋꿋이 손주에게 선물을 배달합니다. 비록 새 선물이 아닌 헌 선물이었지만, 할머니는 알고 있습니다. 그 선물을 받고 좋아할 손주의 모습을요.

소리 내어 읽어도 괜찮을까요?

어린이들이 책을 읽는 모습을 보면 의아할 때가 많습니다. 모두 똑같은 장면으로 보이지만, 자세히 들여다보면 그렇지 않거든요.

아이마다 책을 읽는 방법과 전략은 모두 다릅니다. 소리 내 책을 읽는 것을 좋아하는 아이가 있으면 조용한 독서 분위기를 좋아하는 아이도 있습니다. 자신이 좋아하는 책 한 권을 반복해서 읽는 아이가 있는 반면, 책을 읽을 때마다 매번 다른 책을 고르는 아이도 있습니다. 페이지 한 장을 넘기는 데 시간이 아주 오래 걸리는 아이가 있는 반면, 꽤 빠른 속도로 책장을 휙 넘기는 아이도 있습니다. 아이들에게도 각자 나름의 독서 전략이 있는 셈입니다.

하지만 대부분의 부모님은 책장을 빨리 넘기는 아이를 걱정합니다. 책을 제대로 읽어 머릿속에 담아두는 과정이 너무 엉성해보여 불안해합니다. 하지만 이 또한 아이들의 독서 전략임을 인정해 주어야 합니다. 여기서는 독서 전략과 함께 다양한 종류의 독서 방식을 소개하고, 각각의 특징 및 장단점을 알아보도록 하겠습니다.

다양한 독서 방식

독서 방식은 '읽는 방법'에 따라 여러 가지로 나눌 수 있는데, 여기서는 크게 '음독音讀, Oral Reading' '묵독默讀, Silent Reading'으로 분류하여 보겠습니다.

음독 : 소리 내어 읽기	묵독 : 소리 내지 않고 의미를 파악하며 읽기

먼저 '음독'이란 책을 소리 내어 읽는 것입니다. 문학 작품을 낭독하는 것도 음독의 한 종류라고 할 수 있는데요. 어린이는 음독이 아니면 그 의미를 명확히 파악하지 못하는 경우가 종종 있습니다. 그래서 책을 읽을 때 자기도 모르게 글자를 소리 내 읽곤 하지요. 즉, 아이들이 마음속으로 책을 읽다 도중에 갑자기 소리 내어 읽을

때는 그 부분이 이해가 잘 안 된다는 뜻으로, 텍스트를 이해하기 위한 보다 적극적인 행동이라고 이해하면 됩니다. 그러니 "조용히 해! 눈으로 책 읽어야지!"라고 말하는 등 자칫 엄하게 지도하지 않도록 주의해주세요.

'묵독'은 음독과 대비되는 개념이라고 할 수 있는데, 소리 내 읽지 않으면서 의미를 파악하는 독서 방식입니다. 소리 내 읽는 음독이 글자 단위의 읽기라면, 묵독은 문장 단위인 의미 위주의 읽기라고 할 수 있어요.

음독은 텍스트를 의미화하는 과정에서 '소리'라는 매개체가 있고, 묵독은 '소리'라는 매개체가 생략되어 있습니다. 묵독이 가능하면 음독할 때보다 더 많은 양의 글자를 더 빨리 이해할 수 있기에, 우리는 음독을 묵독을 향한 하나의 과정으로 여기기도 합니다.

과거 우리나라 학자들은 묵독보다 음독을 즐겨한 듯합니다. 같은 책을 스승과 한목소리로 소리 내 읽는 제자들이 있는 서당 풍경이나, 선비가 방에서 글을 읊는 장면을 우리는 쉽게 떠올릴 수 있습니다. 하지만 세상이 발전하면서 인쇄술도 발전하여 더 많은 텍스트를 더욱더 빨리 인쇄할 수 있게 되었고, 그로 인해 읽어야 할 텍스트가 많아지게 되었습니다. 그래서 요즘 시대에는 음독보다는 묵독의 신속·정확한 효율성이 더 인정받고 있는 추세입니다. 또 이전 시절의 공동체적인 독서보다는 개개인의 내적 사색이 더 필요해졌기 때문에 묵독이 좀 더 인정받기도 합니다.

어린이들이 책을 읽는 방식

어린이들이 책을 읽는 방식이 어떻게 변화했는지에 관한 연구를 살펴볼까요? 도서 교사 게리 라이트Gary Wight는 10월, 이듬해 2월, 5월 세 차례에 걸쳐 초등학교 1학년 아이들의 독서방식을 관찰했습니다.*

학년 초인 10월에는 입술의 움직임이 있는 어린이가 15명, 묵독하는 어린이가 10명, 중얼거리는 어린이가 5명, 속삭이는 어린이가 8명, 음독하는 어린이가 2명이었습니다. 그러던 것이 이듬해 5월에는 묵독하는 어린이가 20명, 입술의 움직임만 있는 어린이가 19명, 속삭이는 어린이가 1명, 음독하는 어린이는 한 명도 없었습니다. 1학년 아이들이 학기를 보내며 묵독을 학습하게 된 것입니다.

실제로 미국의 심리학자이자 교육학자인 에드워드 손다이크Edward Lee Thorndike의 영향을 받아 독서 테스트 연구가 시작되면서, 묵독이 음독보다 이해와 속도 면에서 더 효율적이라는 결과를 객관적으로 얻기도 했습니다. 하지만 음독은 묵독을 위한 과정이므로 한글 읽기를 막 시작한 어린이들에게 굳이 음독을 하지 못하게 막을 이유는 없습니다.

---

* Gary Wright, "Are Silent Reading Behaviors of First Graders Really Silent?", Ross Sherman and Timothy B. Jones, 2004.

음독의 마법

몇 해 전 가르쳤던 초등학교 1학년 중 혁진이가 있었습니다. 귀염성 있고 사교적인 아이였지만 혁진이의 교우 관계를 가로막는 큰 장벽이 있었으니, 바로 혁진이의 어눌한 발음이었습니다.

교사인 저 또한 혁진이의 말을 60% 정도만 이해할 수 있을 만큼 발음이 어눌했고, '기역' '리을'과 같은 특정 자음을 전혀 발음하지 못했습니다. 처음 입학했을 때 혁진이와 혁진이 가족은 정작 혁진이의 어눌한 발음을 인지하지 못했었습니다. 그러다 친구들에게서 "혁진이 말은 잘 못 알아듣겠다."라는 이야기를 듣는 상황이 반복되자 자신도 문제로 인식하기 시작했지요.

저는 혁진이에게 1교시 시작 전, 5분간 소리 내어 그림책을 읽어 보는 연습을 하게 했습니다. 꾸준히 한 결과, 혁진이의 발음에는 확실한 발전이 있었습니다. 언어치료가 필요할 수도 있었던 혁진이의 모습이 온데 간데 없어진 것입니다.

혁진이의 경우가 아주 특이한 케이스는 아닙니다. 1학년 아이들 중에는 혁진이 말고도 발음이 미성숙한 아이가 교실 내에 많이 있지요. 제가 가르쳤던 또 다른 아이는 유독 '리을' 발음에 어려움을 겪었습니다.

다른 발음은 바르게 소리 내지만 오로지 '리을' 발음에만 어려움을 겪으니, 의사소통에는 큰 불편은 없었습니다. 하지만 받아쓰기가 문제였습니다. 아이 스스로가 '리을' 발음과 '디귿' 발음을 혼용하다 보니 소리 또한 구분해내지 못했습니다.

예를 들어 '우리 아이들'과 '우리 아이를'을 소리로 구분하지 못했던 것이지요. 이 아이에게도 '하루 5분 소리 내어 그림책 읽기'를 권했고, 아니나 다를까 분명한 변화를 불러왔습니다. 아이가 처음 '리을' 발음을 제대로 하던 날, 박수를 치며 좋아하던 아이의 모습이 생각납니다.

발음이 미성숙한 아이뿐만 아니라, 수학문제집을 풀 때도 음독은 필요합니다. 특히 문장제나 서술형 문제를 풀 때는 문제 속에 들어있는 힌트를 어떻게 찾아내느냐가 관건인데요. 문제가 완벽히 이해되지 않은 상태에서는 절대 그 힌트를 찾아낼 수 없습니다.

이럴 때는 문제를 천천히 소리 내어 읽으면서, 머릿속에 그 문제의 상황을 이미지화해볼 수 있도록 합니다. 간혹 부모님 중에는 아이가 수학 문제를 소리 내 읽으면서 푸는 모습에 걱정을 하는데, 전혀 걱정할 일이 아닙니다. 이렇게 음독하며 문제를 푸는 연습을 하다보면, 묵독하며 문제를 푸는 것도 훨씬 쉬워진답니다.

이처럼 음독이 필요한 상황, 묵독이 필요한 상황이 있습니다. 초등학교 1학년이 되었다고 해서 음독에서 곧장 졸업할 수 없음을 기억해주세요.

루빈스타인은 참 예뻐요

펩 몬세라트 글과 그림 | 북극곰 | 2014.04.19.

스페인의 작가 펩 몬세라트가 쓰고 그린 『루빈스타인은 참 예뻐요』라는 그림책을 소개합니다. 이 책은 제목이 본문 속에서 등장합니다. 띄어 읽기가 수월하도록 문장 속 띄어쓰기가 적당히 배치되어 있고, 아이들의 호흡에 맞게 문장의 길이도 길지 않은 편입니다. 또 '~처럼'과 같은 비유적 표현도 있어 아이들이 소리 내어 읽는 연습을 하기에 안성맞춤입니다.

"루빈스타인은 참 예뻐요."

제목을 읽어주고 난 뒤 아이들에게 표지를 보여주었습니다. 아이들의 반응이 제각각인 것을 보니 참 신기합니다. 아이들마다 이미지를 받아들이는

루빈스타인은
참 예뻐요
펩 몬세라트 글·그림 이순영 옮김
북

방식이 모두 다름을 다시 한번 느낍니다. 생각보다 루빈스타인이 예쁘지 않다는 반응, 루빈스타인의 눈이 빨갛기 때문에 조금 무섭다는 반응, 눈이 슬퍼 보인다는 반응도 있었습니다(아! 이 책을 다 읽어준 후 다시 표지를 보여주세요. 아이들의 반응이 또 달라져 있음을 느낄 거예요).

루빈스타인은 참 예뻐요.
하지만 아무도 몰라요.

이 책은 위 두 문장의 반복입니다. 이렇게 보석 같은 눈을 가지고 있고, 조각처럼 오똑한 코가 있고, 새처럼 우아한 손과 발을 가지고 있는데도 사람들이 루빈스타인의 아름다움을 알아차리지 못하는 이유가 있습니다.

루빈스타인은 전 세계에서 유일무이하게 턱수염이 수북한 여자였으니까요. 하지만 이런 루빈스타인의 아름다움을 용케도 알아봐주는 한 남자가 있었으니, 그의 이름은 파블로프! 루빈스타인도 파블로프의 멋짐을 곧바로 알아볼 수 있었습니다. 둘은 곧 사랑에 빠지게 됩니다.

루빈스타인은 참 예뻐요.
하지만 아무도 몰라요.
파블로프는 참 멋져요.
하지만 아무도 몰라요.

사람들은 또 무엇 때문에 파블로프의 멋짐을 알아보지 못했던 것일까요? 그건 아이와 함께 책을 읽으며 느껴보실 수 있도록 여기에서는 소개를 멈추겠습니다.

이 책을 다 읽고 우리 집 딸들, 그리고 우리 반 아이들과 이런 이야기를 나누어보았습니다.

"왜 사람들은 루빈스타인의 아름다움을 몰랐었지? 맞아. 바로 수염 때문이었어. 사람들은 그 수염 때문에 루빈스타인의 아름다움을 제대로 알아보지 못했었지. 그렇지만 딱 한 사람은 달랐어. 맞아. 파블로프. 파블로프는 루빈스타인의 아름다움을 알아봤지. 우리도 그런 사람이 되자. 그 사람의 진짜 아름다움을 발견해주는 사람. 내 친구의 좋은 점을 발견해주는 사람. 서로의 장점을 더 추켜세워줄 수 있는 그런 사람 말야."

"루빈스타인은 참 예뻐. 아무리 덥수룩한 수염이 있다고 해도 참 예쁜 사람이야. 우리도 모두 마찬가지야. 모두 예쁘고 멋있는 사람이야. 우리 책 제목을 한 번 바꿔서 말해볼까? '루빈스타인' 대신에 내 이름을 집어넣는거야. '예뻐요' 대신에 '멋져요'라고 바꿔 봐도 좋아. 자~ 준비됐지? 하나. 둘. 셋!"

"OOO은 참 예뻐요!"
"OOO는 참 멋져요!"

멋쩍은 웃음이 교실에 넘쳤지만, 제목을 말할수록 아이들의 표정이 당당해짐을 느낄 수 있었습니다.

우리 사회에 즐비한 외모지상주의 속에서 우리 아이가 뚝심 있는 자존감을 지닐 수 있도록 아이들에게 말해주세요. 우리는 모두 참 예쁘고 멋지다고 말이에요.

이 책도 아이들에게 읽어주길 추천합니다

『햄스터 마스크』

우쓰기 미호 글과 그림 | 책읽는곰 | 2014.05.30.

일본의 초등학교 교사 우쓰기 미호가 쓴 그림책입니다. 『치킨 마스크』, 『상어 마스크』, 『햄스터 마스크』 등 〈마스크〉 시리즈 중 하나인데요. 아이들이 제일 좋아하는 책입니다. 아이들의 시각에서 쓰인 책이라 소리 내 읽기에 부담이 없고, 땀과 노력으로 일군 결과가 더 보람 있다는 교훈도 유머러스하게 담고 있답니다.

『구름빵 』

백희나 글과 그림 | 한솔수북 | 2004.10.01.

백희나 작가의 그림책은 아이들에게 언제나 인기 만점입니다. 구름빵은 애니메이션적인 요소가 많은 그림책이라, 아이들이 말하듯이 소리 내 읽기에도 아주 좋아요.

듣는 독서를 거부할 땐 옛이야기를 들려주세요

몇 해 전 담임했던 반에서는, 일주일에 한 권씩 아이들에게 책을 읽어주는 그 평화로운 시간을 한사코 싫어하던 아이가 있었습니다. 자리에 앉아 눈으로는 그림을, 귀로는 이야기를 듣는 일이 힘든 일도 아닐 듯한데 그 아이는 처음부터 단호하게 말했었습니다.

"선생님! 저는 진짜 책이 싫어요!"

책이 싫다는 그 아이에게 책상 위에 엎드려만 있어도 좋으니 귀만 열어 이야기를 들어보라고 겨우 협상한 후 책을 읽어주었는데요. 세상에, 목석같이 단단하게 엎드려 있던 그 아이를 일으키게 한 마법 같은 그림책이 몇 권 있었습니다.

그 책들을 살펴보니, 공교롭게도 모두 '우리나라의 옛이야기'*였습니다. 그러고 보면 신기하게도 옛이야기 한 편을 제대로 구성지게 읽어주는 걸 거부하거나 싫어하는 아이는 정말 없었습니다. 저는 책에 친숙하지 않은 7~8세 어린이라면 옛이야기로 책 읽기를 시작해보기를 적극적으로 권합니다. 옛이야기를 읽어주는 일이 아이가 책에 흥미를 붙이는 데 큰 도움이 되리라고 확신합니다. 대체 아이들은 옛이야기의 어떤 요소에 눈과 귀는 물론 생각까지 매료당하는 것일까요?

독해력이 부족하다면, 옛이야기

옛이야기는 어휘나 문장에 집중하는 책이 아닙니다. 낱말이나 문장보다 머릿속에 떠올려지는 이미지로 먼저 다가오는 책이지요. 사실, 따지고 보면 옛이야기는 본래 '읽는' 책이 아닙니다. 엄밀히 말하면 '듣는' 책입니다. 우리 어릴 적, 엄마 아빠

---

* '옛이야기' '전래동화' '민담' '설화' 등 비슷한 용어들의 구분이 명확하지 않습니다. 하지만 '전래동화'가 어린이들을 위한 옛이야기라는 점에서, '옛이야기'가 조금 더 넓은 영역의 의미를 지닌다고 생각해볼 수 있겠습니다.

나 할아버지 할머니에게서 듣던 전래동화가 바로 그 옛이야기였던 것처럼 말입니다.

옛이야기가 글자를 모르던 시절의 우리 조상들로부터 입에서 입으로 전해져 지금에 이르기까지 살아남을 수 있었던 힘은, 바로 옛이야기가 이미지로 떠올리기 쉽기 때문이 아닐까 생각해봅니다. 이런 이유로, 독해력이 아직 완성되지 않은 취학 연령의 아이들에게 옛이야기는 매력적일 수밖에 없지 않을까요? 어릴 적 옛이야기를 들려주시던 우리네 할머니의 목소리가 우리에게 마냥 흥미진진했듯, 친근한 어른에게서 듣는 옛이야기는 아이들에게는 어떤 애니메이션보다 즐거운 일이 되기에 충분합니다.

판타지적인 내용 전개 또한 옛이야기의 인기에 한몫합니다. 아이들이 듣기에 그 내용이 참 신통방통하겠지요. 예를 들어볼까요? 혹부리 영감의 혹이 없어지는 이야기, 욕심쟁이 할아버지에게는 혹이 하나 더 붙는 이야기, 며느리가 방귀를 뀌어 배나무에서 배가 우수수 떨어지는 이야기, 소의 탈을 쓰기만 했을 뿐인데 정말 소가 되어버린 게으른 청년 이야기 등 현실에서는 일어날 수 없는 일이 그 짧은 이야기 안에 다 담겨 있으니 얼마나 신기하겠어요?

시간과 공간의 제약도 비교적 없는 편입니다. 『심청전』에서 심청이는 깊은 바다에 빠져도 바닷속 용궁에서 아버지를 다시 만날 수 있기를 기다립니다. 『해와 달이 된 오누이』에서는 호랑이를 피해

동아줄을 잡고 하늘나라에 올라가기도 합니다. 아이들에게 이런 판타지적인 요소는 짜릿한 즐거움을 가져다줍니다.

전래동화의 두 얼굴

교사들이 가장 선호하는 한국 전래동화와 외국 전래동화 각 10편에서 등장하는 부정적 요소의 빈도를 조사한 논문이 있었습니다. 여기에서 말하는 부정적 요소란 폭력성, 반사회적 표현, 가치 전도, 성적 표현, 언어적 모순, 죽임 등이었습니다.

전래동화 10편에서는 부정적 요소가 놀랍게도 총 86회나 등장하는데 폭력성(48.25%), 반사회적 표현(26.67%), 가치 전도(13.65%), 죽임(7%), 언어적 모순(4.2%), 성적 표현(0.31%)의 순이었습니다. 폭력성 항목을 조금 더 자세히 살펴보았더니, '공포 및 위협'이 62회로 '언어폭력(41회)'보다 앞섰습니다. 아이 중 일부가 전래동화를 들으며 종종 무서움을 느끼는 이유가 바로 이 때문이었습니다.

외국 전래동화는 한국 전래동화보다 2.5배나 많은 부정적 요소가 출현하였는데, 특히 외국 전래동화와 비교했을 때 한국 전래동화에서는 폭력성 부분의 출현 횟수가 현저히 낮았습니다. 교사들이 아이들에게 책을 읽어주거나 책을 활용하여 수업할 때 외국 전래동화보다 한국 전래동화를 더 많이 선호하는 이유와도 연관이 있다고 추측할 수 있습니다.

따라서 5세 이하의 유아들에게 전래동화를 읽어줄 때는 될 수 있으면 그 책의 내용에 있을지 모르는 부정적 요소들을 부드럽게 바꿔 읽어주거나, 상대적으로 부정적 요소들이 없는 내용의 전래동화로 골라 읽히는 편이 좋습니다.

같은 전래동화라도 다르다

전래동화는 같은 이야기라도 출판사나 옮겨 적은 저자에 따라 매우 다른 매력을 가지게 됩니다. 사용되는 어휘와 분위기가 다르기 때문이지요. 어떠한 영상 기법으로 이미지화되었느냐에 따라 등장인물과 배경의 모습도 완전히 달라질 수 있습니다. 그러니 여러 출판사, 여러 작가의 책 중 옛이야기가 가지는 교육적 가치를 잘 담은 책을 찾는 것이 중요합니다. 분명 보다 세심하고 바르게 옛이야기를 구현한 책이 있습니다.

아이들에게 책을 읽어줄 때 저 역시 이 부분을 고려합니다. 한 예로, 현직에서 아이들을 가르치시며 수많은 옛이야기 책을 쓰신 서정오 선생님의 옛이야기 그림책은 같은 전래동화인데도 아이들의 반응이 특별히 좋았습니다.

『똥 뒤집어쓴 도깨비』(토토북) 『호랑이 뱃속 구경』(보리) 『팥죽 할

멈과 호랑이』(보리) 『꼬리에 꼬리를 무는 만 냥짜리 이야기』(별숲) 『북두칠성이 된 일곱 쌍둥이』(봄봄) 등의 그림책은 읽어주는 편마다 아이들에게 큰 웃음이 터졌지요. 빅 재미를 보장하는, 그야말로 흥행 보증수표였습니다.

전래동화와 세계명작

우리나라에 전래동화가 있다면, 외국에는 세계 명작동화가 있습니다. 이 둘은 비슷한 점이 참 많습니다. 특히 '권선징악 스토리'가 그렇습니다. 계모에게서 자랐지만 착하고 성실했던 신데렐라는 결국 왕비가 되었고, 이 세상에서 제일 아름답다는 이유만으로 새 왕비의 위협을 받았던 백설 공주도 결국 왕자를 만났습니다. 이렇게 권선징악의 스토리가 많이 나오는 이유는, 옛이야기와 세계 명작동화는 그 나라 문화 중 후손들이 이어받기를 원하는 가치관이 집약된 도덕적인 훈화 내용이 많기 때문입니다.

전래동화에 스며들어 있는 환상적인 내용은 어린이들에게 무한한 상상력과 문학적 표현력을 기르게 합니다. 허구성이 풍부하고 환상적인 이야깃거리로 아이들의 호기심을 불러일으키고 정서를 자극하여 아이들의 상상력을 신장하는 데 소중한 학습 자료*가 될

* 김기창·최운식, "전래동화 교육의 이론과 실제", 집문당, 1988.

수 있습니다. 아이들은 전래동화를 들으며 현실에서는 이루지 못하는 꿈을 펼치고는 합니다. 이와 같은 일을 상상해보는 일은 묘한 해방감을 맛볼 기회가 되기도 하니까요. 책과 친하지 않은 아이들이 아직 있다면, 그 시작은 전래동화 어떨까요?

밥 안 먹는 색시

김효숙 글 | 권사우 그림 | 길벗어린이 | 2006.12.13.

전래동화의 판타지적인 내용이 더욱 돋보이는 그림책 한 권을 소개합니다. 옛이야기를 연구하는 김효숙 작가가 펴낸 『밥 안 먹는 색시』라는 책입니다. 1923년 '이 씨'라는 여성에게서 받아 적은 기록이 이 이야기의 가장 오래된 기록이라고 합니다. 약 100년 전의 기록을 우리 아이들이 읽으며 웃을 수 있다니, 이 얼마나 짜릿한 순간인지 모릅니다.

한 남자가 결혼했습니다. 남자와 결혼한 색시는 아주 큰 입을 가졌습니다. 남자는 색시의 큰 입이 항상 불만이었습니다. 그 큰 입으로 밥을 너무 많이 먹어 살림살이가 가난해진다고 생각했기 때문입니다.

입이 큰 색시가 정말 많이 먹긴 했나 봅니다. 화가 머리끝까지 난 남자가

천둥거인
옛날이야기 1
밥 안 먹는
색시
김효숙 글 | 권사우 그림
천둥거인

색시의 배를 손가락으로 푹 찔렀더니, 배가 펑~ 하고 터져버렸거든요.

아이들은 시키지도 않았는데 동작으로 이야기를 표현하기 시작합니다. 어떤 아이는 배를 앞으로 불쑥 내밀곤 두들기며 와구와구 먹는 동작을 표현하고, 다른 아이는 자신의 손가락으로 옆 친구의 배를 퐁~ 하고 찌르며 "펑!" 하는 자체 효과음도 내보기도 합니다. 어떤 친구는 배가 터져 죽는 상황을 연기하고요. 이렇듯 아이들은 책을 읽으며 자연스럽게 역할극을 하기 위해 자기 스스로 재연 배우를 자처합니다.

책을 읽는 도중 아이들이 이런 '반응'을 보인다는 것은, 책 속 텍스트를 얼마나 잘 이해하고 있는지를 알 수 있는 척도가 됩니다. 간혹 책의 이야기를 잘 이해하지 못하고 있던 아이들도 또래 친구들의 즉석 역할극을 보고는 책의 내용을 이해하게 되지요. 이는 나이가 어린 아이들에게 책을 읽어줄 때, 몸짓과 표정을 곁들여 읽어주면 아이들이 더 잘 몰입하게 되는 것과 같습니다. 간혹 책 속 텍스트를 읽다 말고 갑자기 역할극을 하는 아이들을 보며 텍스트 집중력이 없다고 걱정하는 어른도 있습니다. 하지만 아이의 나이가 어릴수록 책 속 인물의 말과 행동을 생동감 있게 따라 해보게 하는 것을 저는 더 추천합니다. 아이들이 책에 흥미를 갖게 되는 데 꽤 효과적이기 때문이지요.

문학 반응은 한 편의 시와 이야기 및 소설을 읽는 중에, 또는 읽고 나서 수행되는 인지적·정의적·지각적·정신적 활동을 포함하는 모든 것을 말합니다. 우리나라에도 문학 반응과 관련된 연구가 있습니다.* 이 연구에서는 문학 반

---

* 「초등학교의 반응중심 문학교육 방법 연구」(이희정, 한국교원대학교 교육정책전문대학원, 1999.)

응을 ‘텍스트와 교류하며 독자의 마음속에 일어나는 내면적 변화’와 ‘텍스트에 대한 사고나 감정이 외부의 징표로 드러나는 것’이라고 정의했습니다.

그런데 여기서 주목해야 할 부분은 문학 반응을 끌어내는 데는 세 가지 변인, 즉 ‘독자’와 ‘텍스트’ 그리고 ‘상황’이 있다는 점입니다. 쉽게 말해 어떤 ‘아이들’이 어떤 ‘텍스트’를 어떤 ‘상황’에서 읽느냐에 따라 문학 반응이 크게 달라진다는 뜻입니다. 독자의 나이가 어릴수록 더욱더 몰입하여 참여하는 양상으로 반응을 하며, 나이가 많을수록 텍스트를 해석하고 요약하는 양상으로 반응한다는 것이지요. 텍스트의 난이도와 장르, 길이 등도 반응을 끌어내는 데 중요한 요인이 됩니다.

책을 읽을 때 나타나는 아이들의 여러 가지 반응을 ‘텍스트에 집중하지 못하는 현상’이라고 치부하지 말아야 합니다. 부모가 아이들에게 책을 읽어줄 때 출현하는 아이의 목소리는 ‘끼어드는’ 소리가 아닙니다. ‘반응하는’ 목소리입니다. 여러 연구에 따르면, 이렇게 ‘몰입하여 끼어들며 반응’하는 양상은 기껏해야 구체적 조작기를 지나는 어린이 시절뿐입니다. 아이들의 나이가 많아질수록 ‘해석’하는 양상으로 반응의 양상이 달라지니 자녀의 목소리를 들을 날도 사실, 얼마 남지 않은 셈입니다.

다시 『밥 안 먹는 색시』 그림책으로 돌아와 보겠습니다. 남자는 새로운 색시를 얻었습니다. 이번 색시는 입이 정말 작아서, 밥알 세 알도 겨우 먹고는 배부르다고 말해 남자를 기분 좋게 해주었습니다. 곧 부자가 될 수 있으리라 생각했거든요. 하지만 안타깝게도 이 기분 좋은 느낌은 오래가지 못했습니다. 곳간에 쌀이 자꾸 없어지자 이를 수상하게 여긴 남자는 몰래 입이 작은 색시를 관찰하기로 합니다.

페이지를 한 장 더 넘기면 이 그림책에서 가장 결정적인 장면이 등장합니다. 아이들은 동공도 커지고 저절로 입을 떡 하니 벌리고 맙니다. 세상에, 그 입 작은 색시는 사실 머리카락 안에 진짜 큰 입을 숨겨놓고 있었습니다. 남편이 일을 나가자 입 작은 색시는 머리카락을 훌렁 넘겨 진짜 입을 보이더니, 밥을 와구와구 먹는 게 아니겠어요?! 읽어주는 사람도 읽어줄 때마다 조금 오싹한 순간입니다.

"선…생…님…… 상상하니까… 너무… 무서운데요……."라고 반응하는 아이도 있는데요. 집에서 제 딸 지윤이에게 읽어주었을 때도 딱 이런 반응이었습니다. 그런데 반대로 신이 나서 뒤통수에 진짜 입이라도 있는 듯 와구와구 밥을 먹는 시늉을 하는 아이도 있습니다. 입은 뽀뽀하듯 오므린 채 말이지요. 이렇게 아이들의 반응이 각기 다릅니다만, 어쨌든 이 책은 우리 반 아이들에게 인기 있었던 그림책임은 확실합니다. 아이들이 자주 이 그림책을 가져가는 바람에 제 책상에서 없어지고는 했거든요.

이 책도 아이들에게 읽어주길 추천합니다

『해와 달이 된 오누이』

옛이야기 글 | 김성민 그림 | 사계절 | 2009.03.09.

"떡 하나 주면 안 잡아먹지!"라는 말을 모르는 우리나라 사람이 있을까요? 그만큼 한국에서 전반적으로 널리 알려진 전래동화 『해와 달이 된 오누이』입니다. 오랜 시간 인기 있는 전래동화인 만큼 정말 여러 버전의 그림책이 있지만, 김성민 그림 작가의 그림책이 최대한 본디 모습 그대로 잘 표현한 버전이라고 생각하여 소개합니다.

『김수한무 거북이와 두루미 삼천갑자 동방삭』

소중애 글 | 이승현 그림 | 비룡소 | 2013.01.03.

텔레비전 개그 프로그램에 은근히 자주 등장하는 "김~ 수한무! 거북이와 두루미~!"가 사실은 옛이야기였다는 사실, 알고 계셨나요? 이 그림책은 읽어주는 사람도 읽다 보면 신이 나서 어깨가 들썩거린답니다. 아이들의 반응은 두말할 것도 없고요. 너무 귀한 아들이라 좋은 이름을 지어주려다가 그만 이렇게 이름이 길어지고 말았다는 내용을 담고 있는데요. 의학이 발달하지 않았던 그 시절, 아이가 태어나 건강하게 자라는 일이 얼마나 큰 행복이며 행운인지를 짐작해볼 수 있는 옛이야기 그림책입니다.

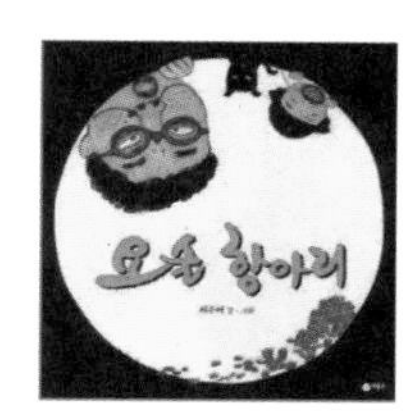

『요술 항아리』

이수아 글과 그림 | 비룡소 | 2008.08.07.

무엇이든지 넣기만 하면 몇 곱절이 되어 나오는 요술 항아리가 욕심쟁이 부자의 손에 들어가게 되었는데, 그만 이 항아리에 아버지가 빠지고 말았습니다. 그 때문에 항아리도 깨지고 아들은 아주 많은 아버지를 모시고 살아야 했다는 옛이야기를 담은 그림책입니다. 인물의 표정 변화가 재치 있게 표현되어 있어 읽는 내내 아이들이 쉴 새 없이 웃는답니다. 아이들이 요술 항아리에 넣고 싶은 건 과연 무엇일지, 꼭 물어봐주세요.

『아씨방 일곱 동무』

이영경 글과 그림 | 비룡소 | 2009.05.13.

고등학교 국어 시간에 『규중칠우쟁론기閨中七友爭論記』라는 고전 문학을 배웠던 기억, 아직 남아 있으신가요? 『아씨방 일곱 동무』는 이 고전 소설을 아이들이 읽기 쉽게 다시 쓴 그림책입니다. 자, 바늘, 가위, 실, 골무, 인두, 다리미 등 바느질에 필요한 일곱 도구가 자신의 역할이 최고라고 우기며 싸우지만, 결국 모두 소중하고 꼭 필요함을 알게 된다는 이야기입니다.

대충 읽어도 괜찮을까요?

독서 방식을 '독서 목적'에 따라 분류하기도 하는데, 이때는 '다독多讀, Extensive Reading' '정독精讀, Careful Reading' '적독摘讀, Pronunciation' 정도로 나눌 수 있습니다.

다독은 많은 양의 책을 읽는 것을 말합니다. 문장 속 세세히 함축된 의미를 파악하기보다, 얕지만 폭넓은 정보를 습득해야 할 때 사람들은 주로 다독의 방식을 취합니다.

예를 들어, 여러 서적을 참고하여 보고서를 써야 할 때는 한 줄씩 음미해가며 책을 읽을 수 없겠죠. 특히 어린이들은 다독할 때 머릿속에 세세한 정보를 정확히 기억하기 어려워합니다. 그래서 어린이와 성인의 다독은 기술적인 면에서 많은 차이가 있습니다. 그러니 다독 중인 어린이에게 책의 세세한 내용을 테스트하듯 물었을 때, 정답을 이야기하지 못하는 것은 당연합니다. 성인도 그렇듯 어린이도 다독할 때는 정확히 의미를 이해하지는 못했더라도 전체적인 문맥을 이해했다면 그냥 넘어가는 일이 잦기 때문입니다.

다독을 하기 위해서는 책이 재미있어야 합니다. 그리고 본인의 수준보다 살짝 쉬워야 합니다. 그래야 원활한 다독이 가능합니다.

다독의 반대 개념으로 보통 정독을 꼽습니다. 전체적인 의미와 더불어 부분 부분의 내용 또한 정밀하게 이해하며 읽는 방법을 정독이라고 합니다. 자세하고 정확한 정보를 얻어야 할 때는 정독을 해야 합니다.

예를 들어, 문학 작품을 읽으며 화자의 감정을 헤아리거나 글쓴이의 함축된 의도를 파악할 때 정독을 합니다. 모르는 낱말이 나오면 사전을 찾거나 주위에 뜻을 묻기도 하지요. 그래서 책에 집중하는 능력이 더 많이 요구됩니다. 집중해서 책을 읽지 않으면 글자만 읽을 뿐 내용 파악은 어려워요. 그래서 많은 아이가 정독을 다독보다 어려워합니다.

정독을 통해 얻을 수 있는 장점이 있습니다. 정독을 통해 어휘력이 발전하고 문장의 구조에 관해 더욱더 자세히 알 수 있게 됩니다. 다독과 비교하면 새로운 정보도 더 정확하게 알 수 있습니다. 그래서 많은 사람이 흔히 정독을 "독서의 정석이다."라고 평가합니다. 많은 독서 방식 중 정독이 창의력 향상과 자기 주도적 학습 능력을 향상하는 데 가장 효율적이었다고 밝힌 논문*도 있습니다.

하지만 어린이들이 바르게 정독하기란 어려운 일입니다. 특히 한글을 막 배우고 익히기 시작한 7~8세 어린이들에게 무리한 정독을 강요하는 행위는 독서에 대한 흥미를 잃게 만드는 가장 쉽고 확실한 방법입니다. 막 읽기 독립을 시작한 어린이들에게는 무리한 정독보다 흥미를 높일 수 있는 다독이 훨씬 좋은 독서 전략입니다. 또 우리 아이는 책을 별로 좋아하지 않는 아이라는 생각을 가지고 있다면, 더더욱 정독의 강요는 피해야 합니다. 일단 정독할 수 있는 능력을 키우는 것보다 중요한 일은, 읽는 것은 즐거운 행위라는 생각을 마음에 불러일으켜야 함을 잊지 마세요.

그럼에도 정독은 필수

하지만 결국, 정독할 수 있는 능력을 얼마나 갖추었느냐에 따라 아이의 독서력 및 공부 내공이 달라집니다. 그러므로 정독은 아이들에게 꼭 필요합니다. 국어는 모국어이며 모

* 조미아, "창의력과 자기주도적 학습능력에 미치는 독서교육의 영향에 관한 연구", 성균관대학교 대학원, 2006.

든 교과목의 기본이 되므로, 독서력이 우수한 아이들은 다른 과목의 성적도 함께 우수할 수 있는 남다른 이점을 가지게 됩니다. 수학도, 사회도, 과학도 먼저 국어가 탄탄해야 성적 향상이 가능해집니다. 그러니 적절하게 부담되지 않는 선에서 공부 내공을 위해 아이에게 정독할 수 있는 기회를 제공해야 합니다.

다음은 초등학교 3학년 1학기 과학 교과서 중 일부입니다.

> 인구 증가와 환경오염 등 다양한 문제로 지구는 점점 생물이 살기 힘든 곳이 되어 가고 있습니다. 그래서 과학자들은 지구가 아닌 다른 곳에서도 생물이 살 수 있게 하려고 지구에 또 다른 지구를 만들어보기로 했습니다.
> 과학자들은 미국 사막에 외부와 완전히 차단된 커다란 유리 건물을 만들었습니다. 건물 안에는 공기를 채우고, 지구의 여러 가지 모습을 만들었습니다. 이 건물의 이름은 '두 번째 지구'라는 의미에서 '바이오스피어 2'라고 지었습니다.
> 과학자들은 바이어스피어 2의 안을 사람이 먹고 자고 생활하는 사람 거주 구역, 농사를 짓는 농업 구역, 숲·사막·바다 등과 같은 자연 구역으로 구분하여 만들었습니다. 그리고 다양한 동식물을 들여와 지구와 최대한 똑같이 만들려고 많이 노력했습니다.
> 남녀 여덟 명이 바이오스피어 2에 들어가 외부의 도움 없이 농

> 사를 짓고 가축을 기르며 사는 등 다양한 시도를 2년 동안 했으나 안타깝게도 이 실험은 산소 부족 등의 여러 가지 문제로 실패했습니다.
> 지금도 세계 여러 곳에서 제2의 지구를 만들려고 또 다른 연구를 하고 있습니다. 하지만 제2의 지구를 만드는 것보다 지금 우리가 살고 있는 지구를 보존하는 것이 훨씬 중요한 일임을 잊지 않아야 합니다.

위 지문은 과학 교과서 내에 '읽을거리'로 제공되는 부분 중 일부인데요. 초등학교 3학년 수준의 아이라면 이 정도 난이도의 지문은 내용 파악이 가능하고, 이 정도 길이의 글은 정독이 가능해야 합니다. '인구 증가' '차단된' '구역' '외부의' '제2의' '보존' 등 여기에 등장한 어휘의 뜻도 풀어서 설명할 수 있어야 합니다.

그런데 정독이 어려운 아이들은 첫 문장에서부터 글을 이미지화하지 못합니다. '인구 증가'라는 말을 어렵고 딱딱하게 느끼기 때문입니다. 정독이 가능해 독서력이 뒷받침되는 아이들은 첫 문장을 보고 '아, 지구에 사람이 너무 많아지고 쓰레기도 많아져 지구에서 인간이 살 수 있는 깨끗한 곳이 점점 줄어들고 있다는 뜻이구나.'라고 이미지화할 수 있습니다. 이렇게 문장을 읽고 그 뜻을 자기 나름대로 바꾸어 생각할 수 있는 능력이 독서력이고, 이는 아이의 공부 내공을 결정 짓습니다.

과학을 좋아하는 아이도 독서력이 뒷받침되지 않으면 실험 영역에만 흥미를 느낄 뿐입니다. 관련 배경지식을 쌓아 내가 원래 알고 있는 지식에 재배치하고 융합하는 것에는 흥미를 느끼지 못해서 과학 과목에도 구멍이 생깁니다. 이런 상태가 지속하면 상급학교에 진학하고 과학 과목 사교육을 받는다고 해도 그 구멍을 메우는 일이 상당히 벅찹니다. 상위 학년으로 진학할수록 읽어내야 할 활자의 양과 수준 또한 점차 깊어지거든요.

이번에는 초등학교 2학년 수학 문제집에 실린 문제입니다.

병에 들어있는 사탕의 개수를 조사하여 표로 나타내었습니다. 딸기 맛 사탕이 포도 맛 사탕보다 25개 더 많고, 자두 맛 사탕이 멜론 맛 사탕보다 9개 적습니다. 병에 들어있는 사탕은 모두 몇 개 입니까? (답 : 개)

사탕 종류	딸기맛	자두맛	멜론맛	포도맛	합계
수(개)			18	6	

두 자릿수의 덧셈과 뺄셈만 할 수 있으면 쉽게 풀 수 있는 평이한 난이도의 수학 문제입니다. 친절하게 표까지 나와 있네요. 그런데 이 문제는 결정적으로 정독할 수 있는 능력이 있어야 해결이 가능한 문제입니다. 지금부터 왜 그런지 알아보겠습니다.

첫째, 첫 문장을 읽고, 병에 들어있는 사탕을 머릿속에 이미지화해야 합니다.

둘째, 두 번째 문장을 읽고, 포도 맛 사탕이 몇 개인지 궁금해 표에서 찾아봐야겠다는 생각이 들어야 합니다. 그래야 딸기 맛 사탕을 구할 수 있으니까요.

셋째, 마찬가지로 세 번째 문장을 읽고, 멜론 맛 사탕의 개수를 표에서 확인해야겠다는 생각이 들어야 합니다. 그래야 자두 맛 사탕을 구할 수 있으니까요.

넷째, 마지막으로 이 문제에서 무엇을 구하고자 하는지를 정확히 확인할 수 있어야 합니다. 끝까지 정독하지 않는 아이들은 본능적으로는 표 안에 숫자를 채워 넣지만, 결국 답 칸에는 엉뚱한 숫자를 적거나 심지어는 비워두기도 합니다.

읽기 독립과 정독

아이가 글자를 배워 스스로 문장을 읽기 시작하면 머지않아 '읽기 독립'을 합니다. 누군가의 도움 없이도 능히 글자를 읽어내게 되지요. 아이들의 머릿속에 자음과 모음 관계가 정확하게 짜여있어야 가능한 일이기에, 읽기 독립을 했다는 건 고등사고 능력의 출발이라고도 할 수 있습니다. 충분히 축하받아 마땅한 일이자, 많은 학부모님이 학수고대하는 날이기도 합니다.

읽기 독립을 아직 하지 못한 아이들의 책 읽기와 읽기 독립을 한 아이들의 책 읽기는 어떻게 다를까요?

읽기 독립이 아직인 아이들의 책 읽기를 지켜보면, 정말 귀엽습니다. 아이들은 똑같은 그림책을 보더라도, 본인의 해석을 곁들여 완전히 다르게 이해하면서 책을 읽지요. 활자를 읽어내질 못하니, 그야말로 내 생각과 내 예상이 곧 답이 되는 겁니다.

아이들에게는 본래의 책 내용과는 완전히 다르게, 제멋대로 이야기를 바꿔버리는 놀라운 재능이 있습니다. 한글을 아직 떼지 못했어도, 표현 언어력이 유독 뛰어난 아이들은 마치 책을 읽어주는 것처럼 이야기를 지어내어가며 책장을 넘깁니다. 스토리텔링 능력이 정말 대단한 아이들이지요.

그러다 아이들이 글자를 알게 되면서 책 속 활자들 중 눈에 익은 낱말로 그럴듯하게 내용을 유추해낼 수 있게 됩니다. 그러니 읽기 독립은 보통 소장하고 있는 책 중에서 처음 시작되는 경우가 많습니다. 엄마 아빠를 통해 귀로 많이 들어 익히 알고 있는 이야기를 활자로 읽어내는 것이 읽기 독립의 시작인 셈이지요.

진정한 읽기 독립은 전혀 읽어보지도, 들어보지도 못한 그림책을 읽고 스스로 이해해야 비로소 완성됩니다. 그리고 처음 보는 책을 읽고 그 내용을 내 것으로 만드는 것이 곧 정독입니다. 따라서 읽기 독립의 시기에 아이의 수준보다 한 단계 낮은 책 중 처음 보는 그림책들을 아이에게 풍부하게 제공하는 것은 읽기 독립과 정독,

이 두 가지를 한꺼번에 잡는 길입니다. 읽기 독립은 '읽어내기'와 '이해' 이 두 가지를 동시에 해내야 하는 작업이므로, 난이도가 낮은 책부터 시작해야 제대로 정독도 하며 읽기 독립도 할 수 있습니다.

한편, 아이가 읽기 독립을 한 지 오래되었는데도 아직 정독하는 습관이 들지 않아 고민하는 부모님도 많습니다. 이럴 때는 아이에게 무작정 꼼꼼히 책을 읽어야 한다고 말로 이야기하기보다, 함께 천천히 책을 읽어가며 구체적인 정독 방법을 알려주는 편이 훨씬 좋습니다. 그러기 위해서는 듣는 독서가 필수입니다.

부모님의 목소리로 책을 읽어주면 더 좋겠지요. 그리고 아이에게 자신의 레벨보다 쉬운 책을 많이 제공해주면 더욱더 좋습니다. 쉬운 책을 많이 정독해본 경험을 쌓는 것이 급선무니까요.

책 한 권을 한없이 정독하는 아이들도 있습니다. 다른 책에 도전하려는 마음보다, 이미 읽었던 책을 읽고 또 읽는 것을 즐기는 아이도 교실에서 의외로 많습니다. 이런 아이들 역시 듣는 독서로 충분히 효과를 볼 수 있습니다. 새로운 책은 부모님 혹은 선생님과 함께 읽는 편이 좋습니다. 누군가와 함께 읽었던 책을 아이들은 다음번에 또 골라 읽을 확률이 아주 높기 때문이지요.

또 다른
읽기 방식

다독, 정독 외에 또 다른 방식의 읽기로 '적독'이 있는데, 책 속에서 필요한 부분을 반복하여 읽는 방법을 말합니다. 예를 들어 '곤충'에 대한 조사 보고서를 써야 하는 작업에 필요한 정보를 골라 그 부분을 반복적으로 읽어가며 이해해야 할 때 사용하면 좋습니다.

또 독서는 책을 읽는 범위에 따라 '통독通讀'과 '발췌독拔萃讀'으로도 나눌 수 있습니다. 통독은 책을 처음부터 끝까지 읽는 것을 말하고 발췌독은 원하는 부분만 골라 읽는 것을 말하는데, 위에서 언급한 적독과 비슷한 양상을 보입니다.

독서 방식에는 많은 종류가 있습니다. 많은 학자가 이러한 여러 독서 방식 중 어느 것이 어린이들에게 가장 바람직한 독서 방식이라고 단정 짓는 행위는 곤란하다고 말합니다. 저 또한 이 의견에 동의합니다. 어린이들에게 독서는 '어떻게 읽느냐?'라는 문제도 중요하지만, 즐겁게 읽을 수 있는 '내재적 동기'가 더욱더 중요하기 때문입니다. 독서에 대한 내재적 동기만 충분히 충족되면 정독에 능하지 않았던 아이들도 그 능력이 차차 향상된다는 점을 꼭 알아주세요.

늙은 쥐와 할아버지

이상교 글 | 김세현 그림 | 봄봄출판사 | 2015.09.05.

아이와 함께 여러 번 정독한 그림책 한 권을 소개합니다. 아동문학가 이상교 작가가 쓰고 김세현 화가가 그린 수묵담채 일러스트가 독특한 느낌을 자아내는 서정적인 그림책『늙은 쥐와 할아버지』입니다.

이 책은 다른 그림책보다 여백의 미가 돋보입니다. 한 페이지 당 글자 수가 많지 않고 문장의 길이도 길지 않습니다. 그림 역시 군더더기 없는 담백한 느낌이지요. 심지어는 책 속 계절을 알려주는 첫 장의 산속 풍경 그림을 제외하고, 나머지 페이지에는 등장인물인 늙은 쥐와 할아버지를 빼면 모두 하얀 바탕일 정도입니다. 이는 등장인물뿐인 그림에 집중해야 하고, 길지 않은 문장에 집중해야 한다는 뜻이기도 합니다. 그래서 7~8세 어린이들과 반복해서 다독하고 한 문장씩 정독해 그 뜻을 파악하기에 좋은 그림책입니다.

늙은 쥐와 할아버지
이상교 글 | 김세현 그림
봄봄

깊은 산속 외딴 마을 외딴집에 늙은 쥐와 할아버지가 살고 있습니다. 늙은 쥐는 잘 먹질 못해 털이 꺼칠했고, 할아버지는 누런 얼굴에 볼이 축 늘어졌습니다. 이들이 사는 외딴집도, 이들의 모습도 많이 처량해 보입니다. 늘 배가 고픈 늙은 쥐는 할아버지가 주워 온 음식들을 훔쳐 먹으면서 하루하루를 보냅니다.

그러던 어느 날, 할아버지가 병든 쥐 한 마리를 더 데려옵니다. 할아버지는 병든 쥐에게 매일매일 맛있는 음식을 먹이며 보살핍니다. 늙은 쥐는 더욱 배가 고파졌기에 병든 쥐를 내쫓아버리기로 결심합니다. 그런데 알고 보니 그것은 병든 쥐가 아니라 먼지투성이 실장갑이었습니다. 할아버지와 늙은 쥐 둘 다 많이 늙고 쇠약했기에 그것이 장갑임을 알지 못했던 거지요.
늙은 쥐는 장갑을 내다 버리고 그 자리를 차지합니다. 밖에서 돌아온 할아버지는 늙은 쥐를 보고 병든 쥐의 건강이 많이 좋아졌다고 생각하여 크게 기뻐합니다. 늙은 쥐와 할아버지는 서로의 외로움을 채워 주고 함께 건강을 회복해가며 추운 겨울을 보내고, 봄을 맞이하는 장면으로 끝이 납니다.

앞에서도 언급했듯, 문장이 길지 않아 여러 번 반복해서 읽은 다음에는 정확한 뜻을 파악하기 위해 그림책 옆에 사전을 두고 좀 더 자세히 읽을 필요가 있는 그림책입니다.

"병든 쥐는 잔뜩 웅크리고 앉아 있었어."

이 장면을 읽을 때는 아이와 '웅크리다'라는 낱말을 사전에서 함께 찾아보았습니다. 아이는 웅크리고 앉는 모습을 직접 몸으로 표현해보기도 했습니다. 그리고 병든 쥐가 왜 잔뜩 웅크리고 앉아있었는지도 이야기를 나누어보았는데요. 아이는 병든 쥐가 깜짝 놀랐고, 아마 많이 무서웠기 때문이라고 대답했습니다.

"이걸 먹어라. 차츰 좋아질 거야."

위 장면을 읽을 때는 아이와 함께 '차츰'이라는 낱말이 무슨 뜻인지 문맥적으로 파악해보기도 했습니다. 할아버지가 먹을거리를 병든 쥐에게 나누어 주면서 어떤 마음이었을지도 이야기를 나누어 보았고요. 어서 나았으면 좋겠다고 기대하는 마음이었겠지요.

"지윤아, 할아버지가 자기가 주워온 게 사실은 병든 쥐가 아니라 장갑이었다는 걸… 할아버지가 지금이라도 아는 게 좋을까?"

위 질문을 했더니, 아이는 대답했습니다.

"아니, 모르는 게 낫겠어. 실망할 것 같아." 그리고 "엄마 생각은?"이라고 되물었습니다.

짧은 그림책 한 권이지만, 생각할 기회와 나눌 수 있는 이야깃거리를 많이 준 책이었습니다. 덕분에 여러 번 정독했지요. 이렇게 짧은 책으로 아이와 함께 정독을 경험해 보는 건 어떨까요? 아이와 함께 나눈 책 한 권의 추억은 오랜 기간 마음속에 기억될 테니까요.

이 책도 아이들에게 읽어주길 추천합니다

『돌멩이국』

존 J. 무스 글과 그림 | 달리 | 2019.02.15

전쟁과 홍수, 가뭄 등으로 황폐해진 마을에 세 스님이 찾아옵니다. 오랜 시간 많은 일을 겪은 마을 사람들은 서로를 불신하고 의심하며 마음을 열지 않습니다. 마을 사람들의 마음을 열기 위해 세 명의 스님이 돌멩이로 국을 끓이는데요, 이 돌멩이 세 개가 결국 마을 사람들의 마음의 문을 열게 해줍니다. 본래 이 이야기는 유럽에서 전해져 내려오는 민담인데요. 『돌멩이 수프』(시공주니어)라는 제목의 그림책으로도 나와 있으니 분위기를 서로 비교해보며 읽어도 재미있답니다.

『바구니 달』

메리 린 레이 글 | 바버러 쿠니 그림 | 베틀북 | 2000.07.15.

산골짜기에 '바구니 짜는 사람들'이 살고 있었습니다. 이들은 보름달이 뜰 때까지 묵묵히 바구니를 짜고, 보름달이 뜨면 바구니를 시내에 내다 팔았는데요. 늘 엄마와 함께 집을 지켜야 했던 소년에게도 드디어 도시로 바구니를 팔러 나갈 기회가 생겼습니다. 하지만 도시의 땅을 밟을 수 있다는 기쁨도 잠시, 오히려 도시 사람들에게 촌뜨기라는 놀림만 당하고 돌아옵니다. 바구니를 만드는 일이 다른 사람들에게 놀림감이 될 수 있다는 생각이 든 소년은 방황하기 시작하는데요. 이런 소년이 다시 바구니 짜는 일을 자신의 숙명으로 받아들이는 과정이 아주 존귀하게 느껴지는, 묵직한 감동이 있는 그림책입니다.

마음에 드는 대목만 골라 읽어도 괜찮아요

많은 부모가 아이에게 책을 처음부터 끝까지 한 글자도 빠트리지 않고 천천히 정독하라고 강요합니다. 여기, 대다수의 부모가 반성하게 되는 구절을 소개합니다.

"아무 데나 펼쳐 여기저기 마음에 드는 대목만을 골라 읽는다면, 적어도 실망할 염려는 없을 것이다."
"베네치아에서 일주일을 보낼 시간도 여유도 없을진대, 5분이나마 책을 통해 베네치아를 훑을 권리를 굳이 마다할 이유가 없잖은가?"

프랑스 중등 교사로 아이들을 가르치면서도 프랑스 문학계를 이끄는 선두주자로서 활발한 작품 활동을 하는 세계적인 베스트셀러 작가 다니엘 페낙Daniel Pennac이 그의 책 『소설처럼』(문학과지성사)에서 한 말입니다. 그는 이 책에서 독자가 가진 고유의 권리 열 가지*를 언급하였습니다. 그중 여덟 번째 권리인 '군데군데 골라 읽을 권리'에 대해 이야기를 나눠볼까요?

군데군데 골라 읽을 권리

원하는 지식과 정보를 얻으려고 필요한 부분만 골라 읽는 것을 '발췌독'이라고 합니다. 다니엘 페낙이 주장한 여덟 번째 독자의 권리는 곧 '발췌독을 허용하라!'라는 뜻과 일맥상통합니다. 발췌독에 능한 아이들은 필요한 정보를 빠르고 정확하게 찾을 수 있습니다.

발췌독은 '훑어 읽기'를 전제로 합니다. 내가 필요한 정보가 이 책에 담겨 있는지 훑어 읽어야 할 때, 그 내용을 대략적으로 파악하는 능력이 필요합니다. 훑어 읽는 방법은 크게 '스캐닝Scanning'과 '스

---

* 1. 책을 읽지 않을 권리 2. 건너뛰며 읽을 권리 3. 책을 끝까지 읽지 않을 권리 4. 책을 다시 읽을 권리 5. 아무 책이나 읽을 권리 6. 보바리즘Bovarysme을 누릴 권리 7. 아무 데서나 읽을 권리 8. 군데군데 골라 읽을 권리 9. 소리 내서 읽을 권리 10. 읽고 나서 아무 말도 하지 않을 권리

키밍Skimming' 두 가지로 나눌 수 있습니다.

스캐닝 Scanning	스키밍 Skimming
: 원하는 내용이 어디에 있는지 훑어 읽는 것	: 무슨 내용인지 글의 목차나 요약본을 읽는 것

스캐닝은 내가 원하는 주제에 대한 구체적인 내용을 찾기 위해 그 내용이 어디 있는지를 훑어 읽는 것입니다. 반면 스키밍은 그 책에 무슨 내용이 담겨 있는지 글의 목차나 요약본 등을 훑어 읽는 것을 말합니다.

예를 들어, 『공룡 도감』에서 내가 궁금한 '브라키오사우루스Brachiosaurus'를 찾아 읽는 것은 스캐닝이고, 어떤 공룡들이 실려 있는지 목차를 훑어보는 것은 스키밍입니다.

아이들을 데리고 도서관이나 서점에 가면, 아이들은 주로 스키밍을 합니다. 그 책의 표지와 목차를 보고 '아, 이 책은 이러한 내용이겠구나.' '책을 만든 사람이 이러한 생각을 하고 있겠구나.'라고 느껴지는 책을 고르기 때문입니다. 따라서 스키밍에 능한 아이들은 자신의 수준과 흥미에 맞는 책을 고르는 능력도 탁월합니다. 그래서 같은 시간이 주어지면 책을 고르는 데 시간을 많이 보내기보다는 책을 읽는 데 시간을 많이 보내는 모습을 볼 수 있습니다.

시간 내에 아이에게 책을 조금이라도 더 읽히고 싶은 마음에 책을 직접 골라준 후 읽기를 강요하는 어른도 종종 있습니다. 하지만 스캐닝과 스키밍은 생각보다 고차원적인 사고가 요구되는 과정임을 잊으면 안 됩니다.

아이들에게 스스로 스캐닝과 스키밍을 할 기회와 권리를 주어야 합니다. 시행착오의 과정은 누구에게나 필요합니다. 아이들을 대상으로 같은 교재로 오픈북 테스트를 해도 아이마다 적어낸 내용의 양과 수준이 다른 이유는 이 능력과 절대 무관하지 않습니다.

공부 내공의 출발, 발췌독

지식에는 두 가지 종류가 있다고 하지요. 첫 번째는 어떤 주제에 관해 직접 아는 지식입니다. 두 번째는 그 주제와 관련된 정보가 어디에 있는지를 아는 지식입니다. 요즘 사회는 지식 그 자체의 양보다, 그 지식이 어디에 많이 있고 어디에 그 뿌리를 두고 있는지를 최대한 빨리 찾아내는 능력을 중요시합니다. 어차피 지식은 방대하니, 그 방대한 지식을 신속 정확하게 캐치하는 능력이 필수인 사회에 우리는 살고 있으니까요.

초등학교 3학년 사회 교과서에는 '무역'의 개념에 관해 배우는 단원이 있습니다. 여기에서 원산지의 개념을 배울 수 있는데요. 그리고 제품의 원산지를 조사하는 과제가 교과서에 제시되어 있습니다. 그 수업을 위해 3학년 아이들을 데리고 학교 도서실로 향했습니다. 가능한 한 많은 제품의 원산지를 알아오고, 그 자원이 왜 그 지역에서 많이 나오는지를 조사하는 것이 그 날의 수업이었습니다.

아이 중 일부는 도서실에 있는 이 많은 책 중 어떻게 그 내용을 찾으라는 거라며 과제 자체를 굉장히 어려워하는 모습을 보였습니다. 하지만 반대인 아이들도 분명 있었습니다. 어떤 아이는 지도 그림책을 펼쳐 원산지를 알아보기도 하고, 어떤 아이는 무역에 대한 책을 찾아 필요한 부분만 골라 옮겨적기도 했습니다. 또 어떤 아이는 한 나라를 정한 후, 그 나라와 대한민국의 관계를 설명한 부분을 찾기도 했습니다. 스캐닝과 스키밍의 절묘한 조합이지요.

초등학교 1학년도 크게 다르지 않습니다. 국어 시간 중 '인물에 대한 글쓰기'를 하는 날이었습니다. 가장 존경하는 인물을 투표로 뽑고, 그 인물에 대한 글을 쓰기로 했지요. 우리 반 아이들이 뽑은 인물은 '세종대왕'이었습니다. 아이들은 세종대왕에 대해 조사하고, 조사한 바를 글로 써서 발표하는 과제를 수행해야 했지요.

국어 교과서와 필기도구를 가지고 학교 도서실로 향했습니다. 생각보다 많은 아이가 세종대왕에 대한 정보를 책에서 찾는 작업에 미숙했는데, '세종대왕'이라는 인물 자체를 책으로 찾으려다 보니 경쟁이 치열했습니다. '세종대왕'이 제목인 책은 그 수에 한계가 있었으니까요. 그런데 스캐닝과 스키밍 능력이 뛰어난 아이들은 '세종대왕' 대신 '한글'에 대한 책을 찾아 읽을 줄 알며, '조선의 왕'에 대한 책 중 세종대왕을 찾아 신속하게 발췌독할 수 있었습니다. 내가 찾는 지식이 어디에 있고, 좀 더 다른 정보를 제공하는 곳이 어디인지를 누구보다 빠르게 선점할 수 있는 아이들이었지요. 이것이 공부 내공의 출발입니다.

발췌독할 권리

비슷한 의미로, 우리는 아이들에게서 발췌독할 기회도 뺏어서는 안 됩니다. 아이들은 지식정보가 담긴 그림책을 읽을 때 주로 발췌독을 합니다. '지식정보 그림책'이란, 아이들의 세계에서 그들이 호기심을 느끼는 분야에 관한 지식과 정보를 제공하는 그림책을 말합니다. 아이들의 발달 단계에 따라 종류가 아주 다양한데, 생후 1년 무렵 즐겨 읽는 '개념책Concept Book'이나 한 가지 주제에 관해 자세한 정보를 담은 '정보책Imformation Book'도 모두 지식정보 그림책에 속합니다.

아이들은 신기할 정도로 호기심이 넘칩니다. 우리는 가끔 아이들의 넘치는 호기심을 걱정하기도 하지만, 사실 호기심이 있다는 건 좋은 현상입니다. 궁금한 점이 있어 알아보고 싶고, 만져보고 싶고, 체험해보고 싶다는 것은 건강하다는 증거이니까요. 오히려 미국의 심리학자 마슬로우Abraham H. Maslow는 "호기심이 부족하다는 건 병적인 징후이다."라고 말했다고 합니다.

"왜?"

"그게 뭐야?"

끊임없이 이렇게 묻는, 왕성한 호기심을 자랑하는 아이들에게 지식정보 그림책은 호기심 해결의 창구가 될 수 있습니다. 그렇다고 해서 "왜 그런 거예요?"라고 묻는 아이들에게 무턱대고 지식정보 그림책을 들이밀어서는 안 됩니다. 궁금증을 해결하고 싶어 질문하는 아이에게 백과사전을 들이밀며 "여기서 찾아 읽어봐."라는 식의 방법은 신속하고 정확하게 궁금증은 해결되겠지만, 썩 다정한 방법은 아니기 때문입니다.

지식정보 그림책을 읽어주는 특별한 방법

아이에게 책을 많이 읽어주는 부모라도 지식정보 그림책을 읽어주는 부모는 많지 않습니다. 우리는 아이들에게 책을 읽어줄 때 지식정보 그림책보다는 서정적인 이야기가 담긴 문학 그림책을 더 선호하기 때문입니다. 일부 어른은 '지식정보 그림책은 아이 스스로 읽어야 하는 책'이라는 확고한 신념을 가지고 있기도 합니다.

미시간 주립대학 넬 K. 듀크Nell K. Duke 교수는 「하루에 3.6분」이라는 연구 보고서에서 이렇게 지적했습니다.*

> "초등학교 교사들이 수업시간에 언급하는 지식정보 그림책의 양은 현저히 부족하다."

즉, 아이들에게 책을 읽어주는 교사들도 문학 그림책을 지식정보 그림책보다 훨씬 많이 읽어준다고 합니다. 책에는 본래 여러 종류가 있지만, 아이들이 학교에서 소개받는 그림책은 너무나 한정적이라고도 지적했습니다.

저는 아이들과 부모님이 함께 지식정보 그림책 읽기를 권장합니다. 한 번 읽고 다시는 펼치지 않을 지식정보 그림책은 없습니다. 아이들은 자신이 왕성하게 호기심을 느끼는 분야에 관해서는 같은 지식정보 그림책이라도 여러 번 반복해서 책을 읽기 마련입니다. 그러니 부모님은 아이에게 지식정보 그림책을 읽어줄 때, 책에 담긴 모든 내용을 읽어주어야 한다는 편견을 버려주세요. 발췌해 읽어주는 편이 더 좋답니다.

아이들은 책을 읽을 때 군데군데 골라 읽을 수 있는 권리를 가지고 있습니다. 책의 목차를 살펴보고 어떤 정보가 담겨 있는 그림책

---

* Nell K Duke, 3.6 Minutes per Day, The Scarcity of Informational Texts in First Grade, 2000.

인지 함께 알아보는 스키밍 연습도 하게 하면 좋습니다. 모름지기 아는 만큼 보이는 법입니다. 아이들은 자신의 눈에 들어오는 만큼만 책의 내용을 이해할 수 있습니다. 책을 여러 번 반복해서 읽다 보면, 처음에는 눈에 들어오지 않았던 부분이 차츰 이해되며 나선형으로 사고의 폭을 확장할 수 있습니다. 아이들에게는 그 기쁨과 보람을 누릴 권리도 있습니다.

엄마 아빠의 목소리로 듣는 지식정보 그림책은 아이들에게 정서적으로도 좋은 영향을 미칩니다. 자신이 사는 세계에 관해 궁금한 점으로 똘똘 뭉쳐진 아이들은 그 모든 것에 대한 답을 부모에게 묻습니다. 그때마다 "글쎄, 엄마 아빠도 몰라."라는 답변 대신, 함께 책을 찾아 읽으며 알아보고자 하는 노력을 기울여야 합니다.

아이의 궁금한 점을 묵인하지 않고 함께 책으로 찾아내어 끝내 자기 것으로 만들도록 돕는 부모의 적극적인 모습은 아이에게 정서적인 신뢰감을 가져다줍니다. 게다가 부모의 그런 모습을 통해, 아이는 자기 삶을 대하는 적극적인 자세를 배웁니다.

모르는 것은 찾아내어 알아낼 수 있고, 이를 알아가며 겪는 과정(정보를 검색하는 활동이나, 때로는 잘못된 정보를 찾는 실패까지도 포함하는 모든 과정)은 단순 지식보다 훨씬 의미가 있습니다.

책과 책으로 연결된 생각의 고리

한 권의 지식정보 그림책을 함께 읽는 행위는 아이의 호기심을 해결하는 데 그치지 않습니다. 또 다른 호기심을 불러일으켜 후속 질문을 떠올리게 하거든요. 그 후속 질문은 또 다른 지식정보 그림책을 찾아 읽게 합니다. 여러 책을 스키밍하고 스캐닝하며 쌓는 지식은 억지로 주입해서 달달 외운 지식과는 차원이 다릅니다. 책과 책으로 연결된 생각의 고리는 아이의 사고력을 확장하는 마법의 열쇠와도 같습니다. 요즘에는 사고력이 향상되게 돕는다는 학원도 많이 있다고 합니다. 그런데 더욱 확실하게 아이들의 사고력을 향상할 방법, 공부 내공을 쌓는 방법이 바로 우리 집 안에, 도서관에 있습니다.

우리나라 아동도서를 살펴보면 지식정보 그림책은 주로 전집 형태가 많습니다. 전집을 사는 걸 그다지 선호하지 않는 저 역시도 '자연관찰 전집'과 '역사 관련 전집'은 각각 한 질씩 소장하고 있습니다. 지식정보 그림책은 아이의 성장 단계에 따라 다가오는 의미가 다르게 느껴질 수 있는 책이므로, 여러 해에 걸쳐 읽어도 새롭게 해석할 수 있기에 소장 가치는 충분합니다.

갯벌이 좋아요

유애로 글과 그림 | 보림 | 2006.04.01.

일부 어른은 '지식정보 그림책'이라고 하면 백과사전을 떠올리기도 합니다. 하지만 지식을 전하고 설명할 뿐만 아니라 그 자체를 문학 작품으로 완성한 그림책도 지식정보 그림책의 한 종류입니다. 보림출판사에서 나온 〈솔거나라〉 시리즈는 우리나라의 전통문화에 관한 지식을 담은 시리즈인데, 이처럼 지식만을 중점적으로 다루기보다 문학적으로도 잘 승화한 그림책이 많이 있습니다.

유애로 작가의 『갯벌이 좋아요』는 아름다운 그림과 문장이 돋보이는, 지식과 문학이 적절히 융합된 지식정보 그림책입니다. 첫 장면은 썰물 후에야 비로소 드러나는 갯벌의 풍경으로 시작됩니다.

"안녕!"

전·통·문·화·그·림·책
솔거나라
갯벌이좋아요
유애로 지음

"야! 멋진 꽃발게야, 어디 가니?"

"안녕!"

"응, 저기 바다 끝 흰 구름을 잡으러 가."

'바다 끝 흰 구름을 잡으러 간다.'라는 꽃발게의 표현이 참 문학적으로 아름다운 설정입니다. 동시에 바닷물이 빠지고 진흙 펄이 나타나는 장면은 아이들에게 가히 환상적입니다. 숨어있던 수많은 갯벌 친구가 환한 웃음을 지으며 여기저기에서 나타나는 장면도 매우 흥미롭습니다.

여기에서 아이들은 '갯벌' '썰물'과 같은 새로운 개념을 궁금해합니다. 『갯벌이 좋아요』를 다 읽고 도서관이나 서점에 가서 갯벌이나 썰물 관련 책을 더 찾아 읽을 기회입니다.

아이들에게 가장 반응이 좋은 페이지는 갯벌의 단면이 나오는 장면입니다. 조개가 갯벌 속에서 어떻게 숨을 쉬며 사는지 그림으로 아주 잘 표현되어 있습니다. 또 조가비를 쓰고 다니는 게와 말미잘을 업고 다니는 게도 등장하는데요. 말미잘을 업고 다니면 말미잘의 독 때문에 아무도 자신을 공격하지 않는다고 말하는 게와, 게 덕분에 먹이를 쉽게 잘 찾을 수 있다고 말하는 말미잘 사이의 공생관계도 아름답게 그려져 있습니다.

결국, 꽃발게는 흰 구름을 찾는 일보다 갯벌이 더 좋다며 다시 갯벌로 돌아가는 장면으로 이야기는 끝이 납니다. 『갯벌이 좋아요』 한 권에 등장하는 많은 생명체에 관한 설명이 책의 부록으로 담겨 있어 찾아보는 재미도 쏠쏠한데요. 아이들은 이 책 한 권으로 갯벌의 세계를 간접 체험하며 자연의 소중함과 내가 사는 곳의 소중함도 더불어 느낄 수 있게 됩니다.

왜 아플까?

권재원 글과 그림 | 창비 | 2010.03.26.

군데군데 골라 읽기에 좋은 지식정보 그림책도 있습니다. 백과사전류가 보통 그런데요. 창비출판사의 〈초등학생을 위한 과학과 친해지는 책〉 시리즈는 정작 초등학생이 읽기에 쉽지는 않지만, 비교적 자세하고 정확한 내용으로 지식과 정보를 전달하는 책입니다. 그중 권재원 작가의 『왜 아플까?』는 우리 몸이 가지고 있는 힘과 몸이 아픈 여러 가지 이유가 담긴 과학 교양서입니다.

귀여운 수달이 병원을 운영하는 깜찍한 설정이 돋보입니다. 접수대에는 곰돌이가 앉아 있고요. 사슴이 체온을 재어주는 장면도 인상적입니다. '기침하는 이유' '콧물이 나는 이유' '설사할 때 이온 음료를 마시면 좋은 이유' '속이 메슥거릴 때 얼음을 조금씩 빨아먹으면 좋은 이유' '예방주사를 맞는 이유' '스트레스를 받았을 때 심장이 빨리 뛰는 이유' 등이 그림과 함께 도식화

과학과 친해지는 책 7
왜 아플까?
권재원 지음 ● 신손문 자문·감수
창비
Changbi Publishers

되어 재미있게 설명하고 있습니다.

이처럼 지식정보를 전달하는 그림책은 '시각적으로 내용이 어떻게 잘 표현되어 있느냐?'가 굉장히 중요합니다. 글로만 쓰인 책과는 달리 도식화된 표와 눈길을 끄는 삽화, 간결한 그림과 내용에 알맞은 폰트 등 시각적인 요소를 두루 갖춘 책이어야 아이들의 관심을 더 잘 끌 수 있기 때문입니다.

『왜 아플까?』도 꽤 자세한 의학적 지식이 여러 가지 시각적 효과와 더불어 잘 풀이되어 있습니다. 어른들도 몰랐던 지식이 담겨 있기에 초등학교 1학년 어린이가 이 책을 처음부터 끝까지 샅샅이 읽고 모든 내용을 완벽히 이해하기란 당연히 어렵습니다. 하지만 이런 책은 먼저 목차를 읽은 후 필요한 부분을 발췌해 정독하기에 아주 좋습니다. 예를 들어, 아이가 목이 부어올라 병원에 가야 할 때 목차를 보고 해당 내용의 페이지를 찾아 미리 읽어본 후 병원에 갈 수 있도록 활용할 수 있습니다.

아이에게 내용이 조금 어렵게 느껴질 때마다 책을 읽다가도 그냥 덮는 습관이 있다면, 아이와 함께 군데군데 필요한 부분만을 골라 소리 내 읽어주도록 합시다. 발췌독하는 요령과 즐거움을 함께 느끼다 보면, 자기 수준보다 살짝 어려운 책도 도전해보고자 하는 마음가짐을 심어줄 수 있습니다. 또 이런 책은 학년이 올라갈 때마다 여러 번 반복해서 읽다 보면, 이전에는 이해하지 못했던 어려운 어휘와 내용도 이해가 되는 기쁨을 누려볼 수도 있습니다.

미지의 세계에 관한 왕성한 호기심으로 가득 차 있는 아이들에게 지식정보 그림책을 많이 읽어주세요. 지식에 목말라 자기 스스로 우물을 파서 책을 읽는 아이들의 모습은 이런 습관에서부터 시작된답니다.

이 책도 아이들에게 읽어주길 추천합니다

『100원이 작다고?』

강민경 글 | 서현 그림 | 창비 | 2010.08.25.

돈의 역할과 돈이 가지고 있는 값어치를 동화로 풀어낸 책입니다. 아이가 기초적인 경제 관념을 쌓기에 아주 좋은 그림책이 될 수 있습니다.

『동물 나라의 디자이너 여우』

이미영 글과 그림 | 비룡소 | 2016.05.20.

원숭이, 도마뱀, 암탉, 사슴, 나방, 매, 뱁새 등 여러 동물의 특징을 디자이너의 역할에 빗대어 풀어낸 책입니다. 글밥이 다소 있는 편이지만, 필요한 부분만 발췌해가며 읽기에 좋은 지식정보 그림책입니다.

책 읽는 맛이 나는 공간을 어떻게 만들죠?

아이들을 '평생 독자'로 키우려고 할 때 잊지 말아야 할 가장 중요한 점은 바로 '책 읽기는 즐거운 일'이라는 인식을 아이들에게 심어주어야 한다는 것입니다. 너무 흔한 말이지만 다른 여러 취미와 마찬가지로 독서 역시 즐거워야 재미있고, 재미있어야 몰입하며, 몰입해야 진정으로 배울 수 있습니다. 특히 몰입할 때 아주 효율적인 학습이 가능합니다.

'몰입Flow'이란 본래 무언가에 흠뻑 빠져 있는 심리상태를 일컫는 심리학 용어입니다. 내가 어떤 대단한 노력을 기울이지 않아도 즐거우니 자연스럽게 무언가에 빠져 있는 상태가 바로 몰입입니다. 하지만 우리나라 교육계에서는 신기하게도 이 말을 과목 앞에 붙여 부르곤 합니다. '몰입 영어' '몰입 수학' 이렇게 말이지요.

이렇게 과목 앞에 '몰입'이라는 말이 붙어버리면 그 의미가 곧바로 퇴색됩니다. 자연스럽게 영어와 수학에 빠져드는 상태를 일컫는 말이 아니라 빠른 시간 안에 영어, 수학 과목에 공을 들여 선행하는 의미로 바뀌어 버리니까요.

저는 이 경우는 '몰입'이라고 칭하면 안 된다고 생각합니다. '몰입'이 아니라, '몰두'라는 말을 써서 '몰두 영어' '몰두 수학'이라고 부르는 편이 더 적당하지 않나 생각해봅니다. 몰입은 내 의지와는 관계없이 이끌려 빠져드는 것을 말하니 이 경우와 어울리지 않습니다.

당연한 말이지만, 책에 몰입해본 경험이 많은 아이는 평생 독자가 될 확률이 높습니다. 이를 위해 저명한 언어학자 스티븐 크라센Stephen Krashen은 아이들에게 '첫 키스 같은 책'을 만나게 해주어야 한다고 주장했을 정도입니다. 강렬한 몰입을 안겨다 주었던 책이 많은 아이는, 그 즐거움에 매료되어 자꾸만 책을 펼치게 됩니다.

여러분은 첫 키스 같은 책을 읽은 경험이 있나요? 여러분의 첫 키스 같은 책은 무엇인가요? 그 책을 어디에서 읽었나요?

책 읽는 장소

우리 반 아이들에게도 "책은 어디에서 읽어야 할까요?"라고 물어본 적이 있었는데요. 모두 입 맞추어 한목소리로 "도서관에서요!"라고 대답했습니다. 초등학교 1학년 아이들마저도 책을 읽는 장소를 도서관으로 한정 짓다니…. 도서관이 책을 읽는 곳이 맞지만, 책을 읽을 곳이 오로지 도서관만이 될 수 없는데 말입니다.

문화체육관광부에서는 매년 국민 독서실태를 조사하여 발표합니다. 2018년 책의 해를 맞이하여 발표한 '2017년 국민독서실태조사'에 따르면 성인과 학생 모두 '집'에서 가장 많이 독서를 하였습니다. 그 다음으로는 성인은 '직장(13.2%)' '밖에서 이동할 때(10.1%)', 학생은 '교실(10.1%)' '학교 도서관(10.9%)' 순입니다. 성인의 경우 '직장', 학생의 경우 '교실'의 비중이 각각 1.6%, 4.2% 감소하고 '카페'가 비중 있는 독서 장소로 등장하였습니다.

요약해보자면 성인은 주로 집에서 독서하고, 학생은 집과 학교(교실, 도서관)에서 독서를 합니다. 그러나 아이들이 책을 읽는 공간이라고 한목소리로 대답했던 '도서관'의 경우는 심지어 매년 감소하는 추세였습니다. 평생 독자로 자라난 성인이라면 일상생활 속에서 장소에 구애받지 않고 책을 읽을 수 있다는 증거인 셈입니다.

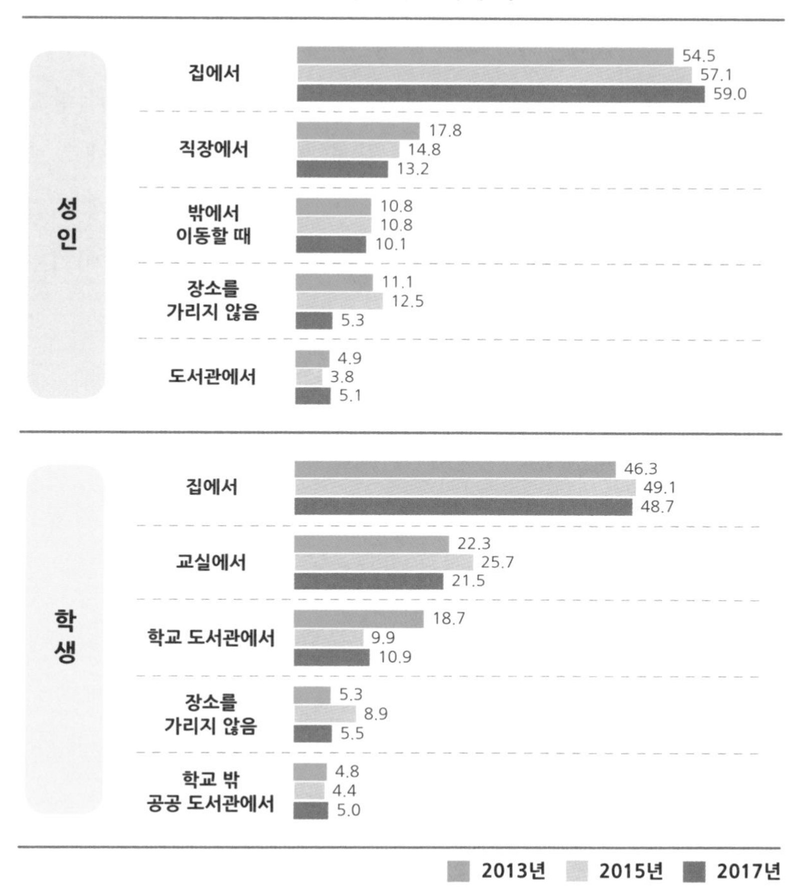

2013년부터 2016년 8월까지 미래엔 출판사와 다음소프트에서 조사한 '최근 독서 트렌드 결과'에 대한 흥미로운 분석도 있습니다. 이 결과에서도 '집'이 2013년도부터 2016년까지 책을 읽는 곳으로 매번 20%를 넘으며 부동의 1위를 유지하고 있습니다. 눈에 띄는 부분은 바로 '카페'가 독서 장소로 새롭게 등장했다는 점입니다. 9%에서 21%까지 올라가는 모습을 보였는데, 최근 사람들이 공부 및 독서, 만남의 장소 등으로 카페를 많이 찾으면서 독서 언급 장소 역시 카페를 많이 선호하고 있음을 알 수 있습니다. 현재 추세로 보았을 때 아직은 선호 독서 장소로 집이 가장 높지만, 곧 카페가 집을 넘어설 수도 있다고 조심스럽게 예측해볼 수 있는 분석이기도 합니다.

카페에서 책 읽기

왜 도서관이 아닌 카페에서 책을 읽는 사람이 점점 늘어나는 것일까요? 바로 독서할 '맛'이 나기 때문입니다. 맛있는 풍미의 커피 향과 적당히 복작이는 백색소음, 집과는 달리 깔끔하고 아기자기하게 정돈된 인테리어는 어떤 책을 읽든 나의 인생 책이 될 수 있을 듯한 마음이 들게 합니다.

게다가 집 안에서는 육아와 살림 등으로 나를 위한 온전한 시간을 갖기 어려운 상황에 놓인 주부에게 카페는 더없이 행복한 시간과 공간을 제공합니다. 근래 들어 감성을 자극하는 동네 책방 겸 카페가 많이 생겨나는 것도 이를 반영한 결과라고 생각됩니다.

이를 바탕으로 우리 아이들에게 '몰입하는 짜릿한 독서'를 맛보

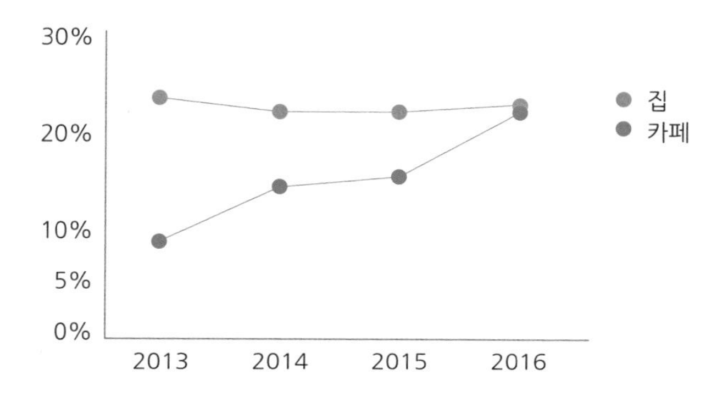

게 하기 위해서는 아이들을 도서관에 데려가는 일보다 더욱 중요한 것이 있음을 알 수 있습니다. 바로 일상생활 속에서 장소에 구애받지 않고 책을 읽어주는 것입니다. 즉, 일상의 모든 장소를 '독서할 맛이 나는 특별한 공간'으로 만들어야 합니다.

취침 전 독서

스티븐 크라센은 자신의 책에서 넬이라는 학자의 연구를 소개했는데, 넬은 아이들에게 '취침 전 잠자리에서의 독서'를 권합니다. 그러면서 잠자기 전 침대에서 하는 독서가 왜 다른 독서보다 즐거운지에 관해 상당히 객관적인 증거를 보여줍니다.

잠자리에서 책을 읽을 때 심장박동 속도, 근육 활동, 피부 전위

량과 호흡 속도 등을 측정했습니다. 물론 잠자리에서의 독서 말고도 다른 장소에서 독서를 할 때, 눈을 감고 휴식을 취할 때, 어떤 것을 응시할 때 등의 신체 상황도 똑같이 측정했습니다. 결과는 꽤 놀라웠습니다.

취침 전 잠자리에서 독서를 할 때 몸은 기준치 이하의 각성상태를 유지했습니다. 책을 읽고 있는 도중이라 신체가 긴장하고 있었다고 추측할 수도 있겠지만, 오히려 신체는 잠자리에서의 독서에서 제일 편안함을 유지했습니다.

많은 부모가 취침 전 독서가 얼마나 유익한지 익히 알고 있습니다. 하지만 생각만큼 실천은 쉽지 않습니다. 아이들에게는 책을 읽고 싶은 열정이 제일 많이 솟구치는 시간이지만, 부모의 책 읽어주기 열정은 오늘 하루 동안의 육아로 제일 식어 있는 시간이기 때문이지요. 진정한 퇴근을 목전에 두었을 때는 아이들의 빠른 취침만이 제일 큰 선물처럼 느껴지는 것을 저도 매우 동감하는 바입니다.

하지만 포근한 이불 속에 나란히 앉아 얼굴을 마주 보거나 서로의 몸에 기댄 후 나긋한 목소리로 들려주는 책 한 권은 부모와 자녀 사이에 나눌 수 있는 최고의 감정적 교류가 될 수 있습니다. 특히 취침 전 잠자리 독서는 다른 장소에서보다 더 많은 신체적 접촉(독서 후 입맞춤으로 마무리하기, 포옹하기 등)으로 인한 사랑의 표현이 가능하므로, 부모와 자녀 사이의 긍정적인 상호작용을 증폭하는 데도 큰 역할을 합니다.

야외 독서의 매력

개인적으로는 야외에서 즐기는 독서만큼 신선한 독서가 없다고 생각합니다. 맑게 갠 봄날, 푸른 잔디 위에 자리를 펴고 누운 후 읽는 한 권의 그림책은 그야말로 첫 키스 같은 책이 될 충분한 자격을 갖고 있습니다.

같은 책이라도 어떤 공간에서 어떤 사람들과 어떤 공기를 마시고 어떤 풍광을 마주하며 읽느냐에 따라 온몸으로 느껴지는 감상이 다를 수밖에 없습니다. 게다가 아이들은 집이 아닌 집 바깥으로 나가는 일 자체를 아주 많이 즐기므로, 책을 읽기 전의 마음 상태와 내적 동기가 한껏 고조된 상태를 유지합니다. 쉽게 말해, 뭘 해도 즐거운 마음 상태입니다.

이때 엄마 아빠가 읽어주는 그림책 한 권은 독서에 대한 긍정적인 인식을 심어줍니다. 물론 이 또한 절대 쉽지는 않습니다. 외출 한 번에 챙겨야 할 준비물도 많은데, 여기에 책까지 준비하려면 외출 준비가 길어지니까요.

하지만 야외 독서는 독서가 단편적인 지식 위주의 시험 문제를 풀기 위한 도구가 아니고, 딱딱한 책상에서만 해야 하는 무미건조하고 지루한 작업도 아님을 알려줄 수 있는 최선의 방법입니다. 또 갈수록 자극적이고 감각적인 것을 추구하는 현대 문화 속에서, 차분히 앉아 깊이 사색할 순간을 제공하는 방법이기도 합니다.

우리 가족은 작년부터 캠핑을 시작했는데요. 캠핑장에서 읽는 책 한 권은 집안에서도 매일 똑같이 읽던 그 책과는 확연히 감상이 달랐습니다.

소음도 없고, 불빛도 현저히 적어 하늘 위 별밭이 도드라져 보이는 곳, 아파트 건물에 가려 보이지 않던 달이 그 안에 사는 토끼까지 보일 만큼 가까이 느껴지는 곳, 소곤소곤하게 속삭이는 것이 크게 소리치는 일보다 더 많이 필요한 그곳의 밤 텐트 안에서 사각사각 침낭을 비벼가며 읽었던 책의 감상은 절대 같을 수 없었습니다. 야외에서 읽으면 더 아름다운 책 역시 있습니다.

작은 집 이야기

버지니아 리 버튼 글과 그림 | 시공주니어 | 1993.12.01.

버지니아 리 버튼이라는 미국의 그림책 작가가 쓰고 그린 『작은 집 이야기』라는 책을 소개합니다. 책 제목이 알려주는 대로, 이 책의 주인공은 '작은 집'입니다. 아주 얇은 붓으로 세밀하게 터치해서 그린 듯한 일러스트가 어른의 시선도 끌어당길 만큼 아름다운 책이지요. 오래전 그림책이라는 느낌이 전혀 들지 않는 요즘 사람들이 봐도 참 따뜻하고 예쁜 일러스트가 매 페이지를 장식합니다. 그래서 이 그림책은 글자보다 그림에 집중해서 읽어야 합니다. 이 책을 디즈니에서 애니메이션 영화과 그림책으로 다시 만들어 출판했었다는데요. 아이들에게 원작만큼 인기는 얻지 못했다고 합니다. 원작의 아름다운 그림과 문장을 결코 이길 수 없었나 봅니다.

네버랜드
Picture Books
세계의 걸작 그림책
001
작은 집 이야기
버지니아 리 버튼 그림·글
홍연미 옮김
칼데콧 상
THE CALDECOT
MEDAL
시공주니어

평화로운 시골 마을에 작은 집 한 채가 지어졌습니다. 작지만 튼튼하게 잘 지어진 집은 언덕 위에 자리 잡았습니다. 낮 동안에는 밝은 해의 변화를 지켜보았고, 밤 동안에는 매일 모습이 변하는 달의 모습도 지켜보았습니다. 어디 달 뿐인가요. 반짝이는 별은 보너스였습니다. 캠핑장에서 딸들에게 이 책을 읽어주었더니, 아이들도 하늘을 쳐다보며 오늘 떠오른 달의 모습과 빛나는 별들을 찾았었습니다.

작은 집이 바라본 봄의 소소한 풍경도, 하얀 데이지 꽃이 가득 핀 싱그러운 여름 풍경도, 주황빛으로 물들어 더욱 아름다워진 가을 풍경도, 흰 눈으로 덮여버린 새하얀 겨울 풍경도 작은 집은 묵묵히 바라볼 뿐이었습니다. 이렇게 여러 번의 계절을 겪는 사이, 아이들은 자라 작은 집 곁을 나와 도시로 떠나갑니다.

평화롭기만 했던 책 속 일러스트는 지금부터 조금씩 달라집니다. 데이지 꽃으로 덮였던 언덕은 포크레인에게 깎여 도로가 생기고 공장들이 들어섰습니다. 한적했던 들판은 이제 숨쉬기도 힘들 만큼 빽빽한 도시로 변했고, 사람들은 이제 작은 집이 그곳에 있다는 사실조차 알지 못하는 듯합니다. 도시의 밤은 낮만큼이나 밝았습니다. 작은 집은 이제 옛날 그 풍경이 그리워졌습니다.

작은 집을 우연히 지나가던 한 부부는, 이 작은 집을 통째로 이사시키기로 합니다. 왜냐하면, 그 부인은 이 작은 집이 자신의 할머니께서 사시던 집이었음을 단번에 알아보았거든요. 부인은 자신의 어릴 적 기억을 더듬어, 작은 집이 있었던 그 언덕과 비슷한 곳에 작은 집을 이사시켜주었답니다. 작은 집은 이제야 비로소 편안해졌고, 행복했습니다.

버지니아 리 버튼이 그린 책 속 작은 집을 보면 왠지, 멈추어 있지만 꼭 살아 있는 듯한 느낌이 듭니다. 물론 약간의 의인화가 되어 있기에 이렇게 느꼈는지도 모르지만, 정말 작은 집에 희로애락의 다양한 감정이 있을 듯한 느낌이 계속 듭니다. 이런 생각을 하는 찰나, 첫째가 말했습니다.

"엄마, 작은 집이 다시 웃고 있어. 이것 좀 봐."

그러고 보니 작은 집의 두 창문은 눈을, 현관문은 코를, 현관문 발 디딤대는 입을, 지붕은 머리카락을 나타내고 있는 듯합니다. 아이들과 뒤표지에서부터 한 장씩 거꾸로 책장을 넘기며 작은 집의 표정을 살펴보았습니다. 지하철이 뚫리고 고가도로가 생겨 빽빽한 사람들 속 작은 집이 잔뜩 찌푸리고 있는 듯한 묘한 일러스트가 보입니다. 처음 읽을 때는 전혀 몰랐던 작은 집의 표정이었습니다. 도시 발전을 위해 잃어야 했던 자연의 아름다움이 얼마나 소중한지를, 작은 집의 표정 변화만 보아도 느낄 수 있습니다.

이 책을 캠핑장, 그것도 우리 가족 생애 첫 캠핑장에 가져간 건 그야말로 신의 한 수였습니다. 아이들은 아무것도 할 일이 없어 심심하기만 한 시골 밤을 이 책 덕분에 사랑하게 되었으니까요.

이 책도 아이들에게 읽어주길 추천합니다

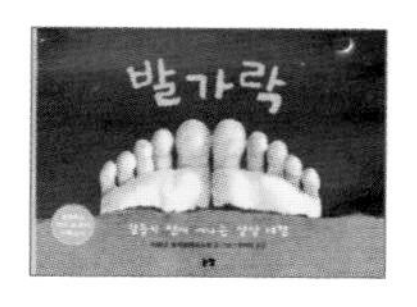

『발가락』

이보나 흐미엘레프스카 글과 그림 | 논장 | 2017.07.28.

2003년 볼로냐 도서전에서 극찬을 받은, 폴란드 동화작가 이보나 흐미엘레프스카의 작품입니다. 아직 잠들기 싫은 발가락 열 개의 상상력 넘치는 여행기가 정말 재미있습니다. 이보나 흐미엘레프스카의 다른 작품 중 이 책 외에도 생각할 거리가 풍부한 놀라운 그림책이 많이 있답니다.

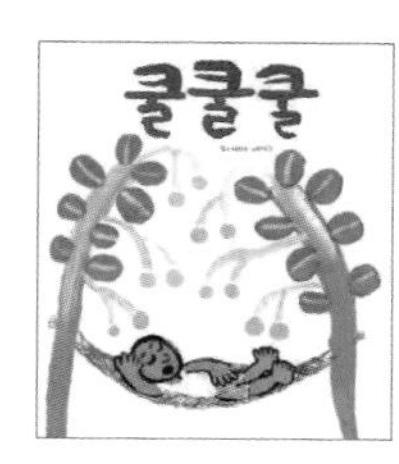

『쿨쿨쿨』

다시마 세이조 글과 그림 | 보림 | 2008.07.21.

아주 어린 영유아들도 좋아하는 그림책입니다. 왜냐하면 "쿨쿨쿨" 말고는 다른 글자가 나오지 않거든요. "쿨쿨쿨…"이라는 글자가 점점 작아지면서 색이 옅어지는 캘리그라피 표현에서 진짜로 잠이 올 것 같은 느낌이 든답니다. 아이가 잠자리에 들기 전 마지막 그림책으로 읽어주면 좋겠지요?

『말괄량이 기관차 치치』

버지니아 리 버튼 글과 그림 | 시공주니어 | 2017.04.15.

무거운 객차들을 끌고 다니는 일에 질린 꼬마 기관차 치치가 벌이는 소동을 그린 그림책입니다. 흑백 그림책이라 오히려 아이들에게 신선한 느낌을 줍니다. 좌충우돌 말썽꾸러기 치치가 조금씩 성장하는 모습이 꼭 아이들을 닮았습니다. 기차를 좋아하는 아이들이라면 이 그림책도 분명 좋아할 거예요.

텔레비전, 스마트폰은 독서의 방해꾼인가?

"우리 아이가 텔레비전을 보듯 책을 들여다봤으면 좋겠어요."

"책 읽는 습관을 들이기 위해 텔레비전을 없애는 편이 도움이 될까요?"

위 문장들은 학부모 상담이나 강의 현장에서 학부모님들을 만날 때마다 제법 많이 듣는 질문입니다. 많은 부모가 텔레비전과 독서와의 상관관계를 궁금해합니다. 정말 텔레비전은 독서의 주된 방해요인인 걸까요?

대부분 아이가 텔레비전을 아주 좋아합니다. 숨넘어가게 꺼이 꺼이 울다가도 좋아하는 텔레비전 프로그램 이름을 대면 뚝 그치는 아이도 있지요. 아이들은 왜 이렇게 텔레비전을 좋아하는 걸까요?

그 이유는 시각적으로 변화가 많은 이미지가 많기 때문입니다. 예를 들어, 아이들이 좋아하는 애니메이션의 초당 프레임 수는 17~24장입니다. 즉, 1초에 17~24장의 이미지가 필요하다는 뜻입니다. 한 장의 이미지에 집중해야 하는 그림책과는 비교도 할 수 없을 만큼 많은 이미지입니다. 그 이미지가 모여 움직이니 시청자의 눈은 그야말로 쉴 수가 없습니다. 그러니 더 많이 집중해야 합니다.

어린이들에게는 프레임이 많아 마치 움직이는 듯 보이는 이미지가 마냥 신기합니다. 여기에 코믹한 내용까지 곁들여지면 텔레비전을 좋아하지 않을 수 없지요.

독서를 방해하는 요인

텔레비전은 많은 이미지와 더불어 귀에 쉽게 꽂히는 소리 자극도 주는데요. 사람들의 이목을 집중시키기 위해 더욱 귀에 듣기 좋거나, 귀를 쫑긋하게 자극하는 음성을 제공합니다. 아이들이 즐겨보는 텔레비전 프로그램에서 흘러나오는 언어는 책에서 접하는 언어보다 훨씬 쉬우면서 정교하거나 복잡하지 않습니다. 이처럼 텔레비전 프로그램에는 많은 양의 이미지와 듣기에 좋은 소리가 함께 어우러져 있기에, 누군가에게는 이보다 편한 여가 수단이 없는 셈입니다. 이 점은 어른에게 적용해보아도 크게 다르지 않습니다.

따라서 텔레비전과 독서 중 어느 것이 더 편한 여가 활용 방법이냐고 묻는다면, 대부분의 사람이 텔레비전을 선택할 것입니다. 텔레비전을 보는 것과 비교했을 때, 독서는 훨씬 더 능동적인 사고와 행동을 요구하기 때문이지요. 가만히 앉아있거나 누워만 있어도 되는 텔레비전에 비해 독서는 책을 들고 있어야 하고 때때로 책을 넘기는 수고까지 필요합니다. 아이들도 이를 모를 리 없습니다. 아이들 역시 본능적으로 더 편한 쪽에 손을 뻗기 마련이니까요.

문제는, 텔레비전 시청에 너무 많은 시간을 뺏기면 다른 일을 하는 데 있어 방해가 된다는 점입니다. 특히 많은 아이가 독서를 하는 데 가장 방해되는 원인으로 텔레비전 시청을 꼽습니다.

우리나라에서 진행한 독서 관련 실태에 관한 재미있는 연구가 있습니다. 전주 지역 S초등학교 4~6학년 아이 중, 책을 많이 읽는 아이들과 그렇지 않은 아이들을 나눠서 '독서 장애 요인'을 물어본 것이었습니다.

여기서 독서 장애 요인이란, '책을 읽고 싶어도 마음대로 읽지 못하는 이유'를 말합니다. 결과가 재미있습니다.

다독하는 아이들	다독하지 않는 아이들
50.4% : 학원이나 학교 공부 때문에 책을 읽지 못함	27.4% : 읽을 만한 책이 없어서 책을 읽지 못함
5% : 텔레비전을 시청하느라 시간이 없어서 책을 읽지 못함	14.9% : 텔레비전을 시청하느라 시간이 없어서 책을 읽지 못함

다독하는 아이들은 학원이나 학교 공부 때문에 책을 읽지 못한다는 이유가 50.4%로 가장 높았습니다. 텔레비전을 시청하느라 시간이 없다는 응답은 5%에 불과했습니다.

그런데 다독하지 않는 아이들의 경우 읽을 만한 책이 없어서가 27.4%로 가장 높았고, 텔레비전을 시청하느라 시간이 없다는 응답은 14.9%로 다독하는 아이들의 3배였습니다. 즉, 텔레비전을 시청하는 것은 다독하는 아이들보다 그렇지 않은 아이들에게 훨씬 더 강하게 독서 장애 요인으로 작용한다는 점을 알 수 있습니다.

이는 텔레비전 시청이 모두에게 독이 되는 건 아님을 의미합니다. 실제로 다독하는 아이 중에는 그렇지 않은 아이들보다 텔레비전을 보는 시간이 더 많은 아이도 있을 것입니다. 하지만 그들은 텔레비전을 독서의 방해요인이라고 생각하지 않았습니다. 즉, 텔레비전을 보더라도 절제하며 볼 수 있는 어린이는 텔레비전이 독서를 방해하는 원인이라고 생각하지 않습니다. 오히려 텔레비전이 독서를 촉진할 수 있다고 생각하기도 합니다.

책 읽기와 텔레비전 시청

저명한 언어학자 스티븐 크라센은 자신의 저서 『크라센의 읽기 혁명』에서 텔레비전 때문에 독서를 못한다는 명백한 증거는 없다고 말하며 이와 비슷한 언급을 한 적이 있습니다.

"텔레비전을 적당히 보는 건 전혀 보지 않는 것보다 도움이 된다."
"텔레비전 시청이 과도할 때만 부정적인 영향이 확연하게 드러난다."

그러면서 크라센은 뉴먼의 연구를 소개했는데, 뉴먼의 연구는 다음과 같은 세 부류의 아이들이 책을 선택하는 유형을 비교·분석한 것입니다.

① 책 읽기와 텔레비전 시청 모두 많이 하는 아동
② 책은 많이 읽고 텔레비전 시청은 적게 한 아동
③ 책은 적게 읽고 텔레비전 시청은 많이 한 아동

세 부류의 아동 중 ①~②유형의 아이가 지적 수준이 훨씬 높은 책을 골랐습니다만, ①과 ② 사이의 차이는 없었다고 합니다. 즉, 텔레비전 시청이 독서 수준에 큰 영향을 미치지는 않은 셈입니다.

삽화가이자 자유기고가인 짐 트렐리즈 또한 "텔레비전 시청은 그 내용 자체가 아이에게 해롭다기보다는, 텔레비전을 보며 보내는 수동적인 시간이 문제이다."라고 언급하며 이와 비슷한 이야기를 했습니다.

> "최근까지의 연구 결과로는 텔레비전 그 자체가 잘못된 것은 아니었다. 문제는 그것의 남용이었다. 텔레비전은 부모의 무관심과 무책임의 빈자리를 메운 죄 없는 방관자일 뿐이다."

결국, 텔레비전 시청은 이를 절제할 수 있느냐 없느냐의 차이에 따라 그 부정적 효과를 가늠할 수 있습니다. 적당한 텔레비전 시청으로 여가를 즐긴다면 바람직합니다. 다른 일의 진행을 막을 정도로 지나친 게 아니라면 텔레비전은 독서를 막는 방해꾼이 아닙니다. 오히려 사고의 지평을 넓히고 생각을 전환할 수 있는 좋은 매체가 될 수 있습니다.

저는 아이에게 독서를 시키기 위해 무조건 텔레비전을 없애려 한다면, 잠시 고민해볼 필요가 있다고 생각합니다. 그보다 내 아이가 텔레비전 속으로 도피하거나 중독 증세를 보이는 모습인지 아닌지를 잘 판별할 수 있어야 합니다.

텔레비전을 무조건 없애기보다는 절제하며 텔레비전을 즐기는 방법을 가르치는 편이 더 좋다고 생각합니다. 그리고 그렇게 아낀 시간에 아이들이 부모님과 함께 책을 읽으며 여가를 보낸다면 더 좋겠습니다. 텔레비전에서 흘러나오는 전자 기계음 대신, 재미있는 책을 엄마 아빠의 목소리로 읽어주면 좋겠습니다. 아이들이 1초에도 여러 번 바뀌는 이미지 대신 1장의 사진에서 아름다움을 느끼고 부모가 읽어주는 그림책 속 문장을 들어보는 일에 익숙해지면 좋겠습니다. 이렇듯 한 권의 듣는 독서가 아이의 공부 내공을 결정지을 수 있습니다.

스마트폰을 쥔 아이들

텔레비전에 대한 고민과 함께, 스마트폰에 대한 고민도 빼놓을 수 없는 요즘입니다. 초등학생의 스마트폰 사용이 독서에 미치는 영향을 연구한 국내연구*가 있습니다. 이 연구에서는 스마트폰 사용이 많아지고 스마트폰 중독률도 증가할 것으로 예상되는 초등학교 6학년을 대상으로 진행되었는데요. 청소년 스마트폰 중독 자가진단 척도와 독서실태 설문지, 독서를 스스로 계획하며 독서 활동 전반에 대해 학생 스스로 평가할 수 있는 자

* 김태용, "초등학생의 스마트폰 사용 실태가 독서 실태 및 자기조절 읽기에 미치는 영향", 광주교육대학교 교육대학원, 2015.

기조절 읽기 능력 검사지를 사용하여 스마트폰 사용과 독서와의 상관관계를 분석하였습니다. 분석 결과는 놀라웠습니다.

일반 휴대전화를 가지고 있거나, 휴대전화가 없는 학생들의 독서량과 독서 시간이 스마트폰을 보유한 학생들보다 훨씬 많았습니다. 자기조절 읽기 능력 또한 스마트폰을 보유한 학생이 가장 낮았고 일반 휴대전화, 휴대전화가 없는 학생 순으로 높게 나왔습니다.

국민 독서 실태 조사 보고서를 살펴보면 학생들의 독서 장애 요인은 성인과는 달리 "컴퓨터, 인터넷, 게임 등 때문에 시간이 없어서"라는 응답이 빠지지 않고 등장합니다. 이를 바탕으로 스마트폰 게임은 중독되기 아주 쉬운 매체로, 사고방식과 생활패턴까지 완전히 뒤바꿀 수 있다는 점을 망각해서는 안 될 것입니다.

따라서 자녀에게 스마트폰을 사줘야 할 때는 그만큼 상당히 큰 고민이 필요합니다. 아무런 고민 없이 스마트폰을 들이는 일은 위험합니다.

우리 반 아이들이 하교하고 난 뒤, 다음날 아이들에게 읽어줄 책을 고르러 학교 도서실에 갔습니다. 도서실은 텅 비어있는데, 도서실 출입문 밖은 아이들로 북적입니다. 모두 고개를 푹 숙인 채 스마트폰 게임에 열중해있었지요. 분명히 부모님으로부터 '다음 스케줄로 이동할 때까지 시간이 좀 남으니 도서실에서 책을 읽으며 기다려라.'라는 지령을 받은 아이들입니다. 초등학교 3학년 이상의 아이가 대다수이지만, 1학년 우리 반 아이들의 모습도 심심찮게 보입니다.

도서실과 스마트폰, 저는 이 두 가지는 절대 조화로울 수 없다고 확신합니다. ESS를 아십니까? 전자 스크린 증후군Electronic Screen Syndrome입니다. 게임과 인터넷 등 전자 스크린에 가까이 몰입을 할 때 전두엽이 쪼그라드는 것을 말하지요. 뇌가 끊임없이 펄떡이며 일해야 할 시기에 아이들은 스마트폰에 뇌를 가두고 있습니다.

아이들이 게임과 스마트폰 속에 도피하지 않고, 따뜻한 도서실의 품에 있도록 부모가 신경 써야 할 것입니다.

텔레비전이 고장 났어요!

이수영 글과 그림 | 책읽는곰 | 2012.06.15.

이번에 소개할 책은, 고장 난 텔레비전으로 생긴 에피소드가 담긴 그림책입니다. 우리 반 아이들과 제 딸들에게 웃음을 선사해준 코믹한 그림책이지요. 이수영 작가의 『텔레비전이 고장 났어요!』입니다.

우리 반 아이들에게 이 책을 읽어준 날은 날씨가 어둑어둑했었습니다. 곧 비가 쏟아져 내릴 듯 분위기가 축축했고 게다가 월요일이었습니다. 주말 동안 나들이를 다녀온 건지 오히려 피곤해 보이는 낯빛의 아이도 여럿 눈에 띄었었습니다. 이런 날에는 교사인 제 어깨도 조금 찌뿌둥합니다. 아이들과 함께 몸 이곳저곳을 스트레칭한 후 수업을 시작해봅니다만, 아이들 입에서는 "아이고~" 소리가 심심찮게 흘러나옵니다. 쩌억 입을 벌려 하품하는 아이도 있지요. 늘 활력으로 가득할 것 같은 초등학교 1학

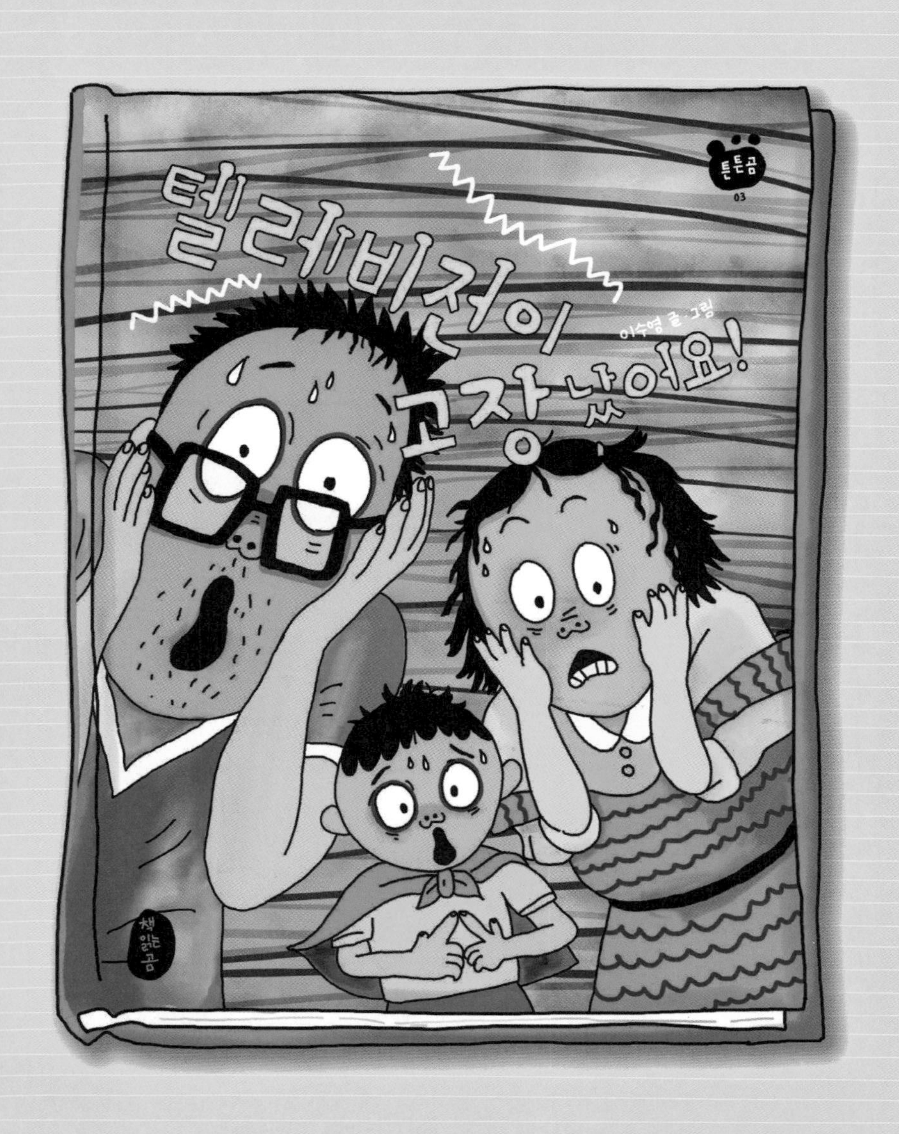
튼튼곰
03
텔레비전이 고장 났어요!
이수영 글·그림
책 읽는 곰

년 교실이지만, 사실 이렇게 분위기가 축 가라앉는 날도 더러 있습니다. 저는 이런 상황을 일컬어 '워밍업이 덜 된 상태'라고 부르는데, 어쩐 일인지 날씨까지 우중충하니 아이들을 워밍업 시키기에 마땅한 방법이 없습니다. 고심 끝에 생각해낸 방법이 바로, '코믹한 그림책 읽어주기'였습니다.

표지를 보여주자마자, 아이들의 목소리에 방금 전까지 없었던 힘이 들어갑니다. 저는 아이들에게 노르웨이 출신의 표현주의 화가 에드바르트 뭉크 Edvard Munch의 〈절규〉를 떠올리게 하는 표정과 영화 〈나 홀로 집에〉의 '케빈'을 떠올리게 하는 포즈를 취한 세 사람의 모습이 담긴 표지를 따라 해 보라고 주문해봅니다. 망가지는 것을 서슴지 않는 아이 몇 명이 코믹한 표정을 지어 보이니 한결 교실 분위기에 활기가 돌았습니다.

표지의 코믹한 그림은 아무것도 아닙니다. 책장을 넘기자마자 펼쳐지는 민수네 아침 풍경은 아이들을 포복절도하게 만듭니다. 눈이 퉁퉁 부은 채 유치원으로 질질 끌려가는 민수의 모습으로도 충분히 웃긴데, 민수 손을 잡고 있는 엄마의 모습도 정말 가관입니다. 다크써클이 내려온 눈이며, 제대로 빗지 못한 머리카락이며, 신발도 신지 않은 발 등 엄마의 모습은 아이를 유치원에 보내고야 말겠다는 의지가 느껴져 처절하기까지 합니다. 고주망태가 되어 갓 귀가한 모습 같은 아빠의 출근 준비 상태도 아이들에게는 그야말로 큰 웃음 당첨입니다.

이 책에서 아이들의 반응이 최고조에 오르는 장면은, 민수네 가족의 리모컨 쟁탈전이 담긴 페이지였습니다. 이제껏 페이지를 여러 장 넘기는 동안, 민수네 가족의 눈이 텔레비전이 아닌 서로를 향하는 장면은 이번이 처음입니다. 그림을 보고 있는 아이들의 입에서 "헉!" 소리가 나오는 걸 보니, 아이들이 보기에도 가히 대단한 쟁탈전이긴 한가 봅니다. 하지만 싸움의 결말은 텔레비전의 고장이었고, 민수네 가족은 텔레비전이 없는 적막한 하루를 보내야만 했습니다.

텔레비전이 없는 처음 몇 페이지 동안에는 민수네 가족이 서로의 눈을 보며 지내는 모습이 참 어색해 보이지만, 곧 민수네 가족은 텔레비전 없이도 즐거움을 찾아가며 일상을 회복합니다. 작가는 텔레비전이 없는 즐거움에 빠진 가족의 모습도 텔레비전에 빠져 있던 가족의 모습만큼 우스꽝스럽게 표현하고 있는데요. 텔레비전이 없어도 이렇게 웃을 수 있는 즐거운 일이 참 많이 있음을 알려주는 것이 이 책을 만든 작가의 의도가 아닐까 짐작해봅니다.

아이들과 함께 이 책을 읽다 보면 재미있는 텔레비전 개그 프로그램을 보고 있지 않아도 까르르 웃고 있는 우리 가족의 모습을 발견할 수 있습니다. 우리 집 텔레비전이 당장 고장 난다 하더라도 끄떡없을 우리 가족의 모습을, 이 책을 읽으면서 미리 확인해보는 건 어떨까요?

이 책도 아이들에게 읽어주길 추천합니다

『내 친구 스마트폰』

최정현 글 | 대성 그림 | 꿈터 | 2013.09.10.

스마트폰을 가족이나 친구보다 더 사랑하는 지후가 겪는 이야기를 담은 그림책입니다. 지후에게 벌어지는 에피소드가 코믹한 그림과 함께 사실적이고 흥미롭게 펼쳐집니다.

『책이 꼼지락꼼지락』

김성범 글 | 이경국 그림 | 미래 i 아이 | 2011.07.20.

초등학교 국어 교과서에도 실려있는 그림책입니다. 텔레비전만 보는 범이에게 엄마는 책 좀 읽으라고 잔소리를 하는데요. 책이 미운 범이는 책을 읽는 대신 책을 쌓고 밟으며 논답니다. 그러다보니 어느새 책이 꼼지락꼼지락 범이에게 친근하게 다가오네요? 텔레비전과 게임 대신, 책에 푹 빠진 범이의 모습이 참 귀엽습니다.

학습만화를 허용해도 되나요?

"어머, 『먼 나라 이웃나라』 책이다! 네덜란드 편이 제일 재미있었는데!"

『먼 나라 이웃나라』(김영사)를 기억하십니까? 남편, 딸과 함께 동네 중고서점을 찾았는데 학습만화가 모여 있는 서가 맨 위 칸에서 어린 시절 즐겨 읽던 책을 발견하자 반가운 마음을 감출 수 없었습니다. 남편도 같은 마음이었는지 다시 읽어보고 싶다며, 그날 『먼 나라 이웃나라』 시리즈 중 몇 권을 샀습니다. 초등학교 3학년 때, 부모님이 헌책방에서 사다 주신 이 만화책이 너무나 재미있어 페이지가 닳도록 읽었던 기억과 내가 먼저 읽겠다며 동생과 다투었던 기억이 머릿속에 새록새록 피어올랐습니다.

당시 저에게는 비행기를 타고 다른 나라로 가는 일이 그저 꿈속에서나 가능했던 일이었습니다. 꽤 두꺼운 두께였지만, 왠지 『먼 나라 이웃나라』를 읽고 있으면 나도 그 나라에 관한 박사님이 된 듯한 느낌이 들곤 했었습니다. 성인이 되어 내가 직접 그 나라 땅을 밟았을 때도 어린 시절 그 만화책에서 읽었던 얕지만 넓은 정보가 꽤 도움이 되었었지요.

학습만화에 대한 편견

부모교육 강의 현장이나 학교에서 이루어지는 학부모 상담 때 많이 받는 질문 중 하나입니다.

"학습만화를 계속 읽혀도 될까요?"
"책을 너무 안 읽어 고민인데, 학습만화 전집이라도 들여볼까요?"

학습만화는 문자 그대로 '만화'라는 매체에 '학습'을 접목한 책입니다. 만화의 장점 중 하나는 가독성이 좋다는 것입니다. 어려운 개념을 학습해야 할 때 만화의 훌륭한 가독성을 활용하면 학습에 대한 거부감이 사라지고 이해도가 높아질 수 있음을 적극적으로 활용한 수단이 바로 학습만화인 셈입니다. 이런 점 때문에 자연스럽게 아이들의 인기를 얻게 되었고, 근래에는 학습만화가 아예 전집 형태로 나오게 되면서 TV 홈쇼핑 채널 등에서도 학습만화 전집을 살 수 있게 되었습니다. 그만큼 아동 출판 시장에서 학습만화가 차지하는 비중이 꽤 커졌음을 뜻하겠지요.

실제로 제가 교실에서 체감하기로도, 아이들은 학습만화를 굉장히 좋아합니다. 학교 도서실에서 아이들의 손이 제일 많이 닿는 책 또한 학습만화입니다. 아이들에게 학습만화의 인기는 대체 불가일 정도입니다.

한국교육개발원에서 2011년 정책연구개발사업의 일환으로 실시했던 연구 자료인 〈초·중등학생의 독서 실태 진단 및 활성화 방안 연구〉에서도 만화의 인기는 증명되었는데, 특히 초등학생에게 많은 인기를 얻고 있었습니다.

〈학생 독서 선호 형태 순위〉

	초등학교	중학교	고등학교
1위	만화(31%)	문학(33%)	문학(37%)
2위	문학(17%)	기타(17%)	만화(11%)
3위	역사(10%)	만화(16%)	기타(10%)

출처: 한국교육개발원, 김순남, 2011.

위의 통계에서도 나타났듯이, 만화를 주로 읽던 어린이들이 성장해서까지도 만화만을 읽는 건 아니었습니다. 만화의 인기가 전 세대를 아우르긴 하지만, 학습만화를 좋아하는 취향은 주로 초등학생 때 발휘되는 것일 뿐, 학년이 높아지면서 아이들의 선호 형태도 달라지고 있었습니다.

거의 모든 아이가 학습만화를 좋아합니다. 독서력이 우수한 아이도, 독서력이 부족한 아이도 학습만화를 즐깁니다. 그러니 학습만화를 읽는 게 독서력이 부족해서라고 말하는 건 억지입니다.

삽화가이자 자유기고가인 짐 트렐리즈는 만화책을 아이에게 책을 읽어주는 시간에 활용하라고 적극적으로 권하지는 않지만, 적어도 혼자 읽기의 출발점으로는 충분히 쓸모 있다고 주장합니다. 적어도 책을 읽는 행위의 즐거움을 느끼게 만들기 위해서는 적합한 수단이라고 생각하는 듯합니다. 한자리에 앉아 페이지에 집중해가며 종이를 직접 만져보고 넘겨보는 그 느낌을 알기 위해, 가독성이 좋은 만화의 활용이 필요한 아이들도 분명 있습니다.

한 논문에서 영재 학생과 일반 학생 각자에게 가장 즐겨 읽는 만화의 종류를 묻는 설문이 있었습니다.*

영재 학생은 코믹 만화(35%), 학습만화(22%), 역사 만화(17%)의 순서로 답했고 일반 학생은 코믹 만화(54%), 스포츠 만화(12%), 학습

---

* 김지은, "초등 영재학생과 일반학생의 독서 성향 및 독서 초인지 비교·분석", 아주대학교 교육대학원, 2013.

만화(9%) 순으로 답했습니다.

학습만화와 역사 만화를 지식을 얻기 위한 만화라고 한데 모아 생각할 경우, 영재 학생은 지식 관련 만화책을 39% 정도 선호하는 반면, 일반 학생은 9%에 불과했습니다. 영재 학생이 만화를 선택하는 기준은 단순히 재미 위주가 아닌, 만화를 통해 지식을 얻고 호기심을 충족하려는 의지가 반영되었음을 알 수 있는 결과였습니다.

학습만화를 결코 나쁘다고 할 수는 없습니다. 전문적인 지식을 이해하기 쉽게 설명해야 하다 보니 간혹 과학적으로 잘못된 개념이 등장하고는 하지만, 아이들의 지적 호기심을 채워주고 혼자 책을 읽는 즐거움을 알게 해준다는 점은 학습만화가 인정받아 마땅한 특장점입니다.

학습만화를 읽어줄 때 유의할 점

독서로 유명한 사람 중에는 의외로 만화광이 많습니다. 그들은 스트레스 해소용으로 만화를 즐겨 읽는다고 고백합니다. 상상력과 창의력을 자극해 새로운 영감을 떠오르게 하고, 현실에서 하지 못하는 짜릿한 경험 또한 가능하게 하는 게 바로 만화라고 말하기도 합니다. 이렇듯 만화가 주는 힘은 분명히 있습니다.

그러나 부모나 교사가 적극적으로 말릴 필요가 없는 것과 같이, 일부러 권할 필요 또한 없다고 생각합니다. 특히 아이들에게 책을 읽어줄 때 굳이 학습만화를 골라 읽어줄 필요는 없다고 봅니다. 대신 우리는 아이들에게 단순한 호기심만을 자극하는 저급 만화책을 분별할 수 있는 비판력을 키워줄 필요는 있습니다.

엄마 아빠와 함께 나눌 수많은 읽을거리가 있습니다. 아이들은 입학 후, 누가 권하지 않아도 자연스럽게 학습만화의 즐거움에 빠지게 될 것입니다. 그러니 집에서만이라도 우리는 아이들과 함께 아름답고 재미있는 그림책을 더 많이 읽었으면 좋겠습니다.

학습만화에 대해서는 이렇게 생각해주세요.

① 학습만화는 독서력이 부족한 아이들의 전유물은 아니다.
② 학습만화를 듣는 독서 시간에 굳이 부모의 목소리로 들려줄 필요는 없다.
③ 대부분의 아이가 좋아할 수밖에 없는 요소가 있으니까 혼자 읽는 독서(읽기 독립)를 학습만화로 시작할 수 있다.
④ ③과 같은 경우라면, 듣는 독서를 통해 다른 분야의 책도 충분히 접하도록 반드시 도와주어야 한다.

아기가 된 아빠

앤서니 브라운 글과 그림 | 살림어린이 | 2011.04.20.

이번에 소개할 그림책은 만화만큼이나 재미있는 일러스트에 집중하게 되는 앤서니 브라운의 책입니다. 앤서니 브라운은 수없이 많은 훌륭한 작품을 만든 세계적인 그림책 작가이지만, 여기에서는 『아기가 된 아빠』를 소개하겠습니다.

"선생님! 오늘 책 제목은 뭐예요?"

함께 책을 읽는 시간이 되면, 아이들이 어떤 책이냐고 먼저 묻습니다. 책 제목을 읽어주었더니, 아이들의 눈빛이 눈에 갑자기 별이 박힌 듯 반짝입니다. 심지어 어떤 아이는 후다닥 제게 다가오더니, 자기 심장을 만져보라고 합니다. 그리고는 말했어요.

앤서니 브라운
아기가 된 아빠
살림어린이

“선생님! 제 심장이 이렇게 빨리 뛰는 건 다 이 책이 너무 기대돼서 그러는 거예요!”

기대가 크면 실망도 큰 법이라, 읽어주는 사람으로서 막대한 부담감을 느끼며 책표지를 넘겨봅니다. 누가 봐도 멋진 용모인 남자의 사진이 한 장 보입니다. 그는 젊어 보이기로 소문난 존의 아빠입니다. 초등학교 1학년 아이들의 눈에도 존의 아빠는 젊은 아빠의 모습인가 봅니다. 자신의 아빠랑은 너무 다르다며 입을 쩍 벌리기도 하고, 아빠가 아니라 마치 삼촌 같다고 말하는 아이도 있습니다.

사실, 존의 아빠를 그 또래와 비슷한 아빠라고 말할 수는 없습니다. 그는 젊은 사람들이 입는 옷을 즐겨 입고 헤어 스타일도 자주 바꿉니다. 집이 떠나갈 듯 시끄러운 음악을 즐겨 듣고 재미있는 장난감도 많이 수집합니다. 아이 몇 명이 손뼉을 치기 시작한 건 바로 이때였습니다. 장난감 좀 그만 사라고 말리는 다른 집 아빠와는 달리, 장난감을 먼저 사 모으는 아빠라니요. 세상에나, 아이들이 환호할 만하지 않나요?

그러던 어느 날, 존의 아빠는 ‘젊음을 돌려드립니다’라고 쓰인 수상한 음료수 한 병을 마십니다.

“으앗! 선생님, 존 아빠가 진짜 아기 되는 거 아니에요?”

“『젊어지는 샘물』 이야기에서도 할아버지가 아기가 되었었지요!”

페이지를 한 장 더 넘기자, 아이들은 자신의 예감이 딱 들어맞은 것을 눈으로 확인하고 웃음을 터뜨립니다. 아기가 된 아빠의 모습은 정말 우스꽝스러웠어요. 기저귀를 채우는 엄마의 손길, 이유식을 받아먹느라 지저분해진 얼굴, 공갈 젖꼭지를 한입 가득 물고 있는 왠지 억울하기만 한 표정은 영락없는 아기의 모습이지만 아기가 된 아빠는 영 어색하기만 합니다. 징그럽다고 말한 아이도 있습니다.

다행히도 이 모든 건 아빠의 꿈속 장면이었습니다. 식은땀을 흘리며 잠에서 깨어난 아빠를 보고 엄마는 언제나 그렇듯 말했지요. "어휴, 불쌍한 우리 아가." 아내가 자신이 꾼 꿈을 이미 알고 있다고 생각해서 당황하고 있는 아빠에게 존은 얼른 거울을 보라며 황급히 말합니다. 거울 속에 비친 아빠의 흰 머리카락 한 가닥과 묘한 표정의 아빠 그림으로 책은 끝이 납니다.

당황한 건 존의 아빠뿐만이 아니었습니다. 책장을 덮자마자 아이들 표정을 둘러보았는데, 모두 입을 반쯤 벌린 채 허공을 응시하고 있었습니다. 곧 아이들끼리 이야기가 이어집니다.

"헉, 어떡하지? 존 아빠가 완전 충격받았을 것 같아…."

"얼굴은 젊은데 흰 머리카락이 나니까 완전 안 어울려."

처음에는 흰 머리카락 한 가닥에 상처받았을 존의 아빠를 걱정하는 이야기가 주류를 이루었지만, 반대의 의견을 낸 어린이가 나타나니 곧바로 분위기가 반전됩니다.

"그래도 좋아했을 것 같아! 다시 아기가 되는 것보다는 낫지 않아?"

"맞아! 아기 되는 꿈 꾸고 너무 싫어했잖아. 차라리 흰 머리카락이 나는 게 낫지~."

"그래~ 아빠가 너무 어려 보이면 좀 그래~"

"우리 아빠는 흰 머리카락이 많이 났는데도 멋있어!"

어쩌면 어려 보이고 싶고 젊어지고 싶은 건 인간의 본능일지 모릅니다. 아이들도 다르지 않습니다. 어린 동생을 보고서 "나도 다시 아기가 되고 싶어!"라며 말도 안 되는 생떼를 부리는 상황을 우리는 흔히 목격하니까요. 그렇지만 이 책을 아이들과 함께 나누며 맺은 결론은 '내 나이답게 사는 건 큰 행복이자 축복'이라는 점이었습니다.

"너희들도 다시 아기가 되고 싶니?"

제 질문에 아이들은 도리질하며 한목소리로 "아뇨~!"라고 대답합니다. 아기가 된 아빠의 모습이 처절할 정도로 안타까워 보였나 봅니다. 그냥 지금이 좋다고 이야기하는 아이들을 바라보며 저 또한 생각합니다. 내 나이로 나답게 살 때가 가장 행복한 순간이라고 말이죠. 흰 머리카락 한 가닥을 발견한 순간은 존의 아빠도 '아빠'로서의 진정한 행복을 누릴 수 있게 되었음을 암시하고 있는 셈입니다.

한 가지 더, 앤서니 브라운 책에는 삽화 한 장면에도 많은 복선이 깔려있습니다. 파이프 담배가 자세히 보면 젖병 모양인 점, 장식장 속 트로피 안에 담긴 젖병과 운동기구 옆에 놓인 딸랑이 등이 바로 그것들인데요. 그림책을 다시 한번 읽으며 그러한 복선을 아이들과 함께 발견하는 것도 아주 큰 재미가 될 수 있답니다. 눈 크게 뜨고 찾아보세요.

이 책도 아이들에게 읽어주길 추천합니다

『돼지책』

앤서니 브라운 글과 그림 | 웅진주니어 | 2009.04.13.

아빠와 아이 둘을 모두 업고 있는 표지에서 엄마의 표정이 느껴지실까요? 평소 밥만 달라고 외치는 아빠와 아이 둘이 있습니다. 어느 날, 엄마는 사라지고 아빠와 아이 둘은 돼지의 모습으로 변하게 됩니다. 엄마 없이 모든 일을 스스로 해야 하는 상황이 되어서야 아빠와 아이들은 엄마의 고된 노동에 대한 가치를 느끼게 됩니다. 집안일 때문에 유난히 힘든 날, 이 책을 읽어주다 보면 책 속 엄마에게 제대로 감정이입이 된답니다.

『터널』

앤서니 브라운 글과 그림 | 논장 | 2018.11.30.

걸핏하면 싸우는 여동생과 오빠의 모습은 우리 주변에서도 흔히 볼 수 있는데요. 여동생과 오빠가 우연히 함께 터널에 들어가게 되는데, 터널을 지나오기 위해 결국 마음을 합치게 됩니다. 터널 속으로 들어갈수록 불가사의하고 판타지다운 모습이 펼쳐져 아이들의 눈이 커지는 그림책입니다.

그림책에서 문고로 자연스럽게 어떻게 넘어가나요?

초등학교에 입학하고 나면, 독서량과 내용 이해 수준이 아이에 따라 눈에 띄게 격차가 벌어지는 일을 확인할 수 있습니다. 초등학교 1학년 아이 중에는 이미 글자에 익숙해져 있기에 더 많은 글밥이 있는 책을 원하는 아이도 제법 많기 때문이지요. 역시 듣는 독서를 오래도록 꾸준히 해왔던 아이들이 그렇습니다. 이 아이들은 문해력의 성장 폭이 그야말로 가파르게 상승해서는, 점점 더 많은 글자를 갈구하는 것처럼 보일 만큼 책을 사랑하기 시작합니다. 아이가 호흡이 긴 글을 읽거나 읽기를 원한다면 그림책에서 저학년 문고로 넘어가도 상관없습니다.

사교육의 유혹

아이마다 독서력의 차이가 드러나는 시기이다 보니, 학부모님들의 마음도 자칫 갈팡질팡해질 수 있습니다. 저학년 문고를 스스로 읽고 있는 다른 집 아이들을 보면 마음이 불안해지고, 우리 아이를 그냥 이대로 두어도 되는지 조바심이 충분히 생길 수도 있지요. 사교육 시장은 이 불안한 심리를 절대로 놓치지 않습니다. 그리고 조바심이 날 때 밀려오는 사교육의 유혹은 쉽게 뿌리치기 어려운 법이지요.

사교육은 자신들에게 교육받으면 아이들의 독서력이 올라간다고 광고합니다. 사실 어느 정도 맞는 말입니다. 배운 시간만큼, 당연히 무언가가 아이에게 쌓이니까요. 아이가 짧은 시간에 여러 개의 지문을 집약적으로 접할 수 있을 테니(하지만 그마저도 책의 일부인 경우가 많습니다), 가까운 미래에 다른 곳에서 어떤 책 제목을 듣고는 "어? 이거 나 읽어 본 것 같은데?" 혹은 "나 이 책 내용 알아!"라고 말할 수 있을 것입니다.

책에 대한 배경지식은 쌓일 수 있습니다. 그렇지만 '자율적으로' 읽고 이해하는 능력, 즉 공부 내공은 사교육으로는 좀처럼 쌓기 어렵습니다. 자율적인 독서력과 공부 내공은 '단단한 이'와 같습니다. 질긴 음식이라도 단단한 이로 여러 번 씹어 부드럽게 만든 후 목구멍으로 삼켜 넘길 수 있게 하는 단단한 이 말입니다. 사교육은 단단한 이가 그다지 필요하지 않습니다. 무른 이로도 충분히 씹어 넘길 수 있게 해주지요.

애초에 아이의 독서력을 외부에서 키워준다는 명제 자체가 어불성설입니다. 책을 읽고 싶게 만드는 마음은 외부에서 자극해서가 아니라 내 마음, 내부에서 생겨나야 바람직합니다. 그러므로 설령 독서 관련 사교육을 시작하더라도, 절대 듣는 독서를 게을리하면 안 되니 꼭 명심하세요. 듣는 독서가 반드시 병행되어야 합니다.

그림책과 저학년 문고

그림책을 읽다 그보다 훨씬 많은 글밥과 어휘가 있는 저학년 문고를 펼쳐보면, 그림책과 문고의 확연한 차이를 느끼게 됩니다. 그럴 만도 한 것이, 국내 다수의 어린이 출판사에서는 저학년 문고를 초등학교 1학년부터 3학년까지 읽기에 적합한 수준이라고 이야기하고 있기 때문입니다. 그렇지만 초등학교 1학년과 3학년의 수준 차이는 꽤 크지요. 초등학교 국어 교과서만 비교해봐도 알 수 있습니다. 그래서 그림책에서 저학년 문고로 넘어가는 일은 생각보다 쉽지 않습니다.

글자를 읽을 수 있다고 해서 그 책의 내용을 제대로 '이해'할 수 있는 건 아닙니다. 즉 '해독'은 가능하지만 '독해'는 불가능한 상태일 수 있지요.

우리 어른도 자신과는 관련 없는 매우 어려운 학술 서적을 소리 내어 읽을 수는 있지만(해독), 그 내용을 잘 이해(독해)할 수는 없는 비슷한 상황을 겪을 때가 있는 것처럼요.

아이들의 독서가 '해독'에서 '독해'로 쉽게 넘어가려면 '독해할 수 있는, 다소 긴 그림책'을 읽는 것이 도움이 됩니다. 대신, 그 '다소 긴 책'의 내용이 아주 재미있어야 합니다. 그래야 아이들이 다소 긴 그 책에 오랜 시간 눈길을 주며 집중할 수 있기 때문이지요.

저학년 문고로 레벨업 해도 듣는 독서는 꾸준히

초등학교에 갓 입학했을 때만 해도 보드북 그림책이 더 익숙했던 아이들이, 2학년으로 올라갈 즈음 되니 독서력이 훌쩍 자라있습니다. 듣는 독서 시간에 엎드려있던 아이들도 이제는 그 시간을 기다리는 모습을 보면 아이들의 자람에 제 마음이 뿌듯하기만 합니다.

한글을 거의 모르는 채로 입학해서 국어 시간에 살짝 주눅 들어 있던 준서는 세상에, 그 두꺼운 『제로니모의 환상모험』 시리즈를 대출해 와선 틈나는 때마다 펼쳐 읽습니다. 이렇게 초등학교 1학년은 독서력의 1차 도약이 이루어지는 시기라서 듣는 독서의 힘이 그만큼 확실히 발휘됩니다(독서력의 2차 도약은 초 3~4학년경 고학년 문고로 진입하는 과정에서 이루어집니다).

그러니 아이들의 독서력이 저학년 문고로 무난히 진입해 안착했다 하더라도, 듣는 독서를 결코 멈추어서는 안 됩니다. 우리는 계속해서 아이들에게 꾸준히 문자 언어를 듣는 경험을 제공해야 합니다. 그리고 듣는 독서와 함께 아이들에게 사랑하고 있다는 느낌 역시 동시에 주어야 합니다.

듣는 독서와 사랑받고 있음이 합쳐지면, 아이들은 독서력을 향상할 수 있는 탄탄한 도움닫기를 계속해서 할 수 있습니다. 큰 변수가 없는 한, 아이들은 앞으로 십여 년간 학교에서 책과 활자를 맞이해야 합니다. 꾸준한 듣는 독서로 그 토대를 마련해줄 수 있어요. 어떠한 사교육으로도 대체 불가능한 일입니다.

첫째 딸 지윤이의 경우에는 7살 무렵, 비룡소 출판사에서 출간된 『난 책 읽기가 좋아』 1단계와 2단계 시리즈의 도움을 크게 받았습니다. 특히 1단계 시리즈는 글을 막 깨우친 아이들도 읽기 쉬운 글밥으로 구성되어 있어 한글 읽기에 관심을 보이는 아이들이 초등학교 입학 전에 읽기 적합합니다. 또 책의 크기도 문고형이라 휴대하기 간편하므로 외출 시에 한두 권씩 가지고 나가기 좋습니다. 2단계 시리즈는 1단계보다 더욱더 읽기의 즐거움을 느낄 수 있는 다양한 내용의 동화가 실려 있어 아이는 여러 번 반복해서 읽더군요.

하지만 저학년 문고로 진입하는 데 있어 결정적 역할을 한 책들은 따로 있습니다. 다음 페이지에서 소개할 책들입니다.

냉장고의 여름방학

무라카미 시이코 글 | 하세가와 요시후미 그림 | 북뱅크 | 2014.06.15.

일본의 동화작가 무라카미 시이코의 글과 하세가와 요시후미의 그림으로 이루어진 〈제멋대로 휴가〉 시리즈는 저학년 문고로 진입하는 데 큰 역할을 해주었습니다. 『책가방의 봄 소풍』(북뱅크) 『냉장고의 여름방학』(북뱅크) 『전기밥솥의 가을 운동회』(북뱅크) 『난로의 겨울방학』(북뱅크) 『텔레비전의 꾀병』(북뱅크)이라는 다섯 권의 책으로 구성되어 있습니다. 그 중 『냉장고의 여름방학』은 '일본의 안데르센 상'이라 불리는 히로스케 동화상을 받은 작품이기도 합니다.

책 제목에서도 알 수 있듯이, 무라카미 시이코는 이 시리즈에서 아이들과 친숙한 물건들을 의인화하여 상상한 이야기를 쓰는 데 탁월한 능력을 발휘

냉장고의 여름방학
글·무라카미 시이코
그림·하세가와 요시후미
옮김·김 숙

합니다. 무라카미 시이코의 <제멋대로 휴가> 시리즈는 하세가와 요시후미라는 일러스트레이터와 만나면서 더욱 빛이 나는 느낌입니다.

하세가와 요시후미가 그린 일러스트는 독특한 매력이 있습니다. 그의 그림은 세밀하지 않습니다. 다소 거칠고 뭉툭한 편이에요. 굵은 붓으로 대충 색칠하고 좀 더 진한 색으로 윤곽선을 덧입혀 그린 듯한 그림이지요. 그의 다른 책들 속에 등장하는 주인공들을 보아도 모두 얼굴이 크게 그려져 있습니다. 덕분에 등장인물의 표정에 더욱 집중하게 됩니다. <제멋대로 휴가> 시리즈는 사물이 극도로 의인화되어 있기 때문에 표정이 담긴 사물의 일러스트를 감상하는 재미도 쏠쏠합니다.

이 시리즈는 사물이 의인화된 다소 엉뚱한 발상으로 이야기가 전개되지만, 그 내용이 공상과학영화 같지도, 절대 어색하게 느껴지지도 않습니다. 책 안에 담긴 소소한 이야깃거리가 우리가 평소 흔히 겪을 수 있는 생활 밀착형 이야기라서 그럴 테지요. 『전기밥솥의 가을 운동회』에서는 전기밥솥이 달리기 경주에 나갔다가 심술쟁이 친구와 싸움박질을 하기도 하고, 겐이치 대신 엄마의 등에 업히기도 합니다. 주체가 전기밥솥일 뿐, 내용은 '정말 재미있는 운동회' 이야기이니까요.

집에 돌아와 잠자리에 전기밥솥과 함께 누워 잠을 자고 일어났더니, 다음 날 아침에는 전기밥솥에서 맛있게 밥 짓는 냄새가 솔솔 풍기더라는 내용으로 이야기는 끝이 납니다. 내용 대부분이 흥미로운 에피소드로 가득 찼던 것과 비교하면 마무리는 꽤 잔잔한 편인데, 아이들의 반응은 놀랍게 똑같았습니다.

"선생님! 또 읽어주세요!"

"벌써 끝났어요?"

아이들이 그만큼 책에 푹 빠져 이야기를 들었다는 뜻이겠지요. 책을 읽어 주는 사람에게, 이런 순간만큼 뿌듯한 순간이 또 있을까요.

〈제멋대로 휴가〉 시리즈에는 공통적으로, 다소 철없지만 친구같이 편안한 느낌의 아빠가 등장합니다. 봄 소풍에 따라가겠다는 책가방을, 가을 운동회에 따라가겠다는 전기밥솥을 말리지 않고 오히려 흔쾌히 "오케이~!"를 외치는 사람은 다름 아닌 아빠였어요.

이 시리즈에 등장하는 겐이치의 아빠는 근엄하지도 않고, 어렵지도 않으며, 무엇보다 우리네 아빠처럼 '바쁘지' 않았습니다. 이 시리즈를 읽을 때마다 전체적으로 편안한 분위기를 느낄 수 있었던 건 겐이치 아빠의 역할이 컸다고 봅니다.

그동안 읽어왔던 그림책보다 다소 긴 호흡임에도 제 딸 지윤이는 이 시리즈를 모두 소장하는 게 소원이었을 만큼, 우리 반 아이들에게는 시간 가는 줄도 모를 만큼 빠져 읽었던 책입니다. 저학년 문고의 첫걸음으로 추천해요. 저자의 다른 책도 아이들과 함께 읽어보세요.

이 책도 아이들에게 읽어주길 추천합니다

『일기 쓰기 딱 좋은 날』

정신 글 | 홍수영 그림 | 시공주니어 | 2017.02.10.

꼬마 토끼 담이와 곰이의 학교생활이 담긴 문고형 그림책입니다. 문장도 예쁘지만, 일러스트도 아기자기해서 아이들이 즐겁게 읽을 수 있을 만한 책입니다.

『나쁜 어린이 표』

황선미 글 | 이형진 그림 | 이마주 | 2017.02.10.

『마당을 나온 암탉』으로 유명한 황선미 작가의 또다른 대표작입니다. 학교생활에서 있을 법한 일들을 아이들의 시각에서 잘 풀어낸 책으로, 이 책을 모르는 저학년 아이는 아마 거의 없을 정도예요. 이 책은 대부분의 사람이 참 좋아할 만하니, 아이들과 부모님이 함께 읽어보세요.

에필로그

책 읽어주는 일에 인색한 부모가 되지 말아주세요

"엄마! 이 책 읽어주세요!"

이렇게 종종 아이들은 그림책을 읽어달라고 주문합니다. 아이가 책 읽기를 부탁하는 이 순간은 아이의 독서 욕구가 가장 올랐을 때입니다. 이럴 때는 어느 책을 읽어줘도 아이의 반응이 좋습니다. 스스로 책을 읽고 싶은 마음이 들었을 때, 읽고 싶은 책을 직접 골라, 가장 친근한 목소리를 들으며 그림책을 읽을 수 있으니까요. 그 순간에는 어느 책을 읽어도 마냥 즐거울 뿐입니다.

바로 이때 읽어준 그림책 한 권은 행복한 추억이자 따뜻한 교감이 됩니다. 부모는 아이에게 사랑을 표현할 수 있는 시간이 되고, 아이는 부모로부터 든든한 선물을 받는 시간이 됩니다. 이런 경험이 많이 쌓인 아이들에게는 그림책이 쳐다보기도 싫은 직사각형의 뻔한 물건이 결코 될 수 없습니다.

부모님들에게 '하루 중 언제 자녀에게 그림책을 읽어주는지'에 관해 물었던 연구*가 있었습니다. '자기 전에' 책을 읽어준다는 부모가 64.0%로 가장 많았고, 그 외의 답으로 '부모의 시간이 허락할 때(19.2%)' '유아가 원할 때(16.5%)' '낮에 시간을 정해서(0.3%)' 등의 결과를 보였습니다. 아쉽게도 아이가 원할 때 책을 읽어주는 부모는 16%에 불과했습니다.

사실 전혀 이해할 수 없는 수치는 아닙니다. 우리 어른의 일상 속에는 처리해야 할 일이 너무나 많이 쌓여있으니까요. 그래서 책을 읽어달라는 아이의 주문을 애써 못 들은 척하기도 하고, 들었다 해도 좀 더 하기 쉬운 다른 쪽으로 아이의 관심을 돌리기 위해 종종 교묘한 수법도 사용하고는 합니다.

이 책을 읽는 부모님들께 바랍니다. 우리는 적어도, 아이가 책을 읽어달라고 부탁했을 때 머뭇거리지 않기로 해요. 아끼지 말고 마음을 다해보도록 합니다. 그림책을 통해 나누어준 아이들을 향한

---

* 조해연, "그림책과 그림책 읽어주기에 대한 부모의 인식 및 활용", 이화여자대학교 교육대학원, 2007.

사랑이 '신뢰감'이라는 이름으로 다시 태어날 테니까요. 특히 초등학교라는 새로운 환경에서 새롭게 공부하느라 마음이 지쳐가고 있을지 모르는 아이들에게 그림책 읽어주는 일을 아끼지 마세요. 망설이지 말아주세요.

책을 좋아하는 아이보다 책을 좋아하지 않는 아이가 훨씬 더 많은 것이 학교 현장입니다. 안타깝게도 학년이 올라갈수록 그 격차는 더욱 벌어지고 있음을 이미 많은 연구 결과가 입증하고 있습니다. 따라서 부모와 교사는 책을 싫어하는 아이들을 대상으로 '어떻게 하면 이 아이가 책을 좋아하게 만들까?' 고민하며 흥미를 끌어낼 수 있는 방법을 끊임없이 연구해야 합니다. 이는 결코 쉽지 않은 일이지만, 그만큼 가치 있는 일임은 분명합니다. 그리고 그 과정에서 어른도 분명히 얻는 점이 있습니다.

프랑스의 비교문학자 폴 아자르는 자신의 책 『책·어린이·어른』에서 이렇게 말했습니다.

> 어떤 책을 읽고 그 속에서 분명한 자신의 모습을 발견하여
> 스스로를 인식할 때,
> 어린 영혼은 날아갈 듯 기뻐한다.

날아갈 듯 기뻐하는 아이들의 모습, 그 모습을 지켜보는 일만큼 아름다운 일 또한 없을 것입니다. 저는 앞으로 교실에서 만날 아이

들과 그림책으로 교감할 날들을 생각하면 마음이 두근거립니다. 이 기분 좋은 설렘을 5~9세 아이들을 자녀로 둔 엄마 아빠와 함께 나누고 싶습니다.

감히 제가 이 책을 생각하고 쓰는 일을 실행으로 옮길 수 있었던 건 책을 읽는 제 목소리를 열심히 들어준 사랑스러운 두 딸 지윤이, 지우와 정릉·삼양·숭곡·정수초등학교의 아이들 덕분이었습니다. 그 아이들에게 모든 공을 돌립니다.

교사 김수현

024

041

055

067

079

092

109

122

124

135

139

148

164

178

193

209

225

239

256

267

278

290

306

321

324

337

351

362

373

찾아보기

(책 제목 ㄱㄴㄷ순)

109 『빈 집에 온 손님』(황선미 글, 김종도 그림, 비룡소, 2016.01.14.)
083 『빗자루의 보은』(크리스 반 알스버그 글과 그림, 달리, 2005.05.10.)
033 『사과가 쿵!(다다 히로시 글과 그림, 보림, 2009.06.20.)』
269 『사는 게 뭐라고』(사노 요코 저, 마음산책, 2015.07.15.)
271 『산타클로스는 할머니』(사노 요코 글과 그림, 나무생각, 2008.12.17.)
282 『상어 마스크』(우쓰기 미호 글과 그림, 책읽는곰, 2013.09.10.)
153 『샘과 데이브가 땅을 팠어요』(맥 버넷 글, 존 클라센 그림, 시공주니어, 2014.08.15.)
253 『생각 수업』(박웅현·진중권 외 7명 저, 알키. 2015.06.25.)
228 『생각이 켜진 집』(리샤르 마르니에 글, 오드 모렐 그림, 책과콩나무, 2017.03.25.)
079 『세상에서 가장 맛있는 무화과』(크리스 반 알스버그 글과 그림, 미래아이(미래M&B), 2003.06.25.)
174 『세상을 움직인 동그라미』(최연숙 글, 정현지 그림, 창비, 2015.05.10)
098 『센스 오브 원더』(레이첼 카슨 저, 에코리브르, 2012.04.10.)
312 『소설처럼』(다니엘 페나크 저, 문학과지성사, 2018.11.05.)
067 『소피의 달빛 담요』(에일린 스피넬리 글, 제인 다이어 그림, 파란자전거, 2001.11.15.)
321 『솔거나라 시리즈』(보림편집부 저, 보림)
199 『슈퍼 거북』(유설화 글과 그림, 책읽는곰, 2014.01.25.)
285 『심청전』(김성재 글, 김성민 그림, 현암사, 2000.11.30.)
362 『아기가 된 아빠』(앤서니 브라운 글과 그림, 살림어린이, 2011.04.20.)
269 『아니라고 말하는 게 뭐가 어때서』(사노 요코 저, 을유문화사, 2017.04.20.)
295 『아씨방 일곱 동무』(이영경 글과 그림, 비룡소, 2009.05.13.)
083 『압둘 가사지의 정원』(크리스 반 알스버그 글과 그림, 베틀북, 2002.10.30.)
213 『야호, 우리가 해냈어!』(엄혜숙 글, 레지나 그림, 주니어김영사, 2017.11.08.)
129 『언어의 온도』(이기주 저, 말글터, 2016.08.19.)
135 『언제까지나 너를 사랑해』(로버트 먼치 글, 안토니 루이스 그림, 북뱅크, 2000.05.03.)
169 『엄마 마중』(이태준 글, 김동성 그림, 보림출판사, 2013.10.30.)
169 『엄마 잃은 아기참새』(루스 에인워스 글, 호리우치 세이이치 그림, 한림출판사, 1991.03.01.)
253 『여덟 단어』(박웅현 저, 북하우스, 2013.05.20.)
269 『열심히 하지 않습니다』(사노 요코 저, 을유문화사, 2016.03.20.)
243 『오스카만 야단 맞아!』(토니 로스 글과 그림, 한국프뢰벨, 1997.08.19)
260 『올리비아의 잃어버린 인형』(이안 팔코너 글과 그림, 주니어김영사, 2014.05.25.)
324 『왜 아플까?』(권재원 글과 그림, 창비, 2010.03.26.)
295 『요술 항아리』(이수아 글과 그림, 비룡소, 2008.08.07.)
098 『우리를 둘러싼 바다』(레이첼 카슨 저, 에코리브르, 2018.01.30.)
098 『위험사회』(울리히 벡 저, 새물결, 1997.02.28.)
260 『은지와 푹신이』(하야시 아키코 글과 그림, 한림출판사, 1994.12.01.)
153 『이 작은 책을 펼쳐 봐』(제시 클라우스마이어 글, 이수지 그림, 비룡소, 2013.01.02.)

듣는 독서로 완성하는
아이의 공부 내공

1판 1쇄 인쇄 2019년 4월 22일
1판 1쇄 발행 2019년 5월 10일

지은이 김수현
펴낸이 고병욱

기획편집실장 김성수 **책임편집** 양춘미 **기획편집** 이새봄 김소정
마케팅 이일권 송만석 현나래 김재욱 김은지 이애주 오정민
디자인 공희 진미나 백은주 **외서기획** 엄정빈
제작 김기창 **관리** 주동은 조재언 **총무** 문준기 노재경 송민진 우근영

펴낸곳 청림출판(주)
등록 제1989-000026호

본사 06048 서울시 강남구 도산대로 38길 11 청림출판(주) (논현동 63)
제2사옥 10881 경기도 파주시 회동길 173 청림아트스페이스 (문발동 518-6)
전화 02-546-4341 **팩스** 02-546-8053
홈페이지 www.chungrim.com **이메일** life@chungrim.com
블로그 blog.naver.com/chungrimlife **페이스북** www.facebook.com/chungrimlife

교정교열 이소정
일러스트 김희연(@kkkazuma)

ISBN 979-11-88700-40-0 (13370)

※ 이 도서의 국립중앙도서관 출판예정도서목록(CIP)은 서지정보유통지원시스템 홈페이지(http://seoji.nl.go.kr)와 국가자료공동목록시스템(http://www.nl.go.kr/kolisnet)에서 이용하실 수 있습니다.(CIP제어번호: CIP2019012846)